SUBSTANCE DESIGNER

Introdução à Texturização Procedural

ALESSANDRO LIMA

EDITORA CIÊNCIA MODERNA

Substance Designer: Introdução à Texturização Procedural

Editor: Paulo André P. Marques
Produção Editorial: Dilene Sandes Pessanha
Capa: Daniel Jara
Diagramação: Lelo Oliveira
Copidesque: Vivian Sbravatti
A empresa *Aquiris Game Studio* tem os direitos da imagem de capa, mas a produção da mesma foi feita pela *Six More Vodka*.

FICHA CATALOGRÁFICA

LIMA, Alessandro Peixoto de.

Substance Designer: Introdução à Texturização Procedural

Rio de Janeiro: Editora Ciência Moderna Ltda., 2018.

1. Informática
I — Título

ISBN: 978-85-399-0935-3 CDD 001.642

Editora Ciência Moderna Ltda.
R. Alice Figueiredo, 46 – Riachuelo
Rio de Janeiro, RJ – Brasil CEP: 20.950-150
Tel: (21) 2201-6662/ Fax: (21) 2201-6896
E-MAIL: LCM@LCM.COM.BR
WWW.LCM.COM.BR **09/18**

Dedicatória

Dedico este trabalho a Deus, que sempre iluminou meus caminhos e os colocou onde eu pudesse ver, mesmo nos momentos em que achei não haver caminho para trilhar.

Dedico a meus pais que me educaram e me permitiram ser a pessoa que me tornei hoje.

Ao amor de minha vida, Andressa, que sempre apoia e incentiva meu envolvimento nos projetos com carinho e amor.

Agradecimentos

Gostaria de agradecer primeiramente a Aquiris Game Studio, na qual, nos meus anos de atuação dentro da indústria de jogos, tive a a oportunidade de conhecer esta ferramenta conhecida hoje como Substance Designer e todo o aparato que em torno dela circula. Agradeço também ao estúdio pelas oportunidades de atuação em projetos que utilizaram tal ferramenta, permitindo assim que eu pusesse em prática conhecimentos adquiridos. Expresso meu agradecimento também a Israel Mendes, um dos sócios fundadores do estúdio, que gentilmente selecionou e permitiu o uso de uma das imagens do jogo Ballistic na capa deste livro. Agradeço aos demais sócios da Aquiris pela oportunidade de participar do início deste projeto de jogo e, hoje, usá-lo como capa de livro.

Gostaria de agradecer à Universidade Feevale, que tem aberto cada vez mais espaço de crescimento profissional e pessoal para mim. Por meio dela tive e tenho contatos com grandes nomes da indústria de jogos digitais nacionais e internacionais, tendo sido possível estreitar ainda mais a minha relação com a Allegorithmic, desenvolvedora do Substance Designer. Agradeço em especial a Marsal Alves Blanco, que me ajudou a iniciar o diálogo entre a Allegorithmic e a Universidade Feevale rumo a uma parceria, a João Bastista Mossmann e todo o corpo docente do curso de Jogos Digitais pela finalização e conclusão desta parceria.

Agradeço também a Allegorithmic, que desde o momento conceitual deste projeto de livro se fez presente e prestativa, me auxiliando no uso da ferramenta de Substance Designer, e pela oportunidade de contatar outros profissionais que utilizam arquivos de Substances na produção de seus trabalhos. Agradeço em especial a Sébastien Deguy, CEO e fundador da Allegorithmic que gentilmente cedeu o texto de prefácio deste livro. Agradeço também a Alexandre Bagard, Alexis Khouri e Nicolas Liatti, que sempre me auxiliaram em questões técnicas e mesmo burocráticas com relação ao Substance Designer.

Agradeço a Deus que em todo o momento está a meu lado e, mesmo nos momentos em que eu parecia estar perdido, colocou uma referência de volta ao caminho certo. Agradeço a meus pais pela educação que me deram, pois pude me tornar a pessoa que sou hoje. Por fim, agradeço a minha esposa Andressa que está comigo em todos os projetos, me dando apoio, amor e carinho.

PREFÁCIO

“Para mim, é uma grande honra escrever o prefácio do primeiro livro brasileiro sobre o Substance Designer. Tive a oportunidade de ver e acompanhar o trabalho de Alessandro Lima e da equipe da Aquiris Game Studio sobre o jogo de tiro em primeira pessoa chamado “Ballistic “, o qual foi um dos jogos visualmente mais avançados que fez uso profundo do fluxo de trabalho e ferramentas para a texturização por Substances em um momento no qual este conjunto de ferramentas ainda era bastante novo. Devo dizer que todos nós da Allegorithmic ficamos impressionados com os resultados e maestria dos artistas neste projeto.

Você pode imaginar, então, que quando eu descobri que Alessandro estava no processo de escrever um livro sobre o Substance Designer, fiquei realmente animado: estou certo de que a qualidade, com base na experiência e realização com reconhecimento pessoal, certamente ajudará a aumnetar a comunidade que utiliza o Substance Designer no Brasil, um país que eu pessoalmente amo, e que vemos como um dos mais promissores sobre o futuro do desenvolvimento de jogos e CGI.

Por isto, é com grande prazer, mais uma vez, que escrevo estas palavras. Eu certamente espero que você, leitor, descubra e aprecie, ou aprofunde o seu conhecimento e expanda o seu domínio do conjunto de ferramentas sobre Substance, agora utilizada pela maioria dos melhores desenvolvedores de jogos do planeta. Usar o Substance Designer tornou-se um fator de diferenciação para encontrar um emprego na indústria de jogos, e precisa ser conhecido por artistas 3D em geral. Este livro deverá ser muito útil neste ponto.”

Sébastien Deguy, PhD, Fundador e CEO da Allegorithmic.

Organização do Livro

O livro foi dividido em capítulos temáticos para melhor apresentar os conteúdos pertinentes a cada um. Progressivamente são apresentados os recursos da ferramenta de Substance Designer e ligações com outros softwares. Ao fim, apresenta-se um capítulo para execuções práticas. A seguir, os capítulos são apresentados de forma resumida.

Capítulo 1 - Introdução à Apresentação Baseada em Física Real

Neste capítulo, são apresentados os conceitos que regem a produção de mapas e materiais procedurais. São apresentados também conceitos básicos de construção de mapas e materiais, assim como o fenômeno de luz sobre superfícies e sua dispersão. Também são abordadas questões sobre a construção de mapas e materiais do tipo Physicaly Based Rendering (PBR).

Capítulo 2 – Substances

Neste capítulo, são apresentados os conceitos que definem as substâncias de materiais desenvolvidas dentro do Substance Designer. São abordados também os principais softwares compatíveis com o Substance Designer, formatos de arquivos produzidos e exportados, bem como a forma como são manipulados dentro da ferramenta.

Capítulo 3 - Interface e Recursos do Substance Designer

Neste capítulo, a interface do programa é apresentada, bem como seus principais recursos e ferramentas. São explicados os itens de menu e recursos de navegação, assim como os principais campos de recursos dos painéis.

Capítulo 4 - Nodos, Bakers e a Library

Neste capítulo, são explicados os Nodos disponíveis na atual versão do Substance Designer, suas funcionalidades, utilidades e aplicações práticas. Bakers também são explicados, assim como seus tipos e aplicações. A Library é apresentada neste capítulo, pois assim agrupam-se os recursos de composição em um só local, e seus principais recursos de composição para efeitos, modificação de imagens e calibragens, bem como alteração de comportamento de mapas são explicados. Os recursos para composição de materiais e seus principais campos também são discutidos neste capítulo.

Capítulo 5 – Funções

O Substance Designer permite a construção de funções para melhorar o desempenho das composições de mapas e materiais. Neste capítulo, são apresentados os conceitos de funções dentro do software, bem como a interface que os manipula e seus principais recursos e comandos.

Capítulo 6 – FX-Maps

Este capítulo aborda a produção de nodos do tipo FX-Maps, utilizados para a composição de mapas procedurais. Com FX-Maps podem-se criar arquivos com grande variação procedural, evitando o alto processamento gráfico.

Capítulo 7 - Salvando, Publicando e Exportando Substances

Neste capítulo, apresentam-se os processos de salvamento de arquivos e sua manipulação no Substance Designer. Também são apresentadas as formas de publicação externa ao Substance Designer, bem como a exportação de mapas para utilização em softwares externos.

Capítulo 8 - Otimização de Desempenho

Neste capítulo, são discutidas ações de otimização da composição de gráficos com Substance Designer. Também são discutidas questões de desempenho atrelada à otimização das composições como forma de aumentar o processamento do software.

Capítulo 9 – Substance Player

O Substance Player é um visualizador de mapas e materiais independente do Substance Designer. Internamente, o Substance Designer já possui um visualizador, mas pode-se visualizar os arquivos de Substance por meio do Subastance Player em computadores que não possuem o software instalado. Aqui é apresentado este visualizador e seus principais recursos de interface.

Capítulo 10 - Projetos com Substance Designer

Neste capítulo são apresentadas as construções de certos tipos de mapas e materiais de modo prático, em formato de tutorial. Adota-se a tática de apresentar as ferramentas necessárias para este capítulo anteriormente, deixando o Capítulo 10 exclusivo para produção prática.

Público-alvo

Este livro procura atender ao público de:

Artistas e Designers – pessoas que atuam na área de artes visuais, jogos digitais, design, cinema ou comunicação e que procuram conhecer novas técnicas e tecnologias que possam melhorar seu trabalho.

Estudantes e Professores – alunos de artes visuais, jogos digitais, design, cinema, comunicação ou mesmo programadores técnicos, além de professores de cursos relacionados às áreas mencionadas, podem se beneficiar do conteúdo que é exposto aqui, pois pode ser usado em bibliografias acadêmicas.

Entusiastas – pessoas que tenham interesse geral sobre a produção de texturas aplicadas a modelos digitais para ambiente fílmico ou de jogos digitais.

Indicações de Hardware e Software

Este livro busca apresentar novas ferramentas digitais para a construção de elaborados arquivos de texturas digitais que podem ser utilizadas tanto em jogos digitais como na indústria do cinema, design, televisão ou publicidade. Por esta razão, a utilização de equipamentos de hardware e software adequados se fazem necessários. Importante lembrar que o Substance Designer atua diretamente no processador do computador, logo, quanto melhor este for, melhor é o trabalho com o software. Segundo o site do fabricante, as seguintes especificações são necessárias para que o Substance Designer possa ser utilizado:

Windows - Recomendações Mínimas

Sistema Operacional - Windows 7, 8, 10 (todos 64 Bits obrigatoriamente)

Processador - X86 com SSE2

Memória - 2 GB RAM

Graficos - Placa de Vídeo (GPU) com processamento DX10

Hard Disc (HD) - 300 MB de espaço livre para instalação

Windows - Recomendações de Alta Performance

Sistema Operacional - Windows 7, 8, 10 (todos 64 Bits obrigatoriamente)

Processador - X86 com SSE2

Memória - 4 GB RAM

Graficos - Placa de Vídeo (GPU) com processamento DX10

Hard Disc (HD) - 1 GB de espaço livre para instalação

Mac OSX - Recomendações Mínimas

Sistema Operacional - OSX 10.7

Processador - X86 com SSE2

Memória - 2 GB RAM

Hard Disc (HD) - 300 MB de espaço livre para instalação

Mac OSX - Recomendações de Alta Performance

Sistema Operacional - OSX 10.8

Processador - X86 com SSE2

Memória - 4 GB RAM

Hard Disc (HD) - 1 GB de espaço livre para instalação

Tanto para Sistema Operacional Windows como para Mac OSX, a GPU AMD FirePro não é suportada.

Licenciamento e Copyright

3DTotal Textures é um banco de imagens gratuito, com opção comercial.

Adobe Photoshop é um software fabricado pela Adobe.

Autodesk 3ds max é um software fabricado pela Autodesk.

Ballistic é um jogo digital desenvolvido pela Aquiris Game Studio.

Bitmap2Material é um software fabricado pela Allegorithmic.

Helix é um pacote de produtos para versionamento de arquivos fabricado pela Perforce.

Python é uma biblioteca de programação disponibilizada pela Python.

Substance Designer é um software fabricado pela Allegorithmic.

Substance Painter é um software fabricado pela Allegorithmic.

Substance Player é um software fabricado pela Allegorithmic.

Textures é um banco de imagens gratuito, com opção comercial.

Windows 7 é um software fabricado pela Microsoft.

Introdução

O presente livro, Substance Designer - Introdução à Texturização Procedural, é um projeto que nasceu da necessidade de haver um material básico e diferenciado sobre a produção de texturas aplicadas a modelos de jogos digitais e fílmicos. Muito se fala em ferramentas de produção de texturas convencionais, outras oferecem aporte interativo, mas poucas oferecem um conjunto de ferramentas tão único e tão distinto quanto o Substance Designer.

Sua forma de construção de arquivos de texturas, baseada na lógica organizacional de Nodos, é uma das fortes tendências da indústria de Computação Gráfica (CG), na qual não apenas as texturas e materiais são feitos desta forma, mas objetos tridimensionais complexos também se beneficiam desta nova forma de construção. Hoje é praticamente impossível não associar o Substance Designer a projetos inovadores que busquem um resultado diferenciado em seus aspectos visuais, sejam eles do tipo jogo digital ou fílmico.

Esta inovação não foi ao acaso, ela foi uma evolução ao longo dos últimos anos a partir da pesquisa de PhD de Dr. Sébastien Deguy (hoje CEO e Fundador da Allegorithmic) chamada de "The tdMAP model, a partially identifiable complex medium generator" de 2002, orientada pelo Prof. Dr. Albert Benassi. A ideia inicial não deu origem ao hoje conhecido Substance Designer, mas a outros produtos que vieram antes deste, possibilitando um amadurecimento do software para o seu lançamento em 2010. Neste mesmo ano, a Allegorithimic já se encontrava formada e com conhecimentos suficientes para desenvolver sua ferramenta inovadora: Substance Designer. Da origem até 2010, os criadores deste software observaram o mercado e constataram que havia ferramentas para construção de modelos digitais, mas para a produção de revestimento de mapas e materiais eram poucas as opções. Portanto, eles iniciaram seus estudos na construção de uma ferramenta digital para construção de mapas que oferecesse um diferencial construtivo dos arquivos pela Programação Visual de Nodos e diversos outros conceitos inovadores.

A integração é um fator importante no Substance Designer, pois a partir dela se tira o maior proveito do conceito de Substances. Com eles, tem-se maior produtividade, pois atualmente os arquivos desta natureza são aceitos em diversas ferramentas digitais. O tamanho de arquivos salvos no computador se torna também muito menor com o uso de Substances, facilitando a execução de projetos que necessitem de download de arquivos. Modificações dinâmicas também são possíveis com os Substances, podendo, a qualquer tempo e desde que previamente configurados, sofrer alterações por parte do usuário. A integração em diferentes ferramentas permite a utilização em engines de jogos digitais como a Unreal Engine e Unity3D Engine. Softwares modeladores também estão nesta lista, sendo eles o Autodesk 3ds max e Maya, Modo, Cinema 4D, Fuse e iClone. Para renderização, pode-se utilizar o Marmoset Toolbag, Nvidia Iray e V-Ray Render, bem como Octane Render, Corona e Arnold.

Hoje, a Allegorithmic se posiciona entre os campos artístico e técnico, pois, segundo sua visão, a arte é feita com tecnologia. Com o advento do Substance Designer e com tudo o que ele oferece para criação de arquivos de mapas e materiais, não se pode negar uma evolução na indústria de jogos digitais e do cinema. O método de produção de mapas e materiais do Substance Designer, aliado a sua tecnologia incorporada, faz com que artistas já acostumados a uma produção linear de revestimento em textura de modelos tenham de repensar seus processos, a fim de manterem-se atualizados.

Este livro foi concebido a partir de três grandes pilares de conhecimento, sendo o primeiro deles um estudo do arquivo de ajuda online do Substance Designer (Allegorithmic Documentation). Por meio dele, pode-se entender a lógica de funcionamento do software, bem como a forma como este se conecta com outros softwares. Este estudo projetou uma base teórica sobre o Substance Designer, permitindo assim a compreensão da lógica de apresentação dos conteúdos acerca do software em formato de livro.

O segundo pilar consiste no estudo de diversos artigos publicados em eventos, bem como documentações adicionais fornecidas pela Allegorithmic, como o PBR Guide (The Comprehensive PBR Guide). A partir do estudo destes artigos, podem-se compreender as bases mais teóricas sobre o funcionamento do Substance Designer e os conceitos de materialização procedural, transcendendo os limites que a ferramenta possui.

O terceiro pilar, e um dos mais importantes, refere-se à experiência prática efetiva, em que foi possível aplicar na prática os conceitos adquiridos por meio de experimentos. Posteriormente, arquivos de mapas e materiais de Substances foram desenvolvidos e usados em projetos comerciais. Ainda no campo profissional, foram consultados diversos profissionais que utilizam o Substance Designer em seus trabalhos, sendo que estes contribuíram com seus conhecimentos de diversas formas, seja por seus Websites, Blogs, Páginas de Facebook ou mesmo contato via email ou pessoal.

Hoje em dia, conhecer as técnicas de produção de mapas e materiais os quais o Substance Designer possibilita já não é um conhecimento adicional ao profissional, e sim uma necessidade que faz com que seu aprendizado seja necessário no trabalho em estúdios de jogos e fílmicos. Espera-se que, com este material básico, se possa elucidar as principais questões envolvendo o desenvolvimento de arquivos de substances para jogos digitais e de ambiente fílmico. Busca-se aqui uma linguagem que permita o entendimento técnico da ferramenta de maneira simplificada, mas consistente a ponto de permitir que o leitor tenha autonomia para transcender os conhecimentos aqui adquiridos

SUMÁRIO

CAPÍTULO 1

Introdução à Apresentação Baseada em Física Real

Este capítulo trata sobre a apresentação baseada em física real dos materiais, mais conhecida por PBR (Physicaly Based Rendering). Estes conceitos são muito importantes para o bom entendimento do funcionamento do sistema de arquivos de substances do Substance Designer e dos demais produtos que fazem uso destes tipos de arquivos.

1.1 Materialização e Texturização

Todo modelo precisa de um acabamento em materiais e texturas que o permita ser um modelo condizente com o cenário em que será utilizado. Em se tratando de ambiente de jogo, a textura é tão importante quanto sua produção de modelagem, pois, muitas vezes, uma textura pode salvar o modelo.

Enquanto os materiais carregam consigo características de comportamento de brilho de superfícies, as texturas tratam especificamente de cobrir superfícies com informações de cores ou tons de cinza, de modo a melhor caracterizar os modelos. Diferentes técnicas de produção de texturas podem ser utilizadas e este livro propõe explorar a produção pelo aspecto procedural e matemático, com viés artístico.

A construção de materiais baseados em física real do tipo Physicaly Based Rendering (PBR) requer certos fluxos de trabalho adequados para que a criação de texturas realistas seja possível. Além disso, certos parâmetros precisam ser configurados de determinada maneira para que funcionem adequadamente.

A técnica de PBR pode ser definida como sendo "um método de sombreamento e apresentação que proporciona uma representação mais apurada de como a luz interage com superfícies" (MCDERMONT, 2015). A técnica de PBR também pode ser chamada de PBS (Physical Based Shading), a qual, dependendo do tipo de uso da técnica, está mais associada a conceitos de sombreamento e PBR mais associado a conceitos de iluminação e apresentação. Para o entendimento deste trabalho, utiliza-se o termo PBR para referir-se à construção de materiais de substances fisicamente reais.

Todo material apresentado neste livro pode ser aplicado em qualquer software que trabalhe com arquivos de substances, como o Substance Designer, o Substance Painter e o Bitmap2Material3. É importante salientar que cada material possui suas próprias características e peculiaridades, sendo dever do artista entender cada um deles, para assim estabelecer o melhor método de produção. Cada processo tem seus pontos positivos e negativos, mas devem ser estudados e usados sempre que necessário para que assim os materiais PBR possam ser desenvolvidos mais facilmente.

Os materiais são os elementos que permitem a atribuição de características físicas a modelos. Por meio deles é possível atribuir uma textura de difusão, ou de volume. Pelos materiais também se definem os aspectos de brilho, chamados de "shader" em muitas aplicações tridimensionais, como o Autodesk 3ds max. Cada material serve para uma determinada situação: um com características metálicas se presta para simular superfícies metalizadas, ao passo que um material de pele se presta melhor para exibir pele de personagens, como é o caso de materiais do tipo Sub Surface Scattering (SSS).

Dentro do universo tridimensional, vários materiais podem ser utilizados, e cada engine de render pode possuir seu conjunto próprio de materiais, que eventualmente fazem o mesmo que materiais padrões de software, com o diferencial de trabalharem especificamente com seus renderizadores, garantindo melhores resultados. Para o ambiente de jogo, há uma realidade um pouco mais "justa", pois nem todos os materiais são passíveis de apresentação em tempo real pelas engines de jogos, fazendo com que muitas vezes haja a necessidade de utilização de Pipelines complexas para atingir os objetivos (LIMA, 2007, p. 177). A seguir são comentados os principais aspectos que os materiais procuram representar em softwares tridimensionais, bem como os conceitos básicos para se trabalhar com a técnica de PBR a partir do estudo dos materiais apresentados pelos documentos The Comprehensive PBR Guide Volumes 1 e 2 da Allegorithimic (MCDERMOTT, 2015).

1.2 Fenômenos Naturais das Superfícies

A seguir são apresentados os principais fenômenos observados nos materiais da natureza. Compreender como a natureza reage e se comporta aos elementos entre si é de fundamental importância, pois a partir disto se torna possível representar digitalmente estes comportamentos.

1.2.1 A Luz e a Matéria

A luz e a matéria de objetos são estruturas fundamentais para o bom entendimento sobre o comportamento de materiais em computação gráfica. Sendo a luz um fenômeno de alta complexidade, presente em toda a natureza, o entendimento de seu comportamento se faz necessário para que assim se possa melhor representar digitalmente superfícies de objetos. A matéria de objetos também é ponto de alta relevância, pois cada objeto tem um determinado tipo de massa, e cada tipo se comporta de maneira diferente com os raios de luz. Quanto mais se compreender como os fenômenos físicos da natureza se conectam e se comportam, mais eficazes são os trabalhos de materialização e texturização de modelos tridimensionais.

1.2.2 Reflexão da Luz

Tanto a coloração dos materiais quanto seu aspecto de brilho é percebido graças ao efeito da luz. A luz é um fenômeno que ocorre na natureza, em que um ponto luminoso é capaz de emitir raios de luz de modo a viajar pelo espaço em uma certa velocidade. Quando estes pontos tocam superfícies de objetos, permitem que as características físicas de cada parte de objetos sejam percebidas. A figura a seguir ilustra este efeito.

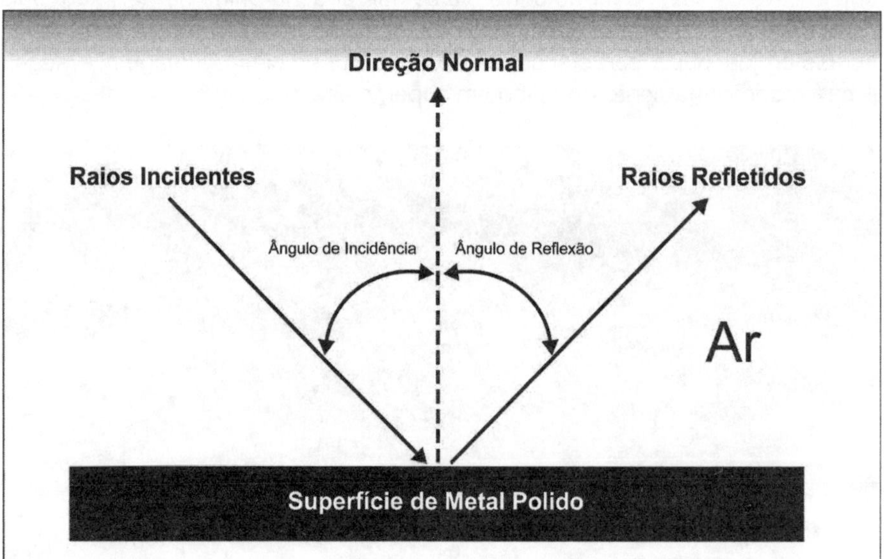

A luz viaja pelo espaço em uma direção incidente a uma determinada superfície com uma velocidade, ângulo e alguma pigmentação de cor (na natureza, praticamente não existe luz sem pigmentação de cor). As superfícies dos objetos possuem uma direção chamada de Normal, que representa a direção normal para a qual apontam. Ao tocar a superfície do objeto, o raio de luz é refletido em uma nova direção e ângulo que varia de acordo com aquele da superfície tocada. Quando este raio de luz que viaja pelo espaço chega à superfície do objeto, possui características de cor que se somam ao raio de luz também, fazendo com que sua pigmentação se altere com seu ângulo de trajetória. Na natureza, este efeito se repete infinitas vezes, sendo que, a cada uma, o raio de luz recebe informações das outras superfícies alcançadas. Isto ocorre com vários raios atingindo objetos simultaneamente. A este efeito dá-se o nome de Reflexão da Luz. Alternativamente, este raio de luz pode sofrer efeito de refração em sua trajetória.

1.2.3 Difusão e Brilho de Reflexão

A informação de difusão de materiais é a mais básica a ser passada aos objetos que recebem um determinado material. Minimamente, a difusão pode tratar apenas de aspectos de cor ou aplicação de mapas de texturas para tornar objetos tridimensionais mais convincentes. Por sua vez, o brilho de objetos refere-se à capacidade de reflexão da luz que incide sobre determinados objetos. Neste caso, o termo correto a se utilizar seria Brilho de Reflexão, pois o brilho percebido em superfícies de objetos nada mais é do que a reflexão da luz distorcida pelas características de suas superfícies. A imagem a seguir ilustra o comportamento do brilho em superfícies.

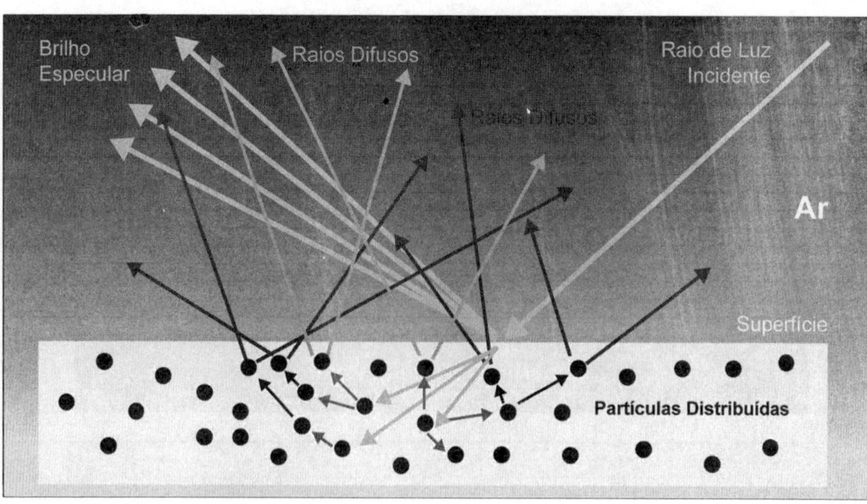

Observa-se pela figura anterior que as incidências dos raios de luz agem conforme explicado anteriormente (efeito de Reflexão da Luz). Em determinadas superfícies que não são totalmente polidas, a quebra de um raio de luz em vários outros raios sendo refletidos pode ocorrer, bem como as muitas direções da superfície traduzidas em micro-volumes podem fazer com que os raios se transformem em efeitos de brilho. Tais superfícies podem ainda absorver estes raios e liberar diferentes efeitos aos raios refletidos.

1.2.4 Absorção e Dispersão

Um raio de luz que viaja pelo espaço e toca uma determinada superfície não homogênea pode ser absorvido (Absorption) ou dispersado (Scattering), conforme descrito a seguir.

- Absorption (Absorção) – neste caso, a intensidade da luz vai diminuindo conforme sua direção vai mudando ao tocar outras superfícies. Sua pigmentação de cor também sofre variações neste caso.

- Scattering (Dispersão) – neste caso, a direção do raio de luz se dispersa baseado na angulação das moléculas da superfície de material do objeto. O efeito de dispersão altera a direção e intensidade do raio de luz. Um bom exemplo é a luz que transpassa (translucência) uma orelha humana: raios de luz são dispersos ao passar por ela.

A seguir uma figura que contém uma foto do banco de imagens da www.3d.sk e que ilustra o efeito de dispersão (translucência) em objetos.

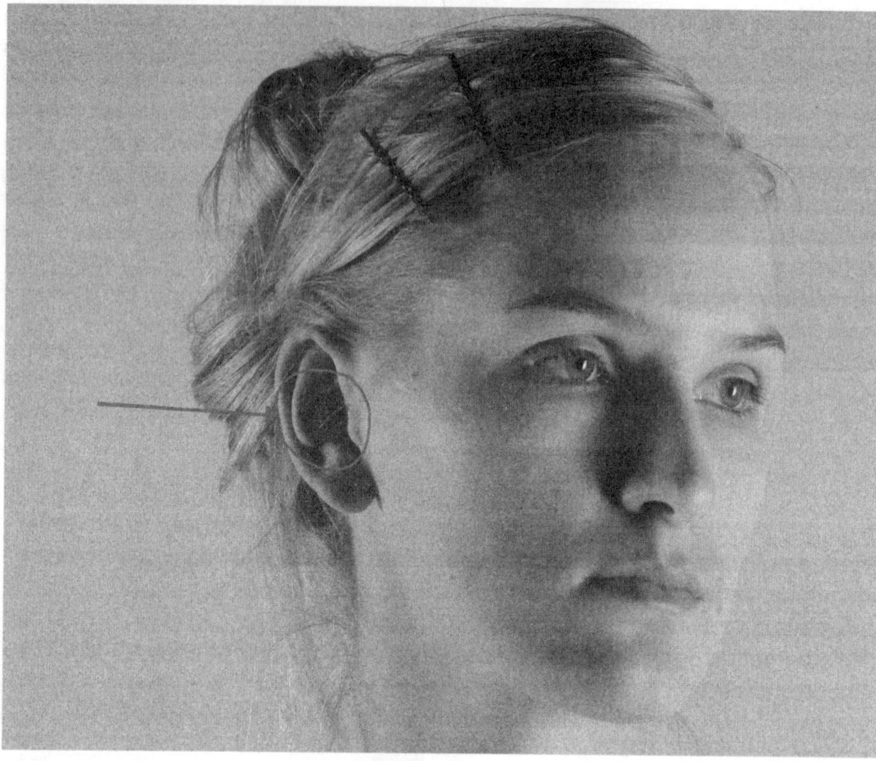

A figura anterior apresentou uma imagem em que se pode verificar as áreas que deixam os raios de luz dispersar. Observe áreas tais como a parte interna da orelha da modelo, na qual se pode ver um pouco de luz transpassar sua pele. Este é um ótimo exemplo do efeito de translucência em materiais.

1.2.5 Materiais com Microfacetamento

A teoria do microfacetamento refere-se ao fato de que toda e qualquer superfície possui microrranhuras as quais, ao receberem os raios de luz, produzem a dispersão da luz, causando brilho em algum nível nos objetos. Na prática, este efeito é menos perceptível a olho nu, pois ocorre no interior dos materiais das superfícies dos objetos. O efeito refere-se ao fato de que a distorção do caminho do raio de luz que atinge a superfície do objeto muda conforme sua massa, não apenas por sua camada superficial da superfície.

A teoria do microfacetamento de superfícies trata a superfície de objetos como um composto de várias superfícies menores planares (microfacets ou microfacetas, em uma tradução livre) que variam de tamanho e orientação ao longo da superfície do objeto. Ao longo da superfície, cada uma destas microfacetas reflete a luz em uma determinada direção baseada na direção normal de cada uma. A figura a seguir apresenta esta teoria em funcionamento em uma determinada superfície.

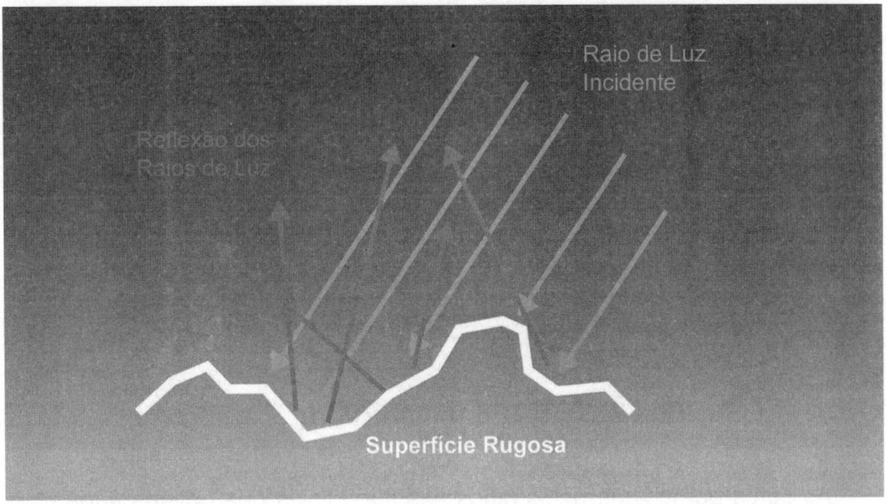

Pela figura anterior, percebe-se que os raios de luz que atingem as irregularidades de superfície dos objetos tendem a refletir em diversas direções, eventualmente acertando a própria superfície, muitas vezes causando sombra na superfície do objeto. Estas irregularidades são em nível microscópico e são justamente elas que causam o efeito de difusão da luz por sobre as superfícies dos objetos. Eventualmente, diz-se, diz-se que o efeito de brilho em objetos, nada mais é do que a reflexão da luz apresentada de forma borrada por conta da teoria do microfacetamento de superfícies.

Vários materiais e shaders contêm algoritmos que trabalham com o brilho difuso em superfícies de objetos, associando-se o termo Roughness (rugosidade) para se referir a níveis de informações que podem variar o curso dos raios da luz na superfície de objetos. Outros nomes podem ser encontrados nos softwares referindo-se à rugosidade de superfícies, tais como Smoothness (lisura), Glossiness (brilho) ou Micro-surface (micro-superfície), a qual, quando em uso de fluxo de trabalho voltado a PBR, refere-se à mesma informação de rugosidade.

1.2.6 BRDF

Um fluxo de trabalho para Renderização (apresentação) de superfícies de materiais baseado em um modelo do tipo Bidirectional Reflectance Distribution

Function (BRDF) refere-se à teoria do microfacetamento de superfícies, que lida basicamente com as propriedades reflexivas de superfícies de objetos. Segundo o documento de The Comprehensive PBR Guide, em Computação Gráfica (CG) existem diversos modelos de BRDF que muitas vezes não são modelos fisicamente aceitáveis, pois, para que o sejam, precisam tratar das leis de Conservação de Energia e Reciprocidade. Por reciprocidade, entenda-se aqui se tratar do princípio de Helmholtz (FILHO, 1995, p. 57), que considera que os raios de energia de entrada e saída podem ser considerados reversões de cada um, sem afetar o resultado final.

O modelo de BRDF adotado para os Shaders PBR de Substances é o Modelo de Reflectância de Disney escrito por Brent Burley em 2012. Este modelo é baseado na distribuição de microfacetas (GGX Microfacet Distribution). Segundo o documento The Comprehensive PBR Guide da Allegorithimic, esta escolha se deve ao fato de que este algoritimo de BRDF promove melhores resultados em efeitos de brilhos em superfícies.

1.2.7 Introdução à Teoria das Cores

As cores percebidas pelos olhos nas superfícies dos objetos nada mais são do que a absorção e reflexão do comprimento de onda de luz em direção aos olhos, considerando as informações difusas e de brilhos destas superfícies. Conforme o documento The Comprehensive PBR Guide, um bom exemplo disto é a maçã vermelha, cuja superfície reflete apenas a cor vermelha ao receber raios de luz (ondas de luz), sendo as demais absorvidas pela fruta, fazendo com que a percebamos na cor avermelhada.

Nem todas as superfícies de objetos fornecerão a mesma cor difusa para o brilho dos objetos, pois, para a reflexão de brilho especular, não necessariamente o mesmo comprimento de onda das cores difusas são usados. Isto é influenciado pela capacidade condutiva ou não de materiais, classificados como metálicos ou não metálicos. A mação vermelha é do tipo não condutora (dielétrica).

1.2.8 Conservação de Energia

A Lei da conservação de Energia segundo Helmholtz atesta que toda energia disposta em um sistema isolado é sempre constante, o que significa que tal energia não necessariamente mantém-se no mesmo estado, podendo mudar de um estado para outro, mas seu potencial energético se mantém. A energia pode ser referida como vários tipos (energia potencial, cinética, térmica, etc.), devendo-se definir o tipo de energia a ser analisada em cada estudo.

Alinhando ao estudo de materiais aqui proposto, a energia que acompanha o comprimento de onda dos raios de luz nas superfícies de objetos, ao tocar nas superfícies, se transforma. Todo raio de luz que viaja no espaço trafega com uma potência e uma pigmentação de cor; ao tocar uma nova superfície, ele se altera em sua força, direção e pigmento de cor, até atingir a próxima superfície e o mesmo fluxo se repetir, tantas vezes quantas forem as superfícies encontradas.

1.2.9 Efeito Fresnel

O efeito de Fresnel é um dos principais conceitos a se considerar quando se trabalha com materialização e texturização realista baseada em Shaders fisicamente reais (PBR Shaders), pois é um coeficiente importantíssimo no cálculo de BRDF. O Efeito Fresnel foi observado pelo físico francês Augustin-Jean Fresnel (MULLER, 2005), e consistiu na constatação de que a quantidade de luz percebida nas superfícies depende do ângulo de visão do sujeito a partir da superfície do objeto observado.

Por exemplo, ao dispor uma bola de bilhar por sobre uma mesa e incidir nesta um ponto emissor de luz, ao seu centro pouco se pode observar reflexos brilhosos, mas ao se observar sua silhueta mais de perto, podem-se perceber áreas nas quais o brilho se revela.

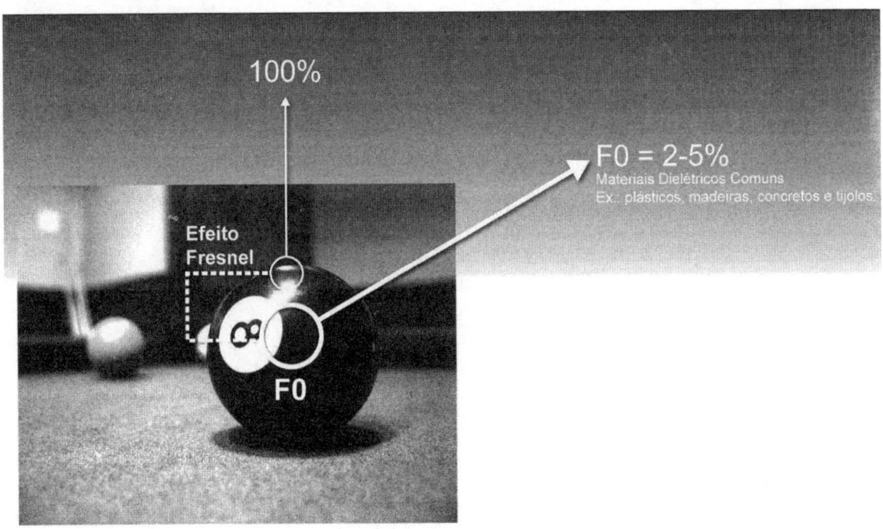

Interessante observar que, para superfícies rugosas, a reflexão da luz tende a difundir o brilho especular, mas não a 100% da reflexão especular. O que importa na verdade é o ângulo entre a normal de cada microfaceta e o raio de luz, e não o ângulo entre a normal do objeto (marco da superfície) e o raio de iluminação.

1.2.9.1 Reflexo Fresnel em Ângulo Zero (F0)

O Reflexo Fresnel em Ângulo Zero refere-se ao ângulo em que a luz toca a superfície de um determinado objeto, sendo que, quando tal toque for perpendicular, haverá uma porcentagem de reflexão percebida como brilho especular. Usando a Indexação de Refração (Index of Refraction - IOR) para calcular a superfície de reflexão, é possível derivar o montante refletido, conhecido por F0 (Fresnel Zero).

Segundo o documento The Comprehensive PBR Guide da Allegorithimic, o alcance de F0 em superfícies dielétricas corresponde ao intervalo de 0.02 a 0.05 e para superfícies condutoras é de 0.05 a 1.0. Logo, a reflexão de uma superfície é determinada pelo seu índice de refração (IOR), que é traduzido na equação de Sébastien Lagarde que trata justamente do cálculo das superfícies (LAGARDE, 2017).

O valor de F0 é de suma importância para a tomada de decisão quando da autoração de texturas dentro dos softwares habilitados para trabalhar com arquivos PBR. Adicionalmente, materiais digitais que simulam superfícies não metálicas utilizam valores em tons de cinza (grayscale) e materiais digitais que simulam superfícies metálicas utilizam valores em cores (RGB). Conforme o documento The Comprehensive PBR Guide, pode-se afirmar, do ponto de vista artístico, que o F0 de uma superfície lisa e dielétrica comum poderá refletir em torno de 2% a 5% de luz em ângulos de silhueta. A figura a seguir apresenta as faixas de atuação de F0 para superfícies metálicas e não metálicas, a partir de valores obtidos pela DONTNOD para apresentação na Unreal Engine 4.

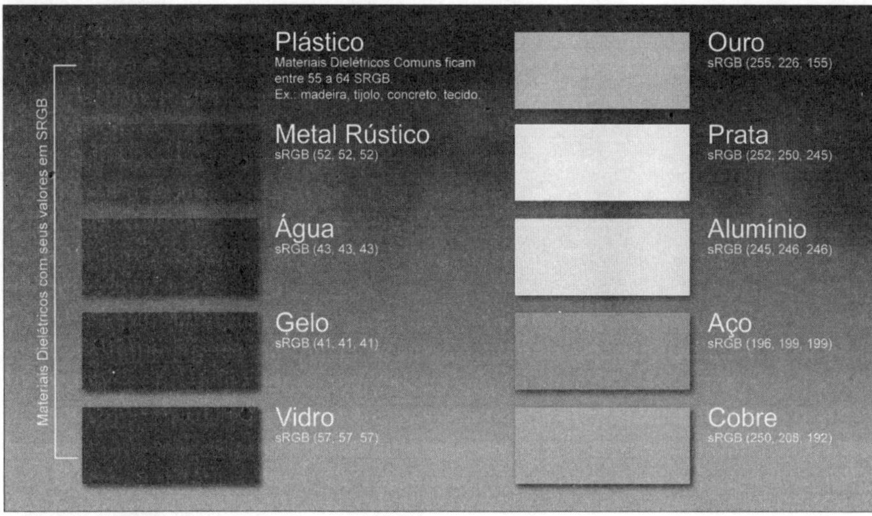

Pela figura anterior, é importante salientar que os não metais possuem intervalos que não se alteram drasticamente, sendo que pedras preciosas são algumas das exceções. Entender o comportamento dos materiais da natureza real é importante para o entendimento de materiais mais realistas. Cada categoria destes dois materiais possui métodos próprios para sua correta criação, e a identificação da categoria torna-se primordial para o bom desenvolvimento de materiais sintéticos realistas.

1.2.10 Materiais Metálicos e Não Metálicos

Segundo o documento de The Comprehensive PBR Guide da Allegorithimic, uma boa prática para o momento de se construir materiais do tipo PBR é categorizá-los em metais (condutores) ou não metais (dielétricos, não condutores). Ambos serão discutidos a seguir.

1.2.10.1 Metais

Os materiais metálicos são por natureza bons condutores de energia de calor e de eletricidade. Em superfícies metálicas, as ondas de luz são refletidas pela superfície do material metálico, com sua porcentagem de reflexão podendo variar de 70 a 100% dependendo de seu grau de lisura e de sua cor, conforme a figura a seguir demonstra.

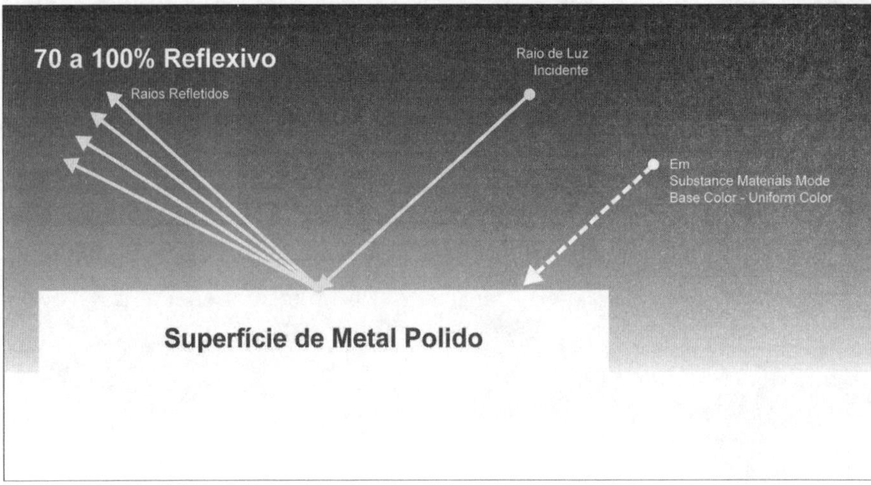

Determinados tipos de metais absorvem a luz em diferentes comprimentos de ondas, por exemplo, o ouro absorve a luz azul em uma alta frequência e o espectro tonal visível é o amarelo. No entanto, a luz que é refratada é absorvida pelo material e a tonalidade de cor dos metais vêm da reflexão da luz. Por exemplo, para se desenvolver um material que simula um espelho real, sua cor difusa deve ser ajustada para o mais escuro possível (tons de cinza chegando quase ao preto puro), ao passo que, para haver um brilho especular, este deve ser ajustado para uma cor mais clara, tendendo ao azulado.

Outro ponto importante a salientar na produção de materiais sintéticos que simulam materiais reais, é em materiais metálicos considerar seu fator de corrosão ou oxidação. Materiais compostos com a informação de corrosão terão seus aspectos de reflexão alterados, bem como os materiais metálicos que são compostos com sujeira em algum nível. Considerar as intempéries do tempo para a construção de um material real é importante para obter resultados realmente realistas. A figura a seguir apresenta a composição de um material com oxidação.

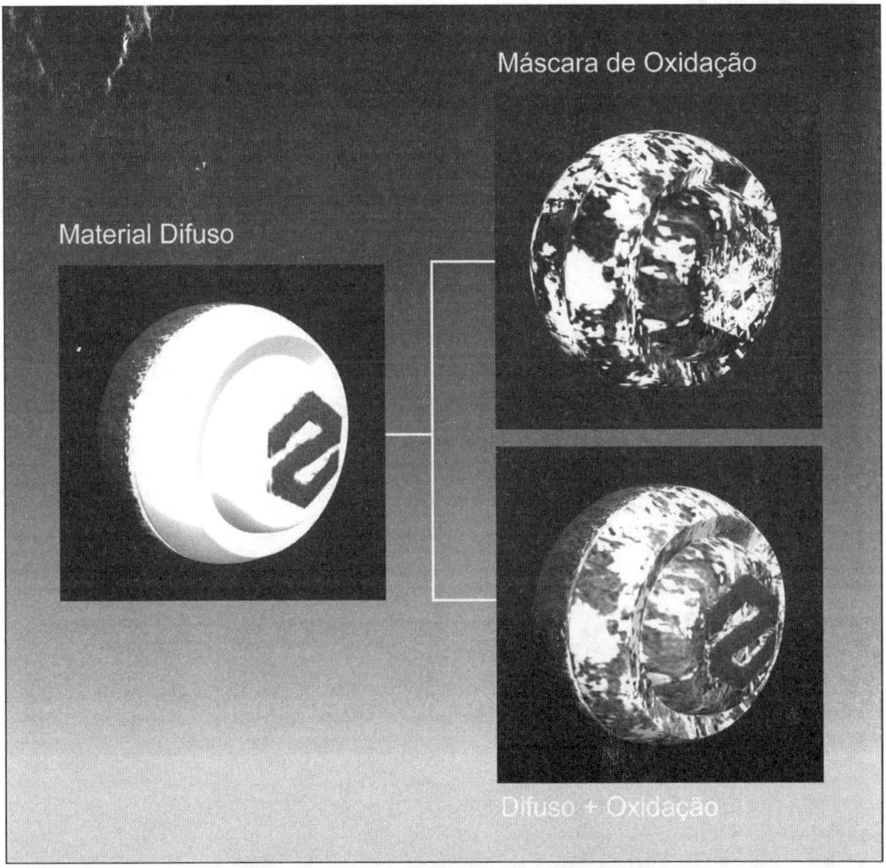

Como dica, a construção de um metal que possui corrosão deve ser feita em camadas. Em uma camada isolada aplica-se a cor de origem do metal e, acima desta, uma outra camada com a cor com a qual o metal é pintado, assim a ação da corrosão acontecerá entre ambas as informações. A mesma regra se aplica a materiais metálicos que simulam estar com sujeira.

Todo material precisa ser contextualizado para ser criado. Pense sobre o material a ser feito (metal ou não metal) e qual será seu tipo. É um metal novo, velho, sujo ou gasto? É um metal que sofre a ação das intempéries do tempo? É um metal existente na natureza? Qual seu comportamento com relação à reflexão da luz? Enfim, deve-se proceder um estudo e uma contextualização antes de sua execução.

1.2.10.2 Não Metais

Na natureza, os materiais tidos como não metais não são bons condutores de calor e eletricidade. A maioria dos raios do comprimento de onda da luz são absorvidos por estes materiais e sua distribuição ocorre de forma interna pelo material. Desta forma, pouca luz é refletida pela superfície de materiais não metais e tendem a assumir cores albedas [sendo o termo albedo a razão entre a quantia de luz que é refletiva por sobre uma determinada superfície e a quantia de luz que incide sobre esta mesma superfície (STRAHLER, 1999)]

Assim como os metais, os não metais obedecem aos índices de refração (IOR) para que se possa determinar o quanto de raios de luz é absorvido, ou refletido em suas superfícies, devendo o artista buscar na natureza dados reais com que trabalhar na construção de seus materiais. Lembrando que o valor para materiais dielétricos comuns é cerca de 2% a 5% com base no F0 oriundo da tabela de IOR, e que isto representa os valores estarem contidos dentro de um intervalo linear de 0017-0067 (sRGB 40-75), como a figura a seguir apresenta.

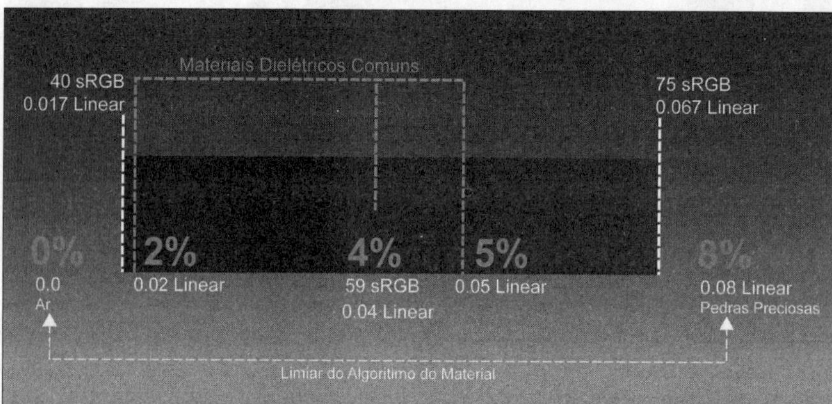

Mais uma vez, observar a natureza é o melhor caminho para o desenvolvimento de materiais digitais fisicamente reais, pois é dela que parte a inspiração, por ser por si só muito rica em detalhes.

1.2.11 Linear Space Rendering

O termo Linear Space Rendering se refere ao cálculo matemático que mais se aproxima da simulação realista da luz em ambientes, sendo que, na técnica de Linear Space, a informação Gamma vale 1,0, mas é modificada em ambiente virtual para que o olho humano possa melhor interpretar o que vê pelo monitor.

Para que uma imagem seja definida como uma apresentação (rendering), deve ser Base Color ou difuso, sendo neste caso a definição de apresentação em sRGB. Internamente, em arquivos de substance ocorre o cálculo e a conversão para Linear Space, pois este é o algoritmo definido por ele para a apresentação de imagens. Posteriormente é exibido ao usuário em formato sRGB.

O Substance Designer tem a habilidade de converter internamente os formatos Linear Space/sRGB, bem como a correção de Gamma para melhorar os resultados nas Viewports do programa. Outro ponto importante é que, ao utilizar o plugin integrador de substances entre softwares, ele automaticamente converte tudo para Linear Space. Como artista, não se faz necessário se preocupar com estas conversões, pois o sistema já realiza isto de forma automatizada, mas sempre é importante compreender como é o funcionamento do sistema.

1.3 Benefícios da PBR

Vários são os benefícios atrelados ao trabalho com PBR para a produção artística de materiais e texturas, sendo alguns:

- A facilitação do processo de criação de objetos realistas e a remoção de qualquer efeito não calculado adequadamente para a autoração dos atributos das superfícies;

- Os objetos tendem a apresentar um aspecto mais realista quando dentro das Engines de jogo;

- A permissão de um fluxo de trabalho consistente para a criação de arte entre diferentes artistas no mesmo projeto.

Outros benefícios podem ser listados aqui, mas, segundo o documento The Comprehensive PBR Guide da Allegorithimic, estes 3 são os mais relevantes.

Como artista, a visão sobre a construção de arquivos de materiais procura dividir sua construção em pequenas camadas de informações, possibilitando, com certa organização, a visão de um resultado final. Muitas vezes, os artistas precisam criar meios de conceber determinado efeito físico realista por meio da manipulação das informações em imagens, quando na verdade o mais ágil seria dispor de um recurso que simule os efeitos físicos em materiais e texturas. É neste ponto que entra a PBR como forma de resolver este problema e se torna imprescindível que os artistas pensem diferente sobre as formas de se construir arquivos de mapas que descrevam os atributos das superfícies dos modelos.

1.4 Materiais para o Substance Designer

Todo software tridimensional possui um conjunto de materiais que trabalha com os mapas de texturas, favorecendo a exibição do modelo em cores. No Substance Designer, há um conjunto de recursos que não podem ser editados certos campos, mas sim, utilizados na composição de complexos materiais para objetos. Tais recursos são acessados por sua interface e constam em Materials Filter, conforme podem ser vistos na imagem a seguir.

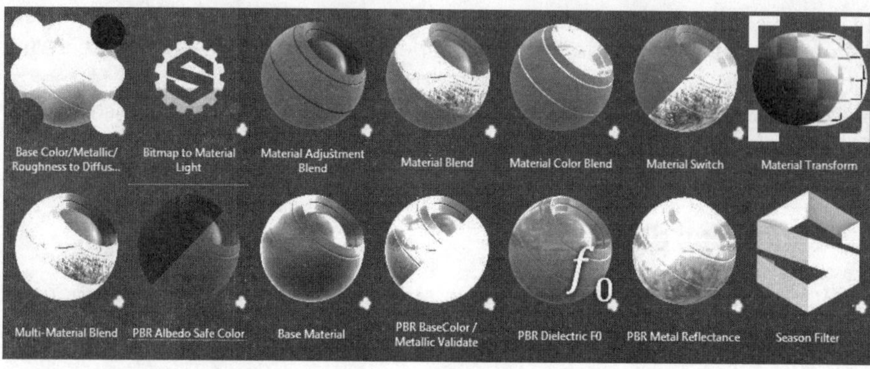

Neste conjunto de recursos, há opções para a construção de materiais adicionando cores em bases, ajustes de materiais, troca, transformação, reflexão e métodos de sombreamento. A figura a seguir, apresenta um conjunto de recursos para criar as composições de materiais do tipo PBR (PBR Matertials).

Neste conjunto de recursos, há opções para a criação de materiais que simulam superfícies de tijolos, concretos, pavimentos, tecidos, cascalho, metais, papel, telhas e madeiras. Ao longo deste livro, estes recursos serão recapitulados e estudados de forma mais aprofundada.

1.5 Texturas para o Substance Designer

Há vários tipos de texturas que podem ser associadas a diferentes tipos de materiais. Cada tipo de textura serve para uma determinada situação, sendo que os projetos fílmicos permitem a adoção de um número maior de tipos de texturas. Neste caso, o processo de apresentação (rendering) acontece primeiro e depois há um pós-processamento. Nos projetos de jogos digitais, o processo acontece em tempo real seguido de seu pós-processamento também em tempo real. Conforme Lima e Meurer (2011, p. 140), Murdock (2006, p. 234) e Ward (2008, p. 117), os tipos de texturas mais comuns para ambientes fílmico e de jogos, são:

Alpha Map (Transparência) – o mapa de transparência é muito utilizado para aumentar o detalhamento de modelos sem a necessidade de acrescentar malha geométrica. Por exemplo, para simular cabelo em personagens ou mesmo roupas rasgadas, ele é essencial. A imagem a seguir ilustra este tipo de textura aplicada a um modelo de teste.

Ambiente Occlusion Map (Mapa de Oclusão de Ambiente) – o mapa de Oclusão de Ambiente é utilizado para aumentar o realismo de ambientes e modelos tridimensionais, pois ele adiciona um mapa de iluminação por aproximação de malha. Quanto mais próximas as malhas umas das outras, maiores são as regiões que recebem sombreamento, conforme pode ser visto na imagem a seguir.

Diffuse Map (Mapa de Difusão) – são as texturas que cuidam do revestimento em cores dos modelos, fazendo com que estes simulem mais detalhes do que realmente foi incluído em sua modelagem geométrica. A imagem a seguir apresenta uma textura difusa aplicada a um modelo de teste.

Bump Map (Mapa de Relevo) – são arquivos que trabalham para dar a ilusão de saliência e sulcos em regiões do modelo a partir de arquivos em tons de cinza, em que branco eleva e preto afunda. Nas apresentações de Engines de tempo real, este tipo de mapa é substituído pelo Normal Map. Na imagem a seguir, é apresentado um objeto tridimensional com textura de saliência aplicada.

Displacement Map (Mapa de Deslocamento) – o mapa de deslocamento atua gerando novas geometrias a partir de mapas em tons de cinza (branco eleva e preto empurra para baixo), sendo muito utilizado em cinema. Na imagem a seguir, o modelo recebeu um mapa de deslocamento.

Height Map (Mapa de Altura) – este tipo de mapa permite criar um arquivo em tons de cinza utilizado para elevar ou rebaixar superfícies (similar a Displacement Map). Muito comum na representação de espaços topométricos abertos. Dependendo da Engine de Jogo que se usa, ele é utilizado para simular ambientes externos muito grandes.

Normal Map (Mapa de Normal) – este tipo de mapa causa alto ou baixo relevo virtual em superfícies geométricas tridimensionais. Utiliza arquivos em escala de cores RGB (Red, Green, Blue), sendo que R controla o deslocamento em X, G no eixo Y e B no eixo Z dos modelos. A seguir, é apresentado um modelo contendo mapa de normal map aplicado.

Parallax Map (Mapa de Paralaxe) – o mapa de paralaxe é utilizado para dar relevo físico às superfícies, deformando-as em tempo real, gerando novas malhas. Demanda alto poder de processamento pelo hardware que executa o aplicativo de jogo. Este tipo de mapa é usado no lugar do Mapa de Deslocamento (Displacement Map), pois é a partir dele que as Engines conseguem reproduzir o mesmo efeito.

Specular Map (Mapa de Brilho) – são arquivos de texturas que simulam alto ou baixo brilho em superfícies geométricas, geralmente trabalhando junto com mapas de difusão e relevos. A seguir é apresentada a imagem de um modelo com alto brilho especular.

Reflection Map (Mapa de Reflexo) – este mapa adiciona reflexo simulado a ambientes e modelos tridimensionais quando dentro de Engines de jogos. Em tempo real, o cálculo de reflexo fisicamente real é extremamente oneroso, assim, a maioria das Engines utilizam materiais com mapas de reflexo que simulam as informações do ambiente utilizadas (na linguagem dos jogos, trata-se de arquivos em formato de Cubo de Imagem, ou Cube Map). A seguir, é apresentada imagem de um céu, que pode facilmente ser utilizado como mapa de reflexo.

Com texturas deste tipo, pode-se criar qualquer mundo digital para os jogos digitais. Com a correta utilização e aplicação destes arquivos de texturas, podem-se desenvolver também modelos muito convincentes, capazes de fazer o jogador crer na existência dos mundos imaginários dos jogos.

1.6 Workflows para Composição de Materiais PBR

A seção a seguir aborda a maneira como são feitas as composições de materiais PBR (Physically Based Rendering) dentro do Substance Designer, não do ponto de vista prático, mas teórico. A composição de material do tipo PBR se aproxima dos efeitos de materiais fisicamente reais, com uma interface mais simplificada e que facilita o desenvolvimento de materiais. A aparência geral destes materiais tende a ser mais natural e menos uma mimese de materiais reais. Os materiais PBR, por suas características matemáticas mais realistas, se aproximam mais dos algoritmos que tratam do cálculo de luminosidade em ambientes tridimensionais, o que os fazem participar da composição de cena de forma mais natural.

A partir do estudo do documento The Comprehensive PBR Guide – vol. 2 e Physically Based Materials e da documentação de ajuda online da Unreal Engine, alguns conceitos são apresentados para que sejam pensados quando do momento da criação de qualquer material que utilize o sistema de Substance em sua composição. São eles:

Base Color (Cor de Base) – este conceito refere-se à coloração geral do material apresentado em sua superfície (sua cor básica). Diferentes materiais podem assumir colorações diferenciadas entre si.

Roughness (Rugosidade) – este conceito refere-se às características de rugosidade dos materiais, alterando as características de reflexão da luz em sua superfície. Como explicado anteriormente, a partir de uma superfície rugosa, a luz tende a refletir para várias direções, fazendo com que a aparência da superfície seja perceptível.

Metallic (Metálico) – este conceito refre-se ao quanto uma superfície deve se parecer com uma superfície metálica. Diferentes materiais que simulam aspectos de superfícies metálicas podem apresentar níveis metálicos diferenciados. Por exemplo, uma barra de ferro cromada tem um nível metálico muito maior do que a mesma barra metálica sem o cromado aplicado.

Specular (Brilho Especular) – o conceito de brilho especular diz respeito ao quanto uma superfície é capaz de emitir brilho quando da incidência de luminosidade sobre ela. Sem o efeito de brilho, as informações de relevo em superfícies não são perceptíveis ao olho humano.

Tomando como base estes conceitos, projeta-se aqui que é possível desenvolver materiais do tipo PBR que simulam com perfeição materiais fisicamente reais dentro de sistemas digitais, desde que devidamente configurados. A seguir são apresentados alguns aprofundamentos sobre estes conceitos aplicáveis ao Substance Designer.

1.6.1 Conceitos Sobre os Materiais PBR

A seguir são apresentados os conceitos sobre os processos de controle de mapas para materiais do Substance Designer. A partir destes conceitos, a configuração de comportamentos destes mapas é facilitada.

1.6.1.1 Metal e Roughness

Como todo material, o tipo Metal e Roughness é um composto de algumas entradas de mapas que simularão características únicas ao modelo. Para estabelecer um Workflow (Fluxo de Trabalho) para construir um material com características metálicas e algum nível de rugosidade, é preciso ter em mente que se faz necessária a existência de mapas para cor de base, mapa metálico e mapa de rugosidade. Alternativamente, o material com características de Metal e Rugosidade também pode utilizar mapas do tipo Ambiente Occlusion, Normal e Height para a criação de um sistema de Parallax (Paralaxe), a qual forneça condições de o modelo assumir características de deslocamento de sua superfície.

Segundo MCDERMOTT (2015, p. 3), em uma tradução livre, no Fluxo de Trabalho para a construção de materiais do tipo metálico/rugoso, os valores definidos para a reflectância dos materiais são atribuídos ao mapa da cor de base para aqueles materiais tratados como dielétricos, ao passo que a reflexão angular (brilho) é tratada pelo algorítimo BRDF. O mapa metálico atua como uma máscara no mapa de cor de base, definindo áreas que podem ou não refletir. Por exemplo, o algoritmo que processa as áreas escuras do mapa metálico entende que estas são áreas com pouca ou nenhuma reflexão de luz. Considerando que assumem padrão dielétrico de 4% (0.04), isto vem a corresponder à grande maioria dos materiais dielétricos discutidos anteriormente.

Como o fator F0 não é controlado manualmente e sim de forma automatizada pelo algoritmo do material, a lei da Conservação de Energia (discutida anteriormente), é aplicada ao mesmo material. Entende-se que em materiais do tipo Metal/Roughness não se pode quebrar esta lei, em que a informação difusa, composta da cor refletida pelo material e seu brilho specular causam o balanço da difusão e do brilho especular com a reflexão/refração da luz incidente na superfície do material. O material realiza então um trabalho de automatização dos resultados, sem que o usuário precise se preocupar com todas as simulações necessárias a sua realização.

Conforme discutido anteriormente, a Lei da Conservação de Energia é aplicada aos materiais do tipo PBR de forma automatizada pelo algoritmo dos materiais, não sendo possível sua edição manual no fluxo de trabalho para se construir um material Metal/Roughness. O balanço entre a cor difusa (cor refletida pela luz efetivamente) e o brilho especular é feito com o mapa de máscara metálico, o qual cria uma simulação da superfície combinada com sua reflexão ou refração da luz.

1.6.1.1.1 Dieletric F0

Em algumas ferramentas disponíveis, como o Substance Designer e Unreal Engine 4, há um controle especular apresentado na forma de um range (alcance) de atuação, no qual o usuário pode modificar o comportamento dielétrico dos materiais com características dielétricas (Dieletric F0). No Substance Designer, especificamente, esta opção é apresentada com o nome de "specularLevel" com um alcance entre 0.0 a 0.08 e pode suprir uma textura no material Metal/ Roughness do tipo PBR.

1.6.1.1.2 Base Color (RGB – sRGB)

O mapa de cor de base (Base Color) é composto de apenas duas informações relevantes ao cálculo do algoritimo do material PBR: a cor de reflexão usada para materiais que simulam superfícies dielétricas e os valores de reflexão para metais. Segundo o documento The Comprehensive PBR Guide – Vol 2, a cor é usada para representar as características dielétricas dos comprimentos de onda analisados anteriormente.

1.6.1.1.2.1 Guia para Criação de Materiais do tipo Base Color

O mapa do tipo Base Color (cor de base) pode ser construído de forma que suas informações sejam tão lisas (flat) quanto o necessário. Na verdade, a cor de base é apenas uma cor que recobrirá uma superfície onde, eventualmente, o detalhamento pode não ser necessário.

Deve-se considerar a escolha dos tons de cores do modo mais natural possível. Por exemplo, durante muitos anos em determinado período da história, em pintura artística tradicional, faziam-se as sombras o mais perto possível do preto puro. Porém, com o tempo, outros artistas foram surgindo e o período de arte mudou. Quando isto ocorreu, as sombras que antes eram pretas puras deram espaço a sombras com pigmentos de cor, tornando as obras mais realistas. Se a natureza for observada com bastante atenção, nota-se que as superfícies não são sombreadas na cor preto puro, sendo que não existem superfícies luminosas na cor branco puro: sempre há o pigmento de cor em algum nível nas superfícies dos modelos.

Dentro do Substance Designer, ao se tratar superfícies de cor de base, deve-se observar que para informações escuras não se deve utilizar menos de 30-50 na escala de sRGB, pois o intervalo de informações escuras poderia ser mais tolerante em 30 sRGB e mais rigorosa em 50 sRGB. Evitam-se assim valores acima de 240 em sRGB, pois desta forma haveria informações mais brilhantes na superfície do material.

É interessante providenciar eventuais microrranhuras nas cores de cor base, ou, o que é mais indicado, atribuir um mapa do tipo Ambiente Occlusion (oclusão de ambiente) especificamente para guardar as informações de deformidades na superfície. Como dito anteriormente, a todas as informações de refletância das superfícies alteram o comportamento dos raios de luz nas superfícies dos modelos, e um mapa de oclusão evidencia isto. É sempre importante lembrar que os valores utilizados para a construção de um material do tipo PBR com características de metal reflexivo devem ser obtidos por meio de dados de superfícies de materiais fisicamente reais.

1.6.1.1.2.2 Resumo Geral

O documento de The Comprehensive PBR Guide apresenta um resumo de 5 conceitos indispensáveis para a construção de materiais do tipo PBR, os quais foram discutidos ao longo deste texto (MCDERMOTT, 2015, p. 7):

1 – A cor representa uma informação para sombreado do tipo albedo de materiais não metálicos (dielétricos) e valores de reflectância para metais;

2 – A cor de base deve ser construída sem informações detalhadas de iluminação em sua superfície, com exceção das informações de oclusão;

3 – Os valores das informações escuras não devem ser inferiores ao limiar de 30 em sRGB (sendo um intervalo tolerante) a 50 sRGB (sendo um intervalo estrito);

4 – Os valores das informações brilhantes não devem ultrapassar o limiar de 240 em sRGB;

5 – As informações de reflectância para metais brutos devem ser acima do intervalo definido como 70-100% para brilho especular, o que significa algo em torno de 180-255 em sRGB.

Como guia de construção de mapas de Base Color (Cor de Base), a observância a estes conceitos pode fazer a diferença na construção dos materiais. Quanto mais se entender como o algoritmo dos materiais do tipo PBR funcionam, mais fácil se torna o aprendizado.

1.6.1.1.3 Metallic (Grayscale – Linear)

O mapa Metallic (Metal) é usado para definir áreas nas quais a superfície dos materiais deve apresentar características metálicas brutas. O mapa metálico é construído por meio de um arquivo com informações de Grayscale (tons de cinza), as quais informam ao algoritmo que processa o Shader do material quais áreas devem se comportar com características metálicas e quais não devem (áreas dielétricas). Neste tipo de mapa, as áreas escuras (black – 0 sRGB) representam superfícies não metálicas e as áreas brancas representam superfícies metálicas, podendo o usuário definir de modo manual, e não fisicamente real, quais serão estas áreas.

1.6.1.1.3.1 Guia para Criação de Materiais do tipo Metallic

Para a correta construção dos materiais do tipo Metallic (Metálicos), dois conceitos são de alta relevância: o quanto a superfície pode ser polida para permitir um alto ou baixo brilho especular e seu nível de corrosão. No primeiro conceito, definir o quão polida é uma superfície permite que se construa materiais com diferentes aspectos de brilho. Para um alto brilho, deve-se utilizar um valor para os campos metálicos em torno de 70 a 100% de brilho. De modo diferente, os conceitos que tratam dos aspectos de corrosão dos materiais se fazem pertinentes, pois com eles se pode construir materiais gastos e verossímeis.

1.6.1.1.3.2 Raw Metal

Assim como dito anteriormente, todas as decisões sobre quais valores atribuir às informações necessárias à caracterização de superfícies de materiais devem derivar de informações de superíicies fisicamente reais. O metal bruto deve ser autorado entre 0 ou 1 apenas, sendo isto usado para definir com certa precisão se a superfície é do tipo bruta ou polida. Em linhas gerais, os valores de informações para definir o limiar de metais do tipo bruto em RGB ficam entre 235 – 255. As áreas de metais que fugirem deste limiar necessitarão de algum nível de reflectância em torno de 70-100% na Cor de Base.

1.6.1.1.3.3 Camada Corroída ou Dielétrica

Todo material da vida real fica exposto às intempéries do tempo: poeira, chuva e sol, por exemplo. Em alguns materiais, outros fatores externos o atingem como, o desgaste pelo uso e a oxidação que ocorre no ambiente ao qual está inserido. Por esta razão, é preciso considerar fatores externos na construção de materiais do tipo PBR, pois eles influenciam na constituição do material. No caso de oxidação e superfícies metálicas que receberam algum tipo de pintura, estas informações devem ser tratadas como superfícies dielétricas.

O mapa metálico pode apresentar uma mistura de estados entre os metais e não metais, representados pela transição dos valores em tons de cinza. Segundo MCDERMOTT (2015, p. 9), "a chave para isto está em definir que o mapa metálico terá valores inferiores a 235 em sRGB, neste caso ele terá um grau de reflectância mais baixo em sua Cor de Base".

Como exemplo disto, imagine uma sujeira por sobre uma superfície metálica pintada. Analisando uma superfície como esta, a sujeira deve ser tratada como uma informação de superfície do tipo dielétrica (não metal) e seu valor de reflectância deve ser inferior a 70-100% referente a superfícies de metais polidos. Aplicando tonalidades distintas no mapa metálico para simular superfícies sujas (variando os tons de cinza), é possível realizar a transição entre os materiais metálicos e não metálicos. Outro ponto levantando por McDermott (2015, p. 9) refere-se ao fato de que as informações de opacidade podem contribuir para a correta construção do material, indicando o quanto de reflectância ele possui.

1.6.1.1.3.4 Resumo Geral

Como resumo geral, pode-se dizer que os conceitos principais sobre a criação de superfícies para materiais metálicos são:

> 01 – O mapa metálico é construído em um arquivo com informações em Grayscale (Tons de Cinza) e as cores indicam as áreas que são metálicas e não metálicas. Superfícies do tipo não metal

possuem informações mais escuras neste tipo de mapa (indo a preto puro, 0.0), e superfícies metálicas as mais claras (indo a branco puro, 1.0). A transição entre tons possibilita a simulação de superfícies metálicas que oxidam ou que estão sujas;

02 – Para o caso de o mapa metálico assumir valores inferiores a 235 em sRGB, o nível de reflectância de sua superfície precisará ser diminuída no mapa de Cor de Base.

Observando estes conceitos, certamente o cálculo do material na realização de superfícies metálicas se torna mais eficiente. Novamente, observar os fenômenos na natureza e buscar valores reais contribui enormemente com a construção de materiais do tipo PBR.

1.6.1.1.4 Roughness (Grayscale – Linear)

O efeito de rugosidade em superfícies ocasiona a distorção dos raios de luz que as tocam, conforme discutido anteriormente. Ranhuras grandes e pequenas fazem com que os raios solares que viajam no espaço em uma determinada direção tenham seu comportamento alterado, ao tocar na superfície. Quanto mais polida (lisa) uma superfície for, menos alterações de direção os raios de luz causam.

No mapa de rugosidade, uma superfície em tons de cinza, variando entre preto e branco, emite o efeito de mudança no comportamento da luz sobre as superfícies. A cor preta informa ao algoritmo do material que a superfícia é lisa (0.0) e a cor branca (1.0) informa dados de rugosidade.

Em conjunto, os mapas de rugosidade e de difusão são capazes de informar muito sobre a superfície do material que se intenciona representar. Pelo mapa de rugosidade, podem-se contar várias histórias para ajudar na composição do material. Que tipo de intempéries do tempo sofreu? O quanto o objeto já foi usado? É algo novo ou velho que se deseja representar? Algo sujo, limpo? Enfim, muito pode ser dito do objeto ao olhar ambos os mapas.

1.6.1.1.4.1 Guia para Criação de Materiais do tipo Roughness

Para a construção de mapas do tipo rugoso, algumas técnicas são possíveis. A partir da construção de mapas de difusão, pode-se chegar a efeitos interessantes para representar um mapa de rugosidade. É possível também construir um bom mapa de rugosidade a partir dos efeitos vindos de mapas como o de Normal. Independente de qual caminho seguir, é importante lembrar que deve-se ser sempre criativo e contar histórias sobre a superfície do material a ser construído.

1.6.1.1.5 Resolução e Densidade de Texel

A resolução dos mapas influencia diretamente no resultado estético dos materiais. Um efeito que pode ser observado na construção de mapas metálicos em cuja superfície é aplicado um material dielétrico (uma cor que represente uma camada de tinta por sobre a superfície com um vazado indicando um "buraco" na camada de cor). Se o mapa de cor for construído em resolução inferior ao metal, certamente haverá efeitos colaterais no mapa (tipicamente, pela ausência de resolução adequada, uma borda branca pode se apresentar). Esta borda tipicamente aparece na transição entre áreas de materiais dielétricos (não condutores) e condutores (a figura a seguir apresenta este fenômeno). O efeito é explicado pelo fato de que as superfícies metálicas produzem um alto valor de brilho em sua cor de base, ao passo que a superfície de cor não (evidentemente, considerando que a superfície de tinta possui cor escura): isto proporciona um ambiente no qual a cor branca apareça nos materiais.

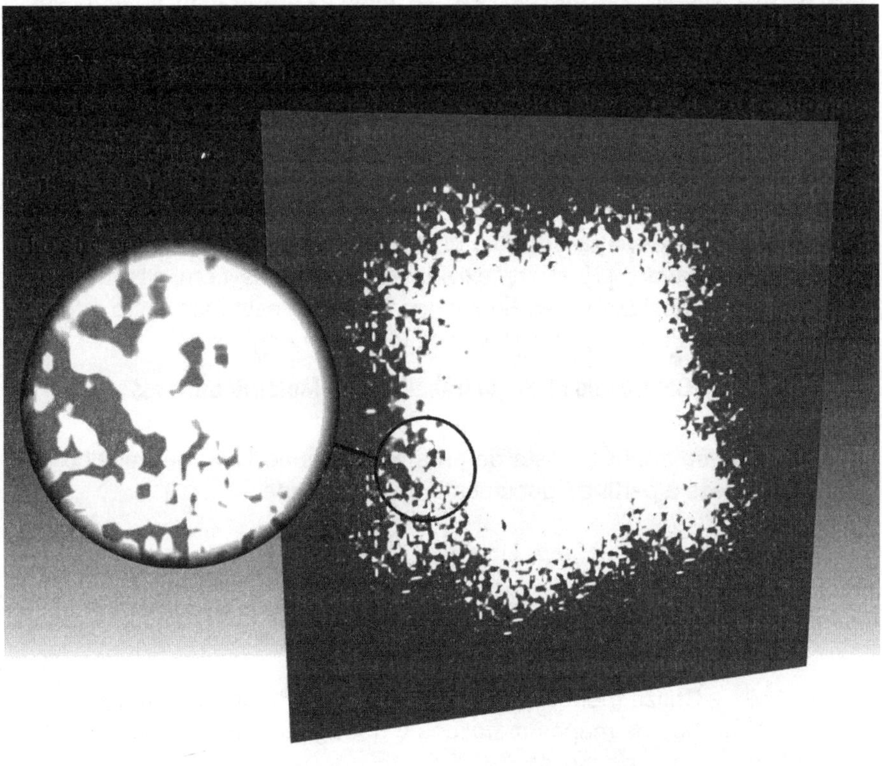

Segundo McDermontt (Vol 2, 2015, p. 11), "a resolução do arquivo e a densidade do Texel têm impacto direto na visibilidade das bordas brancas". Neste caso, o Texel (Texture Element ou Texture Pixel) pode ser definido pela quantidade de informações contidas em cada pixel do arquivo, sendo as texturas representadas pelo arranjo de Texels, e as imagens pelo arranjo de pixeis (3DTotal, 2017). Como exemplo da importância de se trabalhar corretamente a resolução do mapa com seu Texel, refere-se ao fato de se dispor o UV do material de cor base por sobre uma superfície metálica de forma que a cor de base fique menor. Isto causará problemas de resolução no mapa, propiciando um ambiente para que as linhas brancas surjam no material de cor de base.

1.6.1.1.5.1 Guia para Criação de Materiais com Resolução e Densidade de Texel

Para a definição de um correto procedimento para criação de mapas no qual haja uma boa relação entre a resolução e o Texel do mapa, deve-se observar que a densidade do Texel e a resolução do arquivo têm impacto sobre causar ou não a borda branca entre os mapas metálicos e não metálicos, fazendo-se necessário observar se a proporção de UV é adequada ao tamanho do arquivo de mapa a ser construído, como forma de minimizar este efeito.

1.6.1.1.6 Specular

Para a construção de superfícies com brilhos especulares para os materiais do tipo dielétricos, deve-se observar que o parâmetro F0 é ajustado para 0.04 (linear) representando 4% de reflexividade nos mapas com características metálicas e de rugosidades. No Substance Designer, este parâmetro refere-se ao canal specularLevel, em que Dieletric F0 é mais complexo.

1.6.1.1.6.1 Prós e Contras do Fluxo de trabalho para Metal/Roughness

Apresenta-se aqui uma lista de prós e contras ao fluxo de trabalho com Metal/Roughness a partir do documento de PBR Guide.

Prós

01 – Pode ser fácil criar mapas com o fluxo de trabalho aqui apresentado, sendo menos propenso a erros;

02 – Utiliza menor quantidade de memória de textura, pois ambos os mapas metálicos e de rugosidade utilizam arquivos em tons de cinza;

03 – Possui um fluxo de trabalho mais amplamente adotado.

Contras

01 – O fluxo de trabalho aqui apresentado não tem um controle sobre F0 para mapas dielétricos quando de sua criação, ao passo que na maioria das vezes se pode assumir um controle do brilho especular tendo como base o valor de 4%;

02 – Bordas brancas são mais vistas, principalmente quando se trabalha com resoluções mais baixas.

1.6.1.2 Specular e Glossiness

Para a composição de mapas convincentes, assim como em Metal/Roughness, o fluxo de trabalho para Specular/Glossiness é definido a partir do uso de um conjunto de mapas que permitem ao sistema processar como material do tipo PBR. Este conjunto é definido como sendo os mapas de Diffuse, Specular e Glossiness. Importante salientar que estes mapas, dentro da linguagem do Substance Designer e do algoritmo que processa materiais do tipo PBR, não são os já conhecidos mapas de mesmo nome. Por exemplo, o Substance Designer utiliza o termo diffuse, mas sua implementação no material refere-se na verdade à implementação do recurso de difusão como comportamento de material Albedo. Eventualmente, o material PBR ainda pode estar utilizando recursos de Ambiente Occlusion, Normal Map e Height Map para mapa de Parallax.

Neste Fluxo de Trabalho, as informações de reflectância para materiais metálicos e não metálicos são atribuídas no mapa de especular, sendo que neste fluxo se faz necessário trabalhar com 2 mapas do tipo RGB: um para difusão (Albedo) e outro para valores de reflectância (Specular). Importante salientar também que o fluxo de trabalho em Specular/Glossiness trabalha de acordo com as Leis da Conservação de Energia discutidas anteriormente e que o controle deste fenômeno é feito pelo mapa de especular. A forma de se trabalhar em Specular/Glossiness muito se assemelha a Metal/Roughness, guardadas as devidas características de cada um, pois as informações necessárias aos diferentes efeitos são atribuídas a diferentes mapas, mas todos trabalham pelo mesmo princípio de atuação.

1.6.1.2.1 Difuso

Assim como ocorre com o mapa de Cor de Base para Metal/Roughness, o mapa de difuso para Specular/Glossiness contém cores em Albedo sem conter informações de valores para reflectância.

1.6.1.2.1.1 Guia para Criação de Materiais com Specular e Glossiness

A seguir são apresentadas algumas orientações sobre como proceder na construção dos materiais na questão da difusão para materiais Specular/ Glossiness (MCDERMOTT, Vol. 2, 2015, p. 13).

01 – As cores representam as informações difusas para Albedo para superfícies não metálicas e preto (0.0) para o metal bruto;

02 – A Cor de Base deve ser isenta de iluminação ou informações que não sejam de oclusão de áreas;

03 – Para áreas escuras dos mapas, os valores não devem ser inferiores a 30 em sRGB (Gamma estrito), com exceção do preto para o metal bruto;

04 – Para áreas claras, os valores brilhantes não devem ser superiores a 240 em sRGB.

1.6.1.2.2 Especular

Dentro da construção de materiais do tipo PBR, o mapa do tipo especular ajuda a definir os valores de reflectância para as superfícies metálicas ao passo que F0 define as superfícies não metálicas. Este ponto é diferente com relação ao fluxo de trabalho de Metal/Roughness em que os materiais dielétricos são autorados com 4% de reflexividade e podem ser modificados apenas em seu canal de brilho especular (specularLevel). Lembrando que, assim como nos demais materiais, o brilho especular deve se basear em informações observadas na vida real, e que F0 refere-se a mapas em tons de cinza para superfícies dielétricas, ao passo que para superfícies metálicas são utilizados mapas em cores.

1.6.1.2.2.1 Metal Bruto (Raw Metal)

Como dito anteriormente, todos os valores de reflexão e refração dos materiais devem ser obtidos a partir de dados do mundo real, por esta razão o F0 baseia-se em informações reais. Como ocorre em mapas metálicos, o metal bruto pode também sofrer ações das intempéries do tempo como oxidação ou sujeira em sua superfície. Deste modo, sua reflexão especular é alterada de acordo com a modificação que sua superfície sofre a partir da apresentação das modificações de sua estrutura compositiva, seja pela oxidação, seja pela sujeira.

1.6.1.2.2.2 Materiais Dielétricos

Conforme discutido anteriormente, o valor de F0 para superfícies dielétricas é autorado pelo mapa de especular de maneira eficiente pelo sistema em materiais do tipo PBR, ao qual se tem um controle bastante completo deste valor, desde que se tenham os valores corretos, obtidos do mundo físico real para diferentes materiais que se queira construir em âmbito digital. Importante lembrar que os materiais dielétricos não são bons condutores de eletricidade e a refração da luz é dispersa ou absorvida por sua superfície.

Os valores para definir as características dos materiais são obtidos por uma tabela de IOR dos materiais. Se o valor de IOR para determinado material não for localizado, é possível utilizar alguns valores como referência para isto. Para materiais que simulem superfícies plásticas, pode ser usado algo em torno de 4% (0.04), pedras preciosas são uma exceção e podem ter uma atuação em torno de 0.05 – 0.17 (linear). O material PBR consegue processar uma atuação em torno de 0.0–0.08 (linear), reservando o valor de zero para representar o ar.

1.6.1.2.2.3 Guia para Criação de Materiais com Specular

O mapa do tipo especular contém as informações de F0 para ambos os tipos de superfícies de materiais metais e não metais, sendo este dividido em uma categoria separada para certos tipos de materiais, para fins de melhor organizar seu conteúdo. A seguir, há uma lista para ajudar na construção deste tipo de mapa (MCDERMOTT, 2015, p. 16):

01 – O mapa de especular contém valores de F0 para superfícies dielétricas e valores de reflectância para superfícies de metal bruto;

02 – Superfícies não metálicas (dielétricas) refletem uma quantidade menor de luz do que com relação às superfícies metálicas. Os valores mais comuns para superfícies dielétricas ficam em torno de 2-5% e em termos de valores para sRGB, em torno de 40-75, com alguns picos de 0.02-0.05 (linear);

03 – Pedras preciosas têm uma abrangência em torno de 0.05-0.17 (linear);

04 – Líquidos têm uma abrangência em torno de 0.02-0.04 (linear);

05 – O valor de reflectância para superfícies de metais brutos fica em torno de 70-100% de brilho especular, em torno de 180-255 na escala de sRGB;

06 – Se não for possível localizar o valor de IOR de um determinado material, é possível utilizar o valor de 4% (0.04 referindo-se a superfícies plásticas).

1.6.1.2.3 Glossiness

O mapa de Glossiness (brilho) ajuda a descrever, a partir da difusão dos raios de luz, todas as irregularidades de brilho que a superfície do material contém, colaborando para que no material pareça real. Neste tipo de mapa, as informações contidas na cor preta (0.0) representam as rugosidades do mapa, ao passo que a cor branca (1.0) representa sua suavização. Importante observar que o mapa de Glossines atua de modo inverso ao mapa de Roughness, porém utiliza o mesmo método de processamento.

1.6.1.2.3.1 Resolução e Densidade de Texel

Aqui reitera-se a importância de se trabalhar adequadamente com a Resolução e a densidade do Texel no mapa de Glossiness. Assim como explicado anteriormente, o mapa de Glossiness precisa de boa resolução relacionada a seus Texels para que assim possa exibir os materiais de forma mais bem acabada quanto possível, evitando a borda branca, indesejada na maioria dos casos. Sempre lembrando, conforme McDermontt (2015, p. 11), "a resolução do arquivo e a densidade do Texel têm impacto direto na visibilidade das bordas brancas" e estas devem ser evitadas.

1.6.1.2.3.2 Guia para Criação de Materiais com Glossiness

Para este tipo de mapa, algumas sugestões podem ser seguidas, conforme descrito a seguir:

01 - Sugere-se ser criativo e fazer uso da elaboração de histórias sobre a superfície a ser construída para torná-la mais real.

02 - A densidade do Texel e a resolução do arquivo têm impacto sobre causar ou não a borda branca entre os mapas metálicos e não metálicos, fazendo-se necessário observar se a proporção de UV é adequada ao tamanho do arquivo de mapa a ser construído, como forma de minimizar este efeito.

1.6.1.2.3.3 Prós e Contras do Workflow de Especular

Este tipo de fluxo de trabalho assume pontos positivos e negativos, apresentados a seguir conforme McDermott (2015, p. 17):

Prós

01 – Os artefatos nas bordas de mapas são mais aparentes (bordas brancas);

02 – O controle de F0 para materiais dielétricos é feito diretamente no mapa especular.

Contras

01 – Em função de o mapa especular fornecer controle sobre os valores de F0 para superfícies dilétricas, estas podem ser mais suscetíveis a valores incorretos, ocasionando a quebra da Lei da Conservação de Energia, fazendo com que o processamento do material não corresponda à vida real;

02 – Este fluxo de trabalho utiliza mais memória de textura com um mapa adicional em formato RGB;

03 – Este fluxo de trabalho pode ser mais confuso por utilizar uma terminologia que se assemelha àquela de técnicas já conhecidas e tradicionais de construção e materiais e mapas, mesmo utilizando dados diferentes.

1.6.1.3 Mapas com Fluxo de Trabalho Comuns

Nesta seção são apresentados os mapas com fluxos de trabalhos comuns entre si, de modo a facilitar o entendimento sobre estes. Novamente, compreender os elementos da natureza e como se pode representar a natureza e seus comportamentos digitalmente é de suma importância.

1.6.1.3.1 Ambient Occlusion

Este tipo de mapa, Ambient Occlusion (AO, ou em uma tradução direta, Oclusão de Ambiente), atua definindo nas superfícies o quanto de luz do ambiente acessa a superfície em determinados pontos. Entretanto, não afeta o comportamento e a contribuição da reflexão de brilho especular nas superfícies. Algumas engines (Unreal Engine 4) possuem um sistema em que há uma opção para reflexão que simula localmente a reflexão de materiais, com os melhores resultados sendo obtidos mesclando o mapa de AO com a reflexão dos espaços em tela.

Para a exibição do mapa de AO, a técnica utilizada nos materiais do tipo PBR utiliza luz por Ambiente Light (luz ambiente), a qual é gerada pelo Environment Map (mapa de ambiente), sendo multiplicado pelo mapa de AO. Este mapa não é atribuído ao canal de texturização difuso, mas pode ser utilizado combinado com este em um canal específico para ele.

Para criar um mapa de AO dentro do Substance Designer, deve-se dispor dentro dele um modelo devidamente mapeado e utilizar suas ferramentas internas para a criação do mapa. Alternativamente, pode-se utilizar um mapa de Normal para se criar o mapa de AO. Neste caso, pode-se utilizar o Nodo de AO que realiza a conversão do mapa de Normal em mapa de Height (Altura), para depois realizar a conversão deste mapa em um mapa de AO. O Software Bitmap2Material também pode ser utilizado para este trabalho.

1.6.1.3.2 Height

O mapa de Height (Altura) é utilizado para provocar o deslocamento da superfície de objetos durante o tratamento de paralaxe, dando uma aparência mais realista às superfícies que necessitam de elevações. Note que este realismo é mais convincente do que o mapa de Normal e o mapa de Saliência, conhecido por Bump Map. Dentro do Substance Designer, este utiliza o algoritmo que descreve o efeito de Relief Map (mapa de relevo) para projetar o deslocamento de superfícies quando o mapa de Height é utilizado. Para controlar o efeito de Height, pode-se utilizar um arquivo de textura, assumindo que a interface ainda possibilita o ajuste por meio de um slider com valores numéricos.

Para criar um mapa de Height, podem-se utilizar as ferramentas do Substance Designer por meio de um objeto tridimensional mapeado. Adicionalmente, pode-se converter um mapa de Normal em mapa de Height, e vice-versa. O software Bitmap2Material também pode ser utilizado para realizar esta conversão. O software Substance Painter pode ser utilizado para pintar vetores de deslocamento por sobre a superfície mapeada de objetos tridimensionais.

1.6.1.3.3 Normal

O mapa do tipo Normal é usado principalmente para simular superfícies com alto detalhamento tanto em técnicas de materialização tradicionais, quanto pela técnica de PBR. Entretanto, por este mapa possuir informações de relevo em superfícies para contribuir na melhor aparência realística dos modelos, afeta os mapas de Roughness e Glossiness.

Para criar um mapa de Normal com o uso de Substance Designer, deve-se dispor na interface do programa um modelo tridimensional devidamente mapeado e a partir disto utilizar o conjunto de ferramentas disponível para a construção do mapa. O software Bitmap2Material também pode ser utilizado para realizar este trabalho. Pelos Nodos do Substance Designer, é possível realizar a conversão de mapas para o formato do mapa Normal (Height Map para Normal Map), pintar no Substance Painter algumas informações de Height Map e realizar a conversão para um mapa de Normal.

1.6.1.4 Utilitários de Substance PBR

O Substance Designer possui alguns utilitários que se agregam a sua interface e que podem facilitar muito a Pipeline de produção com ele e outros softwares. Os principais utilitários são apresentados a seguir.

1.6.1.4.1 Materiais

1.6.1.4.1.1 Bitmap2Material3

Este recurso, o B2M 3, é apresentado como uma aplicação Stand Alone na versão Indie/Pro, ou como um package de material para Substance (somente na versão Pro). Com ele, é possível criar mapas do tipo PBR para as superfícies de Metal/Roughness ou Specular/Glossiness com um fluxo de trabalho feito a partir de uma entrada de imagem apenas. Também é possível criar com esta aplicação mapas do tipo Normal e Height, sendo bastante útil também para se criar texturas de base para materiais e mapas de repetição, com destaque para aqueles que são criados para o modo Albedo.

1.6.1.4.1.2 PBR Base Material

Este é um recurso que se apresenta sob a forma de um Nodo acessível na interface do programa. Bastante útil para a criação de materiais de base do tipo PBR, pode ser localizado na Library do Substance Designer em Filter > PBR Utilities. É um recurso que permite o trabalho com as superfícies de Metal/ Roughness ou Specular/Glossiness com um fluxo de trabalho feito a partir de uma entrada de imagem apenas. O recurso também apresenta algumas predefinições que ajudam o usuário na construção dos mapas.

1.6.1.4.1.3 PBR Substance Materials

Para este recurso, tanto o Substance Designer quanto o Substance Painter fazem uso de materiais devidamente calibrados, combinados com técnicas de criação procedural de mapas, pintura manual e geração de mapas pelo uso e manipulação de imagens fotográficas. No Substance Designer, os mapas de Substances podem ser acessados na Library em PBR Materials, bem como pode-se obter mais arquivos pelo site www.gametextures.com. No Substance Painter, os mapas de Substances podem ser acessados na aba de Materiais, bem como pode-se obter mais arquivos pelo site www.gametextures.com.

1.6.1.4.2 Reflectance Values

Aqui são apresentados os recursos inerentes ao tratamento de reflexão de valores em superfícies.

1.6.1.4.2.1 Dieletric F0

O Nodo de saída de F0 possui valores comuns para materiais classificados como dielétricos, os quais podem ser alterados de acordo com suas pré-configurações. Para isto, podem ser utilizadas informações pré-definidas e também valores de entrada de IOR dos materiais. Como este Nodo foi projetado para tratar superfícies de materiais dielétricos, pode-se utilizar com o Fluxo de

Trabalho de Specular/Glossiness ou atuar em seu canal de specularLevel no fluxo de Metal/Roughness.

1.6.1.4.2.2 Metal Reflectance

Este Nodo fornece valores comuns para superfícies de metais brutas e pode ser acessado no Substance Designer na sua Library > Filters > PBR. Em seu painel, pode-se escolher em uma lista de pré-configurações aquela que melhor atua na superfície do material.

1.6.1.4.3 Correction

Nesta seção, são mostrados recursos para correção de superfícies de materiais.

1.6.1.4.3.1 PBR Metal/Roughness Validate

Este recurso foi elaborado para trabalhar com o Fluxo de Trabalho de Metal/Roughness e é bastante útil para corrigir problemas nas Cores de Base dos mapas e em mapas de metal. O recurso pode ser localizado no Substance Designer, na sua Library > Filters > PBR e gera um mapa do tipo "Mapa de Calor", no qual a cor vermelho indica o que é incorreto, enquanto que as cores verde e amarelo indicam o que é correto. Para superfícies metálicas, ele verifica os valores de F0 correspondentes na Cor de Base, analisando com as áreas indicadas como Metal em mapas metálicos.

1.6.1.4.3.2 PBR Safe Color

Este Nodo permite a correção de valores na Cor de Base ou Difusão e pode ser localizado na Library do Substance Designer, em PBR Utilities.

1.6.1.4.4 Conversão de Metal/Rough para Specular/Glossiness

Este Nodo permite a conversão entre mapas dos Fluxos de Trabalho de Metal/Roughness para Specular/Glossiness, e pode ser localizado no Substance Designer em sua Library > PBR Utilities.

1.7 Pipeline de Produção

O sistema de criação de mapas e materiais da Allegorithimic possui uma integração perfeita entre diferentes sistemas tridimensionais e de engines de jogos. O sistema é nativamente integrado com as principais engines do mercado de jogos digitais na atualidade e com ferramentas de criação de conteúdo digital (Digital Contend Creation - DCC).

Para o correto uso das ferramentas com solução de substances, deve-se entender onde cada uma pode ser utilizada. A imagem a seguir, elaborada a partir do entendimento da documentação disponibilizada pela Allegorithmic, auxilia na compreensão sobre como suas soluções podem ser utilizadas.

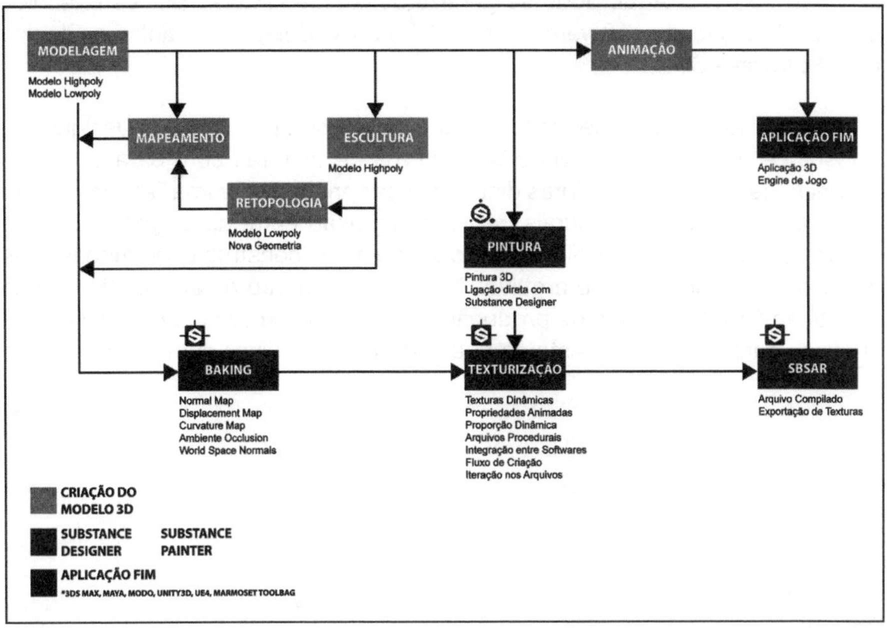

Basicamente, o processo de utilização de substances pode ser utilizado na Pipeline de produção de jogos digitais ou filmes, sendo que os arquivos se integram de maneira nativa ao sistema escolhido. Lembrando que Pipeline é o termo que se associa ao conjunto de ferramentas digitais utilizadas para o desenvolvimento de determinado produto (LIMA, 2007, p. 177). De antemão, deve-se saber qual Aplicação Fim (3ds max, May, Modo, Unity3D, UE4, Marmoset Toolbag, etc) utilizará o modelo a ser desenvolvido, permitindo assim compreender e aplicar a Pipeline aqui apresentada da melhor forma.

Dentro da Pipeline de produção com o uso de substances, considerando a produção de um modelo digital para jogo digital ou filme, o processo inicia por sua Modelagem (podendo ser do tipo Highpoly ou Lowpoly). A partir desta, pode-se ir à etapa de Mapeamento ou de Escultura (modelo Highpoly ou Subdivision Model). Uma vez na Escultura, deve-se criar a Retopologia (modelo Lowpoly) do objeto para ser utilizado em ambiente de jogo ou fílmico.

Antes de seguir para a etapa de Animação, deve-se criar a textura do modelo. Para isto, pode-se proceder a sua construção por meio de Pintura (aqui pode-se criar a textura utilizando meios tradicionais ou com o uso do Substance Designer). Como variação da técnica de construção da textura, pode-se cria-la utilizando o sistema de Baking, em que se "queimam" informações de malha em arquivos de texturas (Normal Map, Displacement Map, Curvature Map, Ambient Occlusion, World Space Normals, entre outros), servindo de base. Aqui, pode-se gerar arquivos de texturas por esta técnica com a utilização de softwares como Substance Designer, Painter e Plugins para Softwares 3D.

Ao fim do processo de Texturização, com o uso de Substance Designer ou Substance Painter, é possível criar arquivos de texturas com características próprias, definidos por: texturas dinâmicas, propriedades animadas, proporção dinâmica, arquivos procedurais, rápida integração entre aplicações, fluxo de criação de materiais já definido, além da iteração na construção de mapas mais ágil. Ao fim do processo, o arquivo "*.SBSAR" é de fato gerado e utilizado na Aplicação Fim da Pipeline de produção e podem-se exportar seus arquivos de imagens para uso fora do sistema que envolve os arquivos substances.

CAPÍTULO 2

Substances

Este capítulo discute o que são os substances e de que forma eles podem ser manipulados, além dos principais conceitos envolvendo estes arquivos, utilizados pelo substance Designer e demais produtos da Allegorithmic.

2.1 Sobre Substances

Neste ponto são apresentados os arquivos de substances: o que são e de que forma podem ser utilizados e manipulados.

2.1.1 O que são Substances

O conceito de substance é entendido como uma suíte de recursos capaz de produzir mapas customizados de acordo com projetos e de acordo com as necessidades de artistas e designers. Desde 2003, Dr. Sébastien Deguy e sua companhia Allegorithmic veem desenvolvendo meios para melhorar ou reinventar o processo de criação de arquivos de mapas. Atualmente, muitos jogos que estão sendo lançados no mercado, denominados de AAA (Triple A), estão utilizando a tecnologia de substance e suas soluções de mapas e materiais realísticos. Ao mesmo tempo, observa-se que a indústria de VFX, Animação, Televisão, Design e diversos campos relacionados a Arquitetura e visualização estão utilizando soluções de substances também.

O conceito de substance é definido como sendo um ecossistema que abrange hoje três grandes ferramentas desenvolvidas pela Allegorithmic, sendo eles:

Substance Designer – utilizado para criar arquivos de mapas e materiais procedurais;

Substance Painter – utilizado para a construção de arquivos de mapas por meio da pintura digital interativa em modelos;

Substance B2M – utilizado para gerar materiais a partir de imagens.

Além destas ferramentas, o ecossistema compreende a possibilidade de se utilizar duas bases de dados de Substances:

Substance Database – nesta se pode ter acesso a base de dados de arquivos de bibliotecas já prontos para uso ou para edição;

Substance Share – este é um canal no qual se pode compartilhar arquivos produzidos.

Substances também é o termo dado aos arquivos gerados pelo Substance Designer, que são expressos por "*.SBS" e "*.SBSAR", um é arquivo de trabalho e o outro é arquivo de exportação, respectivamente. Arquivos de substances são a maneira como se manipula e visualiza as saídas gráficas oferecidas pelo Substance Designer, compatíveis com os seguintes softwares, segundo sua documentação online:

Substance Designer

Substance Player

Unity3D Engine 3.4 e acima

Unreal Engine 4 e acima

Autodesk Maya 2012 e acima

Autodesk 3ds Max 2012 e acima

Autodesk Flame 2012 e acima

The Foundry Modo

Marmoset Toolbag 2

Mixamo Fuse

Os arquivos de substances são especiais, pois eles contêm as informações matemáticas necessárias a sua interpretação nos softwares nos quais serão utilizados. Como o Substance Designer trabalha com arquivos de imagens em vetores (imagens baseadas em linhas matemáticas de resolução infinita), ele armazena as informações vetoriais nos próprios arquivos de substances. Mas, ao se utilizar imagens em formato de bitmap (imagens baseadas em pixeis com resolução finita), estas ficam armazenadas no computador em separado (Resources).

2.1.2 Pacotes de Substances

Cada arquivo de substances elaborado pelo Substance Designer é composto de um pacote (Package). Cada pacote contém as informações de composição da textura desenvolvida em formato de gráfico vetorial. Tradicionalmente, um arquivo que contenha pacotes de substances é um arquivo salvo em formato "*.SBS". Os pacotes são acessíveis pela janela Explorer, explicada mais adiante, mas exibida na figura a seguir.

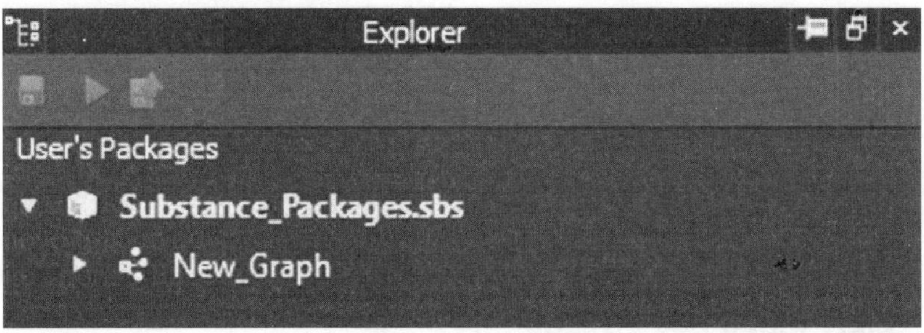

No exemplo mostrado anteriormente, o pacote "Substance_Packages.sbs" contém apenas um gráfico, chamado de "New_Graph".

2.1.3 Formatos de Arquivos para Substance

Basicamente, pode-se trabalhar com dois formatos de arquivos com o Substance Designer, denominados de "*.SBS" e "*.SBSAR".

Formato SBS

Este é o formato de composição e construção de gráficos dos pacotes de substances. É também chamado de "Source File". Logo, para se editar um arquivo de Substance Designer e seu gráfico, é preciso ter em mãos o arquivo "*.SBS".

Formato SBSAR

Este é o formato padrão de visualização do Substance Designer. Por meio deste arquivo, pode-se visualizar o material de substances em qualquer software compatível com o Substance Designer. Os arquivos "*.SBSAR" são otimizados para leitura e apresentação nestes softwares, todavia, seus gráficos construtivos não podem ser editados, necessitando, neste caso, do acesso ao arquivo SBS que os originou. Para criar arquivos do tipo "*.SBSAR", deve-se publicá-los por meio da opção Publish to Substance, disponível na interface do programa e discutido mais adiante.

Formato SBSPRS

O formato "*.SPSPRS" é aquele que faz referência aos arquivos pré-configurados do Substance Designer, denominados de "Substance Preset". Estes arquivos contêm informações de referência associadas aos substances podendo ser lido pelo Substance Player. Em Autodesk 3ds Max e Maya, se for instalado o pacote de produtos Free Substance Bonus Tools, também é possível realizar a leitura de arquivos "*.SPSRS".

2.2 Criando Substances

Aqui se prepara o leitor para criar arquivos de substances. De forma básica, são apresentadas formas de criação de arquivos de substances.

2.2.1 Modos de criação

Há duas partes importantes no processo geral de criação de arquivos de substances:

01 - Composição do arquivo de substances, sendo salvos os arquivos Sources em formato "*.SBS";

02 - Publicação do arquivo de substance em formato "*.SBSAR".

Este é um resumo do processo geral de criação de arquivos do tipo substance, sendo que a utilização de uma metodologia de produção é o melhor caminho. Mais adiante isto será discutido.

2.3 Publicando um Substance

Para publicar um arquivo de Substance Designer é muito simples, bastando apenas criar um arquivo do tipo "*.SBS", pela janela de Explorer do software. Nesta interface, tem-se acesso ao botão Publish, que faz a publicação do gráfico de Substance em um arquivo fechado ("*.SBSAR"), o qual pode ser lido em qualquer software compatível para leitura.

Os procedimentos para exportação de arquivos de substances são descritos a seguir.

01 – Para exportar um arquivo de substances, se faz necessário dispor de um pacote (Package) na janela Explorer, clicando então no ícone Publish.

02 – O pacote deve ter sido salvo ao menos uma vez, aplicando-se um nome a ele.

03 – Quando o sistema liberar para a próxima etapa, virá uma janela de escolha de exportação que contém os parâmetros descritos a seguir.

Default filename of archive content – define o nome do arquivo exportado.

Parameters exposure - definem parâmetros de exportação.

- Output size – aqui é definido o tamanho do gráfico gerado, discutido mais adiante;
- Pixel size – define o formato em dimensões para a publicação de Substances;
- Random seed – define valores padrões para as amostras de Substances.

04 – Clicando em OK, cria-se o arquivo de substance ("*.SBSAR") para ser usado em outros programas.

2.4 Gráficos e Subgráficos

Os gráficos são utilizados para criar os arquivos de substances. Diferentemente de softwares tradicionais de construção de imagens bidimensionais, em que o empilhamento de camadas na vertical indica como será o resultado final da imagem, no Substance Designer isto é feito por meio de gráficos. Um arquivo de substances tradicionalmente contém um conjunto mínimo de gráficos que, conforme sua organização, permite a visualização de imagens de modo convincente.

Para acessar os gráficos, é preciso utilizar a aba de Graph View conforme a figura a seguir mostra.

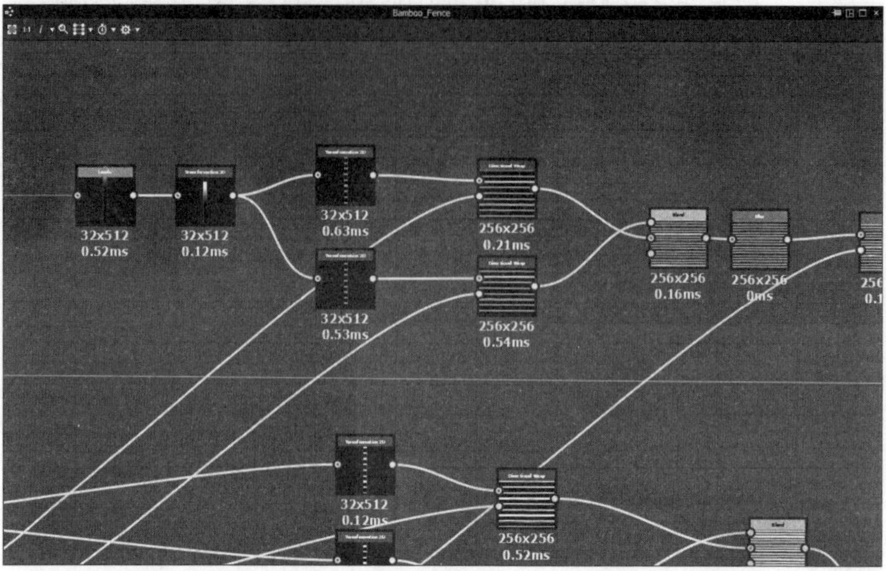

Os gráficos são ligados aos arquivos de substances, logo, um arquivo deste tipo pode conter mais de um gráfico em si. Para acessá-los, basta um clique duplo sobre cada um. O sistema exibirá em Graph View aquele que for selecionado, permitindo sua edição.

2.4.1 Criando Gráficos

Para criar gráficos de substances, primeiro deve-se criar um pacote (Package), como mencionado anteriormente. Após é possível criar novos gráficos a partir da Toolbar de interface do programa.

Siga os seguintes passos:

01 – Crie um novo pacote de substances conforme a figura a seguir indica e atribua um nome a ele.

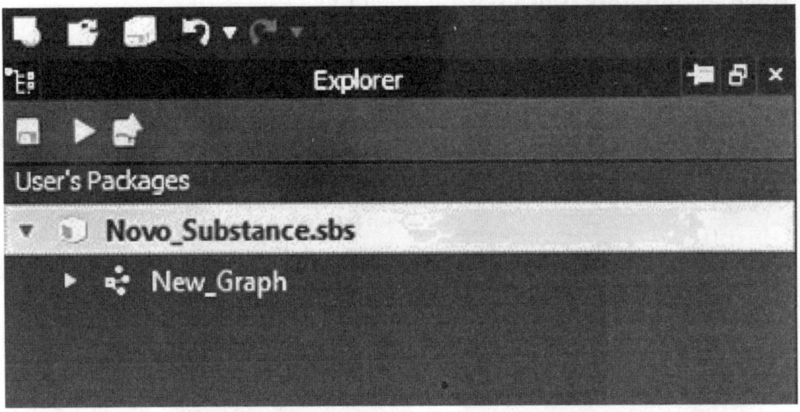

02 – O pacote criado conterá um gráfico. Dê dois cliques sobre ele para acessar sua edição. Para adicionar um novo gráfico ao pacote selecionado, clique com o botão direito sobre o Pacote (Package) e escolha New > New Graph.

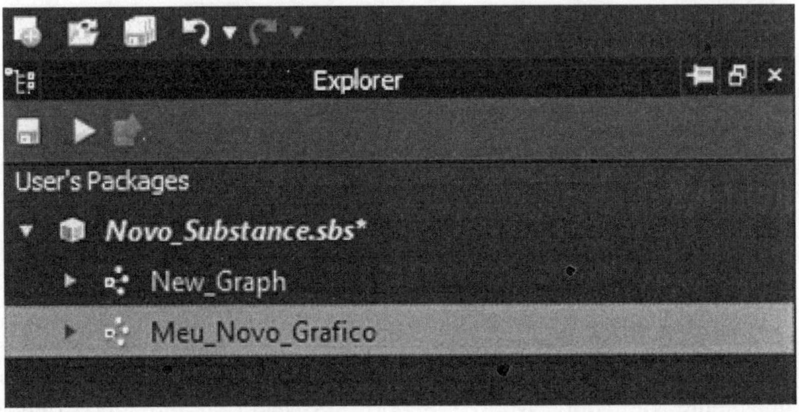

Desta forma, se pode dispor mais de um gráfico por pacote (Package).

2.4.2 Parâmetros dos Gráficos

Basicamente, um gráfico é um conjunto de informações parametrizadas que podem ser modificadas de forma paramétrica (inserção de valores numéricos), sendo que o resultado é afetado diretamente pela forma como são configurados. Para se editar os parâmetros dos gráficos, basta acessar a aba Parameters View.

Base Parameters (Parâmetros Básicos)

Os parâmetros básicos (Base Parameters) são vistos a seguir.

Outup Size – nesta opção, define-se o tamanho do gráfico gerado (e, eventualmente, de alguns Nodos), sendo possíveis dois tamanhos definidos por Relative to Parent e Absolute. Estes parâmetros definem se o usuário deseja que o gráfico tenha resolução dinâmica (Relative to Parent) ou fixa (Absolute). A escolha por um dos modos é feita em Functions.

Como uma consequência direta, alterar o modo de Output Size muda a resolução do gráfico a ser gerado. A seguir são apresentadas informações para ajudar a decidir qual modo escolher para os gráficos.

Relative to Parent

Deve-se escolher este modo quando for o caso de:

- Edição de resolução durante a criação do arquivo de substances - ser capaz de ajustar a resolução do arquivo durante o processo de criação e edição dos gráficos, sem perder informação;

- Edição de resolução após a criação do arquivo de substances - possibilitar a alteração dinâmica da resolução do arquivo de substances a quem for utilizar o gráfico publicado.

A opção Parent diz respeito a uma aplicação que pode ser usada com o arquivo de substances (Substance Designer, Substance Player, Unity3D, etc), ou ainda gráficos manipuláveis. Com este modo ativado, a resolução do arquivo depende da resolução definida em Parent, sendo o valor padrão definido como 256 X 256 no Substance Designer.

O arquivo de ajuda do Substance Designer chama a atenção para que a resolução do gráfico esteja diretamente relacionada e dependente do tamanho de Parent da aplicação na qual será usado o pacote de substances. É advertido, inclusive, deixar este parâmetro definido como 0 X 0 se houver a pretensão de utilizar o pacote de arquivos de substances em vários outros softwares.

A seguir, uma tabela com as resoluções possíveis para Parent por aplicação de software.

Software	Resolução
Substance Designer	256 x 256
Substance Player	512 x 512
Autodesk 3ds max	1024x 1024
Autodesk Maya	512 x 512
Unity3D Engine	512 x 256

Na figura a seguir é apresentada uma tabela contendo diferentes resoluções esperadas para cada tamanho de Output Size Parameter por aplicação de software.

Software	0 x 0	1 x 1	2 x 2
Substance Designer	256 x 256	512 x 512	1024 x 1024
Substance Player	512 x 512	1024 x 1024	2048 x 2048
Autodesk 3ds max	1024 x 1024	2048 x 2048	4096 x 4096
Autodesk Maya	512 x 512	1024 x 1024	2048 x 2048
Unity3D Engine	512 x 256	1024 x 1024	2048 x 2048

Absolute

Este parâmetro define o tamanho da resolução do arquivo de substances para um tamanho fixo e específico. Os parâmetros a seguir podem ser ajustados.

Output Format – este parâmetro permite escolher entre 8 bits por canal ou 16 bits por canal para salvamento de arquivo.

Pixel Size – define a resolução dos arquivos (Aspect Ratio), aconselhado deixar o valor em 1.

Tilling Mode – define o modo de repetição do substance, sendo definido por No Tilling (sem repetição), Horizontal Tilling (repetição horizontal), Vertical Tilling (repetição vertical) e Both Tilling (repetição tanto na horizontal quanto na vertical).

Random Seed – define valores padrões para as amostras de arquivos de substances.

Attributes (Atributos)

Parâmetros de identificação do arquivo de substances são configurados nesta seção, definidos a seguir.

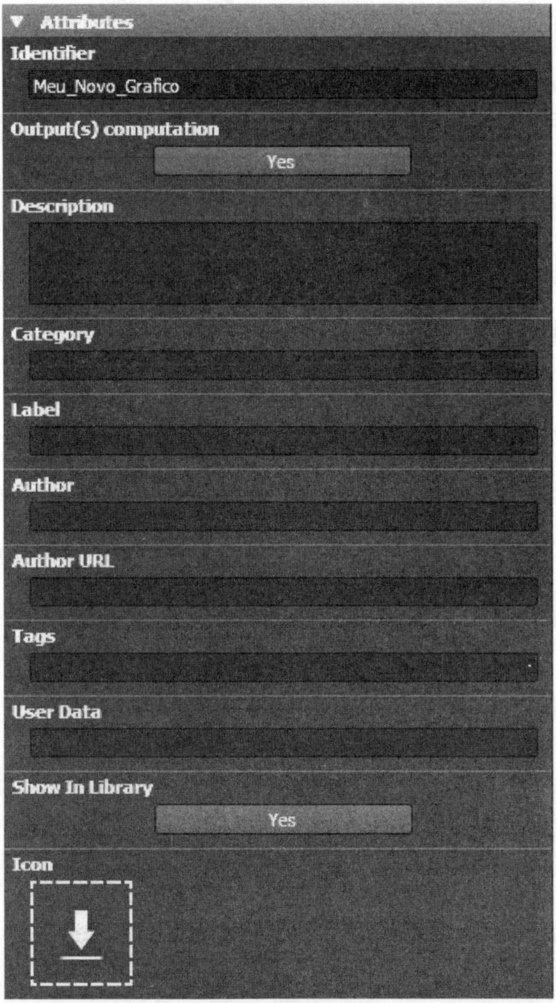

Identifier – define-se aqui o nome do gráfico, sendo que o Identifier deve receber um nome único no pacote (dois gráficos não podem ter o mesmo nome no mesmo pacote). Não deve-se utilizar caracteres especiais, apenas os seguintes: A-Z, 1-9, @$%[{}]_-.

Outupt(s) Computation – por padrão, este parâmetro é definido como Yes (Sim), mas, caso o usuário não deseje uma saída ao seu arquivo de Substance, deve definir como No (Não). Esta opção é bastante útil quando se tem vários gráficos dentro de um arquivo e não se deseja publicar todos, apenas alguns selecionados.

Description – aqui é definida a descrição do pacote de substance.

Category – aqui se pode definir uma categoria para o arquivo de substance.

Label – a opção Label é aquela utilizada pelos softwares compatíveis com o arquivo de substance para exibir o nome dos gráficos, sendo que podem haver gráficos com nomes repetidos e qualquer caractere. Para alterar o Label de um gráfico, acesse-o no Explorer, clicando com o botão direito, escolhendo Rename.

Author – aqui pode-se incluir o nome do autor do arquivo de substances.

Author URL – inclui-se aqui um endereço de site do autor de arquivo substances.

Tags – pode-se utilizar este campo para inserir marcações (Tags).

User Data – pode-se utilizar este campo para adicionar informações próprias.

Icon – esta opção permite incluir um ícone que aparece na Library do arquivo de substances. Este ícone é usado apenas para arquivos salvos em formato "*.SBS".

Input Parameters

Vários parâmetros de exposição são controlados aqui, discutidos mais adiante.

Input Images

Esta opção lista todas as imagens de entrada que o arquivo de gráfico contém, sendo que pode ser reordenado caso o usuário deseje.

Output Images

Esta opção lista todas as imagens de saída que o arquivo de gráfico contém, sendo que pode ser reordenado caso o usuário deseje.

2.4.3 Subgráficos

Para recapitular, um arquivo de substances é um composto de um ou mais gráficos com diversos elementos ordenados entre si, que geram um mapa ou material salvo em um arquivo de substances ao fim de sua composição. Eventualmente, você pode criar um arquivo de substances com um certo material que poderia ser reaproveitado (por exemplo, um filtro personalizável com complexa composição), sendo que seria muito mais simples adicionar este material dentro de um novo e seguir a composição. Neste caso, basta arrastar o pacote de substances por sobre o gráfico que está sendo criado para que este receba o arquivo de substances e faça parte da nova composição.

Instâncias

Um Instance Node representa um subgráfico que pode ser instanciado. Um arquivo de substances com gráficos instanciados os mostra com o nome Instance em uma tarja vermelha. O número de Inputs e Outputs que gráficos com instâncias podem ter são definidos em Input e Output Nodes. Vale lembrar que todo e qualquer ajuste feito na instância afeta apenas o arquivo de substances em que se encontra e que para criar uma instância simplesmente arrasta-se do painel Packages ou Library o elemento de gráfico desejado.

2.5 Nodes

Os Nodes (ou Nodos, em uma tradução associada à informática) são os elementos que de fato são utilizados para compor os gráficos de substances. Por meio deles se tem acesso à construção de gráficos com a utilização de imagens, efeitos ou mesmo ações de mistura e composição. O Substance Designer contém, por padrão, em torno de vinte Nodos, chamados de "Atomic Nodes", que podem ser acessados clicando com o botão direito no painel Graph, escolhendo Add Element, ou simplesmente pressionando a Barra de Espaços. Os Nodos são divididos em dois tipos: Input (Entrada) e Output (Saída) apresentados a seguir, mas discutidos na íntegra no Capítulo 4 – Nodos, Bakers e a Library.

2.5.1 Input Nodes

Aqui são apresentados os Nodos de entrada de dados para realizar a composição dos gráficos. Eles são listados conforme a figura a seguir mostra.

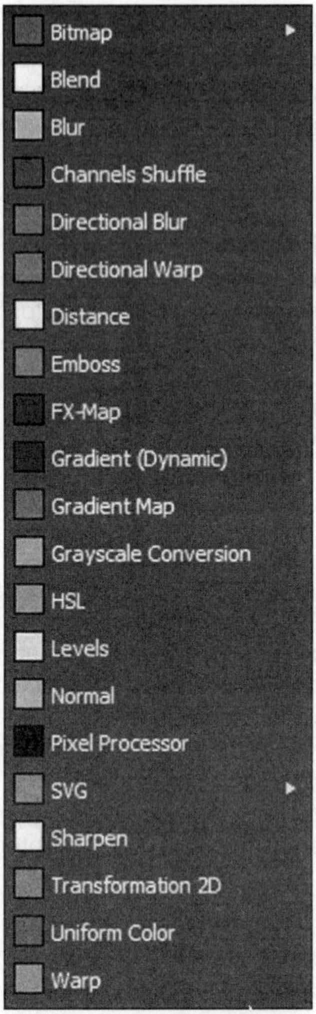

Os Nodos passíveis de utilização são Bitmap, Blend, Blur, Channels Shuffle, Directional Blur, Directional Warp, Distance, Emboss, FX-Map, Gradient Dynamic, Gradient Map, Grayscale Conversion, HSL, Levels, Normal, Pixel Processor, SVG, Sharpen, Transformation 2D, Uniform Color e Warp. Os Nodos aqui apresentados serão discutidos mais adiante.

2.5.2 Output Nodes

Um Nodo do tipo Output é uma representação visível do material, o qual é criado na quantidade de mapas necessários para a correta exibição do mesmo nos softwares. Por exemplo, imagine representar por meio de um material uma superfície de um pneu de carro. Certamente precisará de uma representação para as cores do material (Diffuse), bem como ranhuras para sua banda (Normal ou Bump Map), assim como o brilho borrado, característico da borracha do pneu (Glossiness Map). Neste caso, o material precisaria de 3 Outputs, definidos no campo Usage de Parameters.

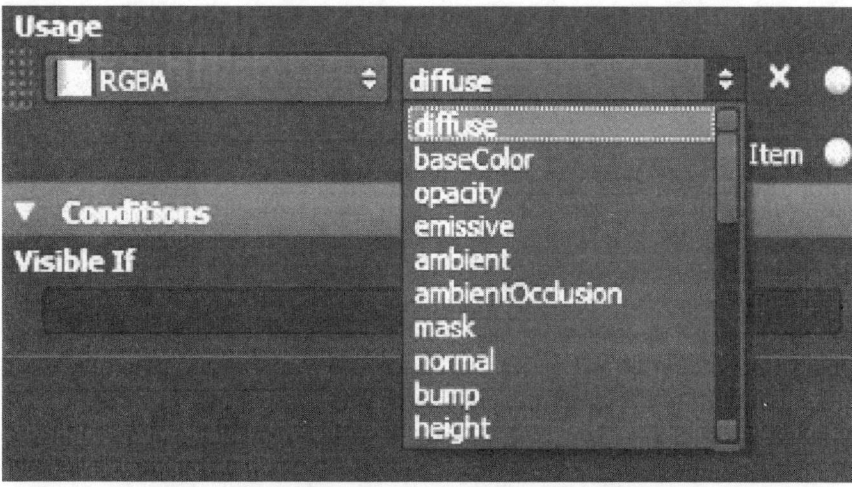

Cada mapa precisa ser ajustado individualmente para que o Substance Designer saiba como tratar cada Outuput. Para criar um canal de Output, deve-se proceder do seguinte modo:

01 – Pressione a barra de espaços no Graph View e escolha Output para criar um novo Nodo do tipo Output;

02 – Selecionando-o, altere seu comportamento de saída em Usage da aba Parameters, definindo como Diffuse, Opacity, etc.

03 – Ao alterar o Identifier, seu nome se altera.

O campo Group dos Nodos de Output é bastante útil, pois quando os materiais compartilharem os mesmos nomes (compondo grupos) neste campo, eles aparecerão ligados em Material Layering.

2.6 Parâmetros

O texto a seguir trata de alguns parâmetros dos arquivos de substances. Tais parâmetros podem ser editados ou não, dependendo da maneira como foram criados.

2.6.1 Parâmetros Expostos

O verdadeiro poder de construção de texturas do Substance Designer está na possibilidade de criação de materiais procedurais que podem ser parametrizados pelo usuário a seu gosto. Os parâmetros com possibilidade de serem trabalhados de forma procedural podem ser alterados em tempo real pelo usuário e representam comandos que definem valores HSL, modos de Blending ou mesmo randomização de parâmetros.

2.6.1.1 A Janela de Parâmetros

Nesta janela tem-se acesso a todos os ajustes e transformações dos parâmetros de informação que o Substance Designer oferece. Todos os elementos da janela Explorer, os Nodos e o Graph View são parâmetros manipuláveis, que podem ser acessados pelo painel Parameters View. Clicar em qualquer elemento (por exemplo, em um Nodo de um gráfico), permitirá acessar seus parâmetros configuráveis pela aba Parameter View.

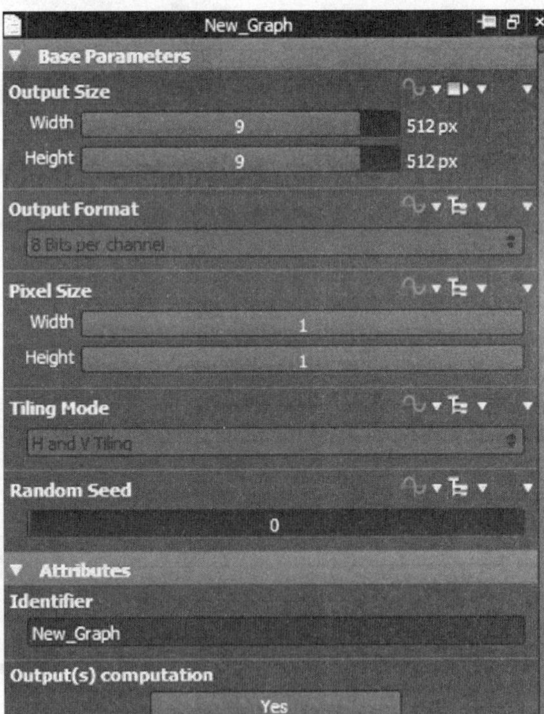

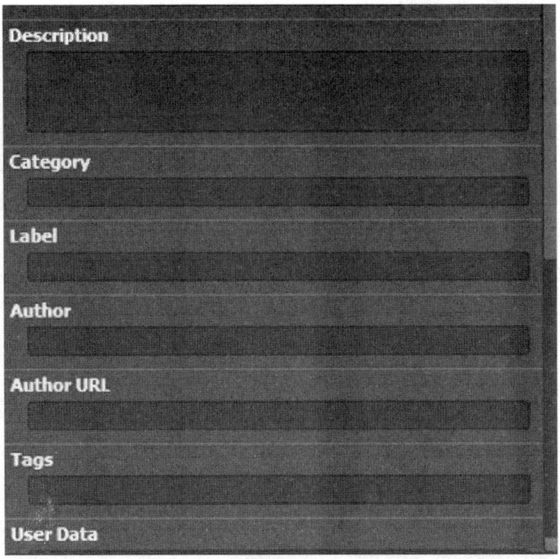

Os parâmetros são organizados em grupos de informações, as quais o usuário pode ajustar da maneira que melhor lhe for conveniente. Esta flexibilidade é excelente para a melhor customização de elementos.

2.6.2 Definindo e Criando Parâmetros de Entrada

Um Parâmetro de Entrada (Input Parameter) pode ser considerado como uma variável manipulável pelo usuário de algum modo. Uma variável é uma informação que dá condições ao sistema de interpretar o material e atribuir a ele um comportamento que depende das informações da dita variável. Tal comportamento resulta em diferentes efeitos visuais para os mapas e materiais do Substance Designer.

Pode-se acessar os Parâmetros de Entrada no Graph View, sendo que, quando são expostos, podem ser acessados por arquivos salvos em formato "*.SBSAR". O usuário pode criar seus parâmetros e deixá-los acessíveis apenas expondo-os.

Criando um Input Parameter

Pode ser criado dentro dos gráficos ou diretamente em um Nodo. Para criar um parâmetro no Graph View, clique no "+" de Input Parameters do gráfico.

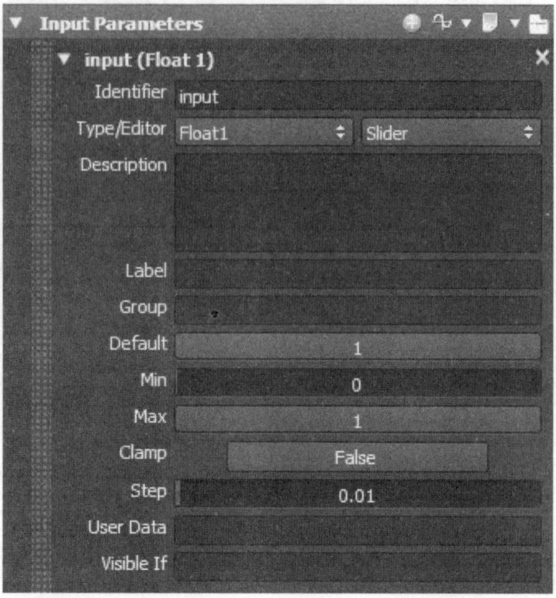

Para criar um parâmetro como um Nodo, este deve estar listado como um Specific Parameter de grupo exposto, pois assim eles se agrupam. Uma vez exposto, eles se tornam um parâmetro de entrada sendo mostrados nos parâmetros do gráfico, sendo possível ainda deixá-los expostos de duas maneiras:

- Por painel específico;
- Por clique com botão direito do mouse no Nodo e escolhendo "Expose Parameters".

Para alterar o comportamento de exposição, ainda é possível clicar no ícone de gráfico ondulado de Especific Parameters e escolher Expose no menu que surge. Após isto, surge uma caixa de diálogo que permite customizar os parâmetros de entrada (Level para alterar qual gráfico ou subgráfico pode ser editado, e Input Name que define o identificador). Lembrando que, uma vez que um parâmetro tenha sido exposto, seu valor não pode ser alterado.

Por fim, é possível editar parâmetros de forma múltipla de duas maneiras:

- Clicando no ícone à direita de Specific Parameters, escolhendo "Expose Parameters";
- Clicando com o botão direito do mouse no Nodo e escolhendo "Expose Parameters".

Exposed Node Parameters

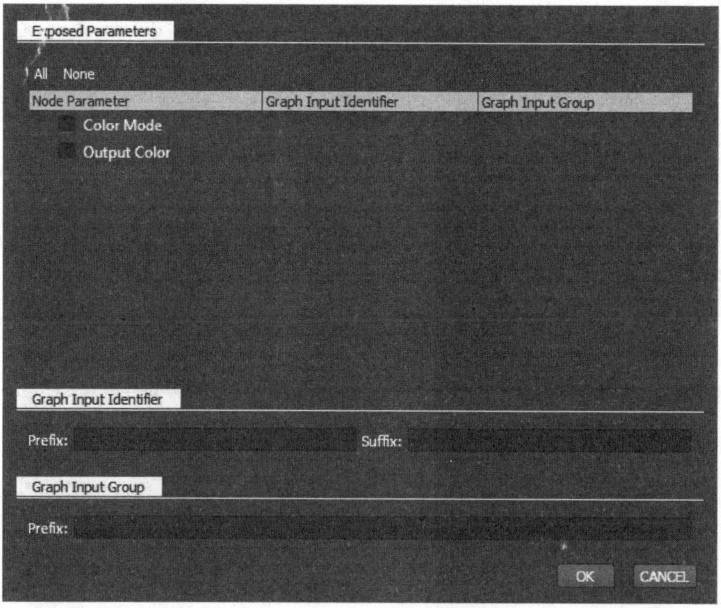

Desta forma, marcar qualquer uma das opções indicará que o recurso ficará exposto para o usuário final. Na mesma janela, é possível atribuir um prefixo, sufixo ou mesmo um nome de grupo para Graph Input Group.

2.6.3 Mudando as Propriedades do Parâmetro

Os parâmetros de entrada aparecem na aba Parameters view que são disponibilizadas pelo gráfico em edição no campo Input Parameters. Os itens editáveis mais comuns são definidos conforme a seguir.

Identifier – aplica um nome identificador ao parâmetro.

Type – define o tipo de parâmetro, sendo ao todo 9 diferentes tipos de escolha:

- Boolean
- Integer 1
- Integer 2
- Integer 3
- Integer 4

- Float 1
- Float 2
- Float 3
- Float 4

Editor – este campo define o tipo de recurso que será necessário para ativar o funcionamento do tipo de parâmetro. Por exemplo, ações booleanas precisam de botões, assim como números inteiros precisam de sliders, etc.

Tipo	Editor
Booleana	- Botões
Float 1	- Slider - Ângulo - Cores (Grayscale)
Float 2	- Slider
Float 3	- Slider - Cores (RGB)
Float 4	- Slider - Transformação - Cores (RGBA)
Integer 1	- Slider - Menu em Lista Drop Down
Integer 2	- Slider - Size Pow 2
Integer 3	- Slider
Integer 4	- Slider

Description – descreve o parâmetro e sua compatibilidade.

Label – é o nome que aparece quando o arquivo de substances é compatível com outras ferramentas.

Group – é possível acomodar grupos de recursos dentro de grupos de parâmetros, associados aos arquivos "*.SBSAR" para providenciar um espaço mais limpo e organizado ao usuário final.

Default – este campo define valores padrões ao abrir o arquivo "*.SBSAR".

User Data – informações sobre quem desenvolveu o material.

2.6.4 Reordenando Parâmetros

É possível reordenar as entradas do gráfico simplesmente selecionando, clicando e arrastando para onde o usuário desejar.

2.6.5 Limpando e Expondo um Parâmetro

Para limpar os parâmetros de entrada, é possível fazer do seguinte modo:

- Clicando no ícone de gráfico e escolhendo Clean Inputs;
- Clicando no "X" do grupo de opções de Input Tweak.

2.6.6 Criando Parâmetros Personalizáveis

O sistema de Substance Designer permite ainda a criação de parâmetros personalizáveis conforme a necessidade do usuário, o que confere ainda mais flexibilidade para a construção e manipulação de materiais. Nesta flexibilidade, está incluída a possibilidade de utilizar Dynamic Function Graphs no processo de entrada de dados para os materiais, o que significa poder utilizar um gráfico matemático para controlar as saídas de dados.

Para criar um parâmetro personalizável qualquer, proceda do seguinte modo, sendo que é necessário adicionar dois Inputs, um para o HSL Level e outro para Blur Intensity.

01 – Clique em uma área vazia do gráfico para ter acesso a suas propriedades.

02 – Clique no ícone "+" à direita de Input Parameters para adicionar um parâmetro personalizável.

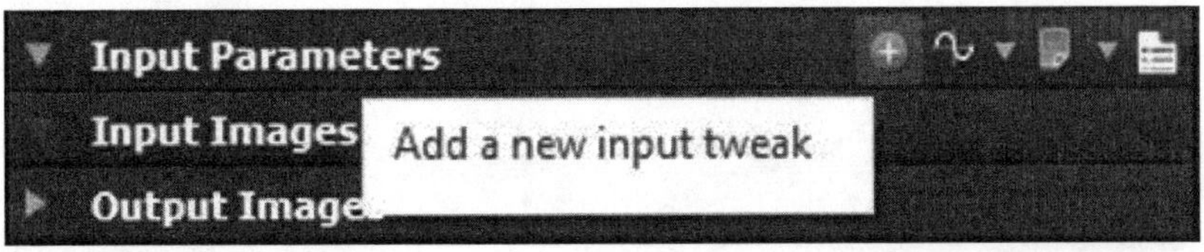

03 - Nos parâmetros que se abrem, altere o nome em Identifier para Blur_Intensity. Nomes de entrada não podem ter espaços

em branco, pois o Substance Designer automaticamente aplica um "_" no lugar do espaço em branco.

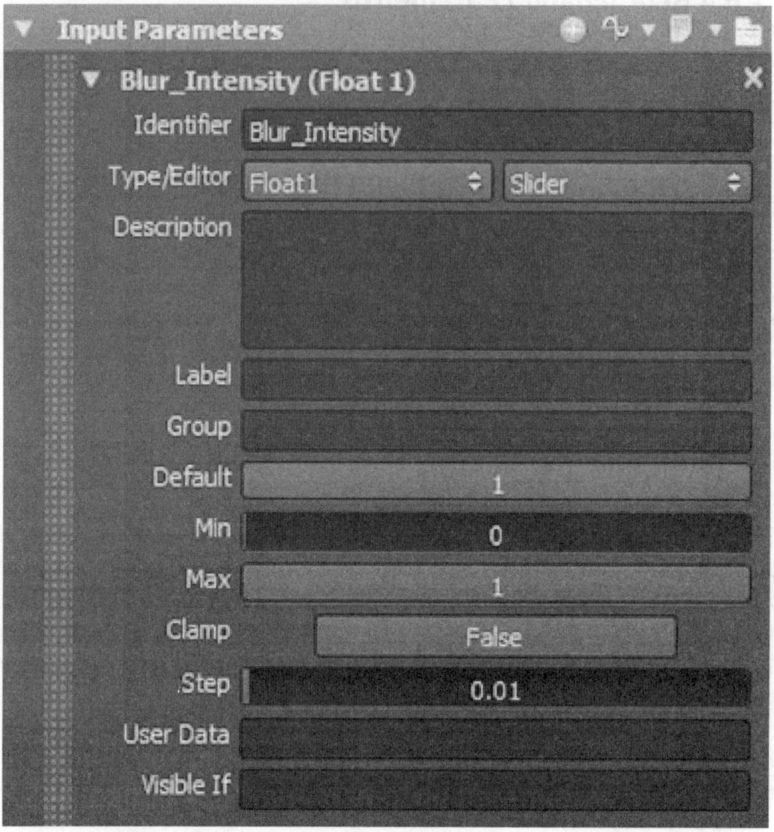

04 – O próximo passo agora é alterar o campo Type/Editor conforme a figura a seguir mostra.

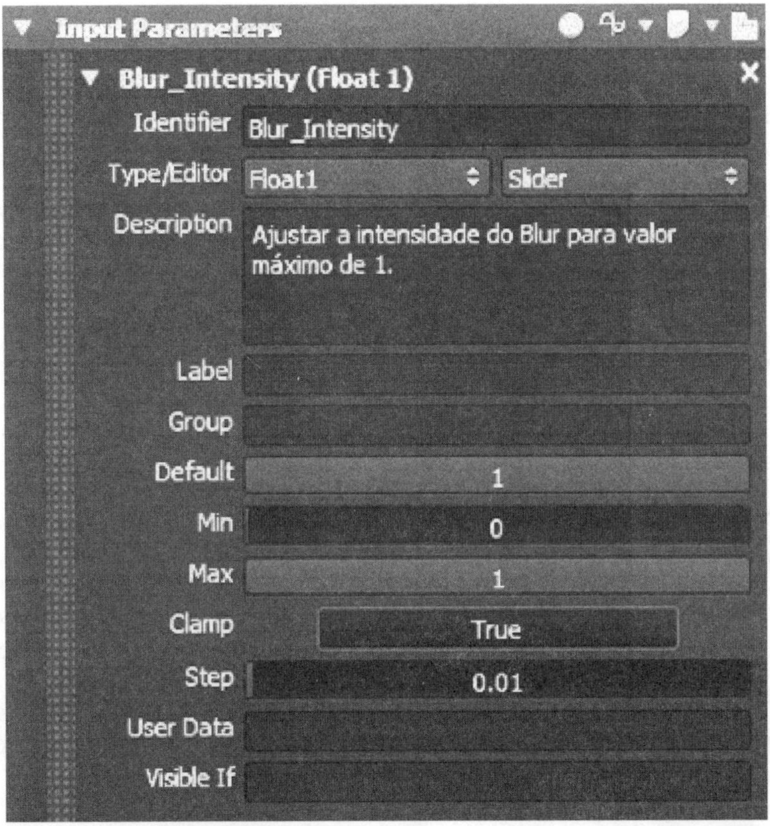

Para entender a dinâmica do funcionamento, os usuários precisam explorar os campos apresentados para alteração. Em Type/Editor é definido como float1, sendo que este elemento formata a apresentação de dados numéricos como números flutuantes (números fracionários não entram aqui). A opção ao lado, Slider, define a forma de manipulação e interação com o Float1.

Description – permite adicionar uma descrição do parâmetro.

Label – permite adicionar um rótulo.

Group – permite atribuir um nome para o grupo.

Default – define os valores padrões da interface.

Min e Max – permitem especificar os valores mínimos e máximos para a interface trabalhar.

Clamp - determina se um número digitado também será fixado automaticamente para o valor definido no campo Max.

Step - define a resolução do Slider, que determina o incremento ou decremento de botões de escala de valor.

User Data – esta opção é utilizada pelo Substance Air, que permite a ligação entre diferentes motores de softwares de apresentação de dados. É possível aplicar alguma otimização que refletirá em Engines como Unity3D ou Unreal Engine.

Alguns parâmetros são exceções e não podem ser expostos pelo Substance, apresentados abaixo.

Gradient Ramp (Nodo Gradient Map) – necessita de uma ferramenta não acessível ao usuário;

Color Mode (Nodos Uniform Color, Gradient Map) – a personalização de parâmetros não está disponível neste item;

Blending Modes (Nodo Blend) – parâmetros externos funcionam apenas dentro do Substance Designer, sendo ignorados por outras Engines e integrações;

Quadrante node / Patterns (Nodo FX-Maps: Quadrante) – parâmetros externos funcionam apenas dentro do Substance Designer, sendo ignorados por outras Engines e integrações;

Quadrant node / Input Image Alpha (Nodo FX-Maps: Quadrante) – parâmetros externos funcionam apenas dentro do Substance Designer, sendo ignorados por outras engines e integrações;

Quadrant node / Input Image Filtering (Nodo FX-Maps: Quadrante) – parâmetros externos funcionam apenas dentro do Substance Designer, sendo ignorados por outras Engines e integrações.

2.6.7 Ocultando e mostrando Entradas e Saídas com Condições

É possível mostrar um parâmetro de entrada ou saída de uma instância para um usuário se algumas condições forem atendidas. É possível habilitar isto pelo campo “Visible if”:

- Nos Parâmetros de Condições de um Nodo de entrada ou saída;

- Nos Parâmetros de entrada de um gráfico de um parâmetro exposto.

Lembrando que esta opção trabalha apenas com gráficos instanciados e somente dentro do Substance Designer, não funcionando em softwares que utilizem gráficos publicados (formato "*.SBSAR").

O campo "Visible if" aceita os seguintes parâmetros:

- Boolean
- Float
- Integers
- .x : access the subparameter
- &&: and
- ||: or
- !: not
- <, >, <=, >=, ==, != : comparison
- (): brackets

Para controlar os valores de entrada do gráfico, é necessário utilizar a informação de "input" em:

- Para o valor de Y no Input de "MyInput" do Float 3, deve-se utilizar: input["MyInput"].y < 3;
- Para usar um Float1 ou um Integer1 no Input de "MyInput" deve-se utilizar: input["MyInput"]<3;
- Para um Boolean no Input de "MyInput", deve-se utilizar: input["MyInput"].

2.6.8 Agrupamento de Parâmetros

Os parâmetros podem ser agrupados usando o campo "Group", o qual identifica parâmetros que são mostrados juntos. Os grupos permitem reduzir visualmente a quantidade de informações das listas de parâmetros dos arquivos de substances.

CAPÍTULO 3

Interface e Recursos do Substance Designer

Esta seção apresenta os elementos de interface do Substance Designer. São apresentados também seus principais recursos, bem como configurações e ações básicas com ele.

3.1 Configurando o Substance Designer

Ao iniciar o Substance Designer, a tela de Boas-Vindas (Welcome to Substance Designer) é mostrada ao usuário. Esta tela, que na verdade funciona como um ajudante, permite ao usuário um melhor início dos trabalhos com as ferramentas, pois ela basicamente se divide em duas abas: Learn e Create. Em Learn, há opções de aprendizagem e conhecimento da ferramenta, e, em Create, opções de criação de novos arquivos, abertura ou mesmo a recuperação de arquivos abertos anteriormente por meio de histórico.

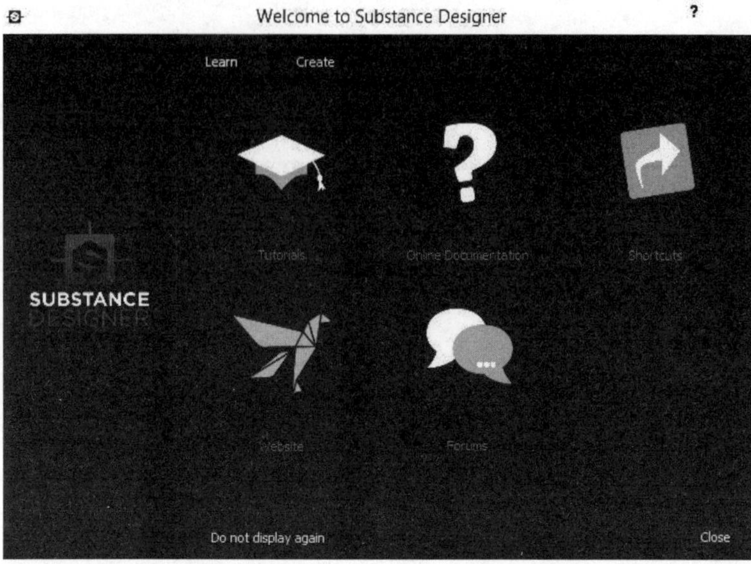

Na aba Learn, é possível aprender sobre o programa pela opção Tutorials. A página de tutoriais do Substance Designer é direcionada para o canal de Youtube da Allegorithmic, no qual encontram-se tutoriais sobre suas ferramentas de modo geral. Pelo canal, é possível aprender como utilizar suas ferramentas de maneira prática.

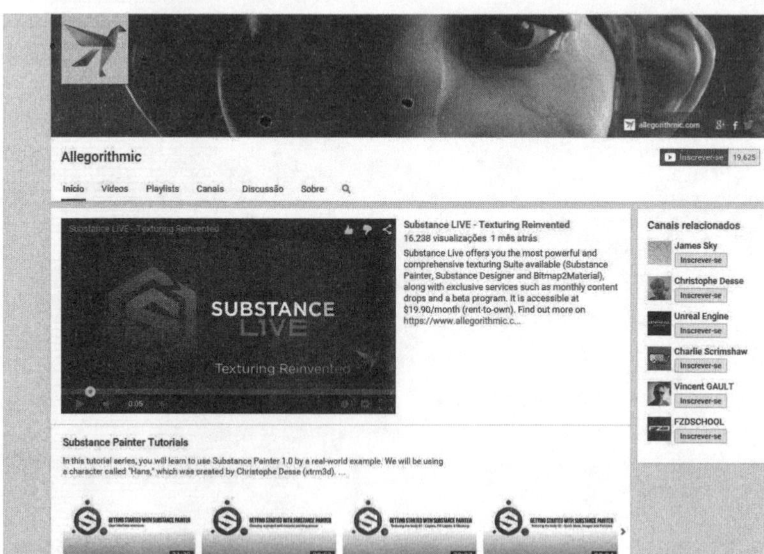

Ainda em Learn, a opção Online Documentation permite ao usuário visitar a documentação online do Substance Designer, bem como o pacote completo de produtos da Allegorithmic. Caso o usuário prefira aprender as ferramentas por leitura, então Online Documentation é a opção mais completa oferecida pelo fabricante.

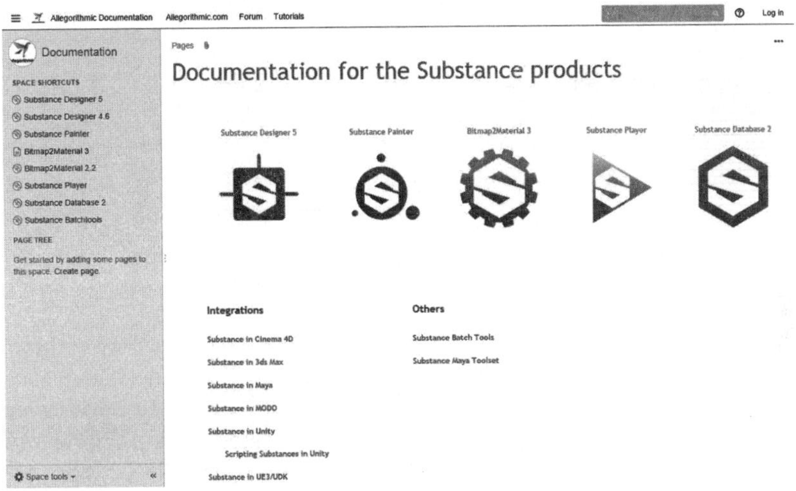

A opção Shortcuts apresenta pelo navegador de internet uma página com todos os atalhos de teclado e mouse possíveis ao Substance Designer.

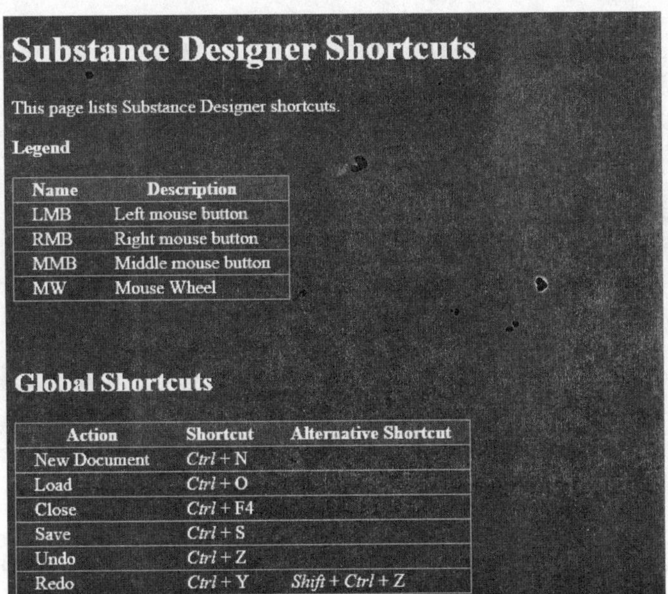

Substance Designer Shortcuts

This page lists Substance Designer shortcuts.

Legend

Name	Description
LMB	Left mouse button
RMB	Right mouse button
MMB	Middle mouse button
MW	Mouse Wheel

Global Shortcuts

Action	Shortcut	Alternative Shortcut
New Document	*Ctrl* + N	
Load	*Ctrl* + O	
Close	*Ctrl* + F4	
Save	*Ctrl* + S	
Undo	*Ctrl* + Z	
Redo	*Ctrl* + Y	*Shift* + *Ctrl* + Z

A opção Website direciona o usuário ao site do fabricante e Foruns ao fórum de discussão das ferramentas da Allegorithmic para compartilhar conhecimento, esclarecer alguma dúvida ou ainda para a exposição de trabalhos. A seguir, é apresentada a interface do Substance Designer e suas principais funcionalidades.

3.2 Interface do Programa

Aqui são apresentados os elementos de interface do programa. Também são comentados alguns de seus recursos de interface.

3.2.1. Elementos de Interface do Programa

O Substance Designer é dividido em painéis (ou janelas) de interface, nos quais há a manipulação de uma parte do software. Estes painéis são modulares, e o usuário pode escolher como os configura e de que modo devem se apresentar. Eles podem ser fixos ou flutuantes. Basicamente, na parte superior do programa há um menu com as principais ferramentas disponíveis, abaixo, uma barra de ferramentas com os comandos mais utilizados.

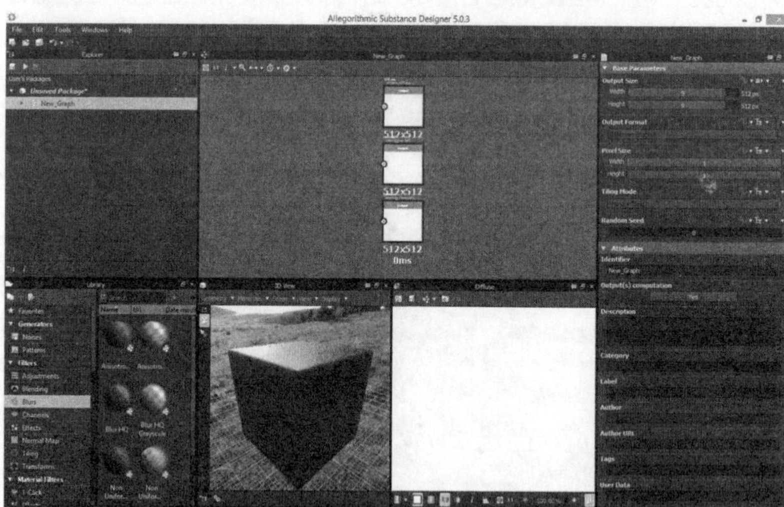

Logo abaixo, encontram-se as janelas de manipulação dos gráficos que são a janela Explorer, Library, Graph View, 2D e 3D View bem como Parameters View. Estas janelas serão detalhadas ainda neste capítulo.

Seguindo o entendimento sobre a interface do programa, a primeira investigação será feita pelas opções de menu que o programa oferece, começando por File.

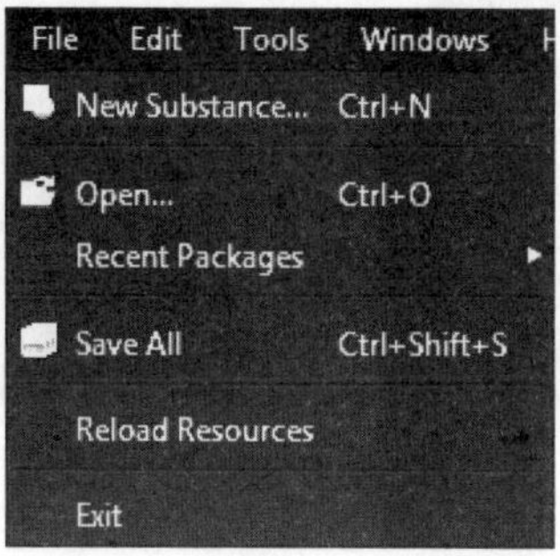

Dentro da opção de menu File, encontram-se:

New Substance (CTRL + N) - para criar novos arquivos de Substance Designer.

Open... (CTRL + O) – para abrir arquivos existentes.

Recente Packages – permite abrir arquivos pelo sistema de histórico.

Save All (CTRL + SHIFT + S) – salva todos os arquivos ao mesmo tempo.

Reload Resources – recarrega os arquivos de imagem-fonte dos gráficos.

Exit – permite sair da aplicação.

Para a opção de menu Edit, há apenas dois itens: Undo (CTRL + Z) para voltar edições e Redo (CTRL + Y) para avançar edições.

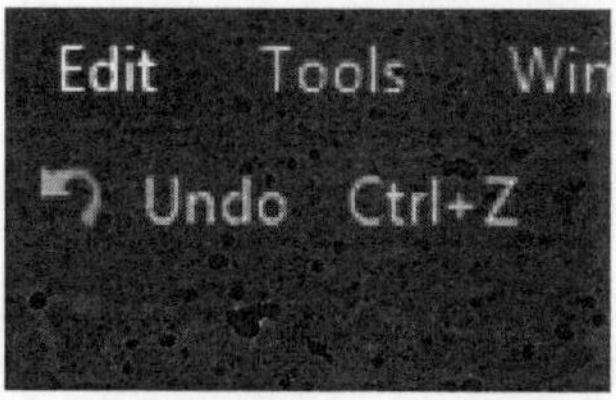

Para a opção Tools, os seguintes itens constam, conforme a figura a seguir.

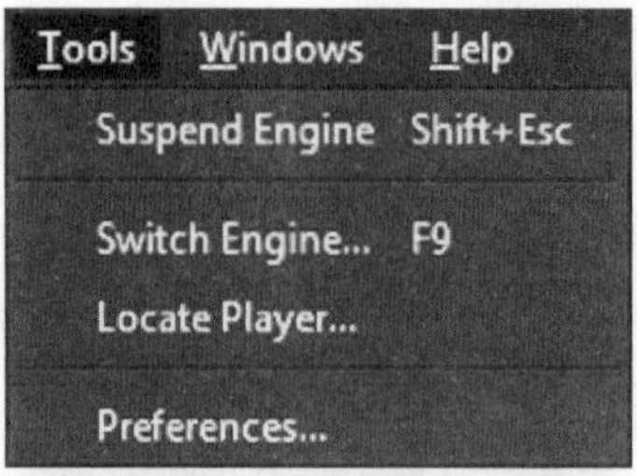

Suspend Engine (SHIFT + ESC) – esta opção suspende o motor de apresentação dos resultados de edição gráfica do software.

Switch Engine... (F9) – nesta opção, é possível alterar o motor de apresentação de resultados de edição gráfica, podendo escolher entre o motor de apresentação baseado em Direct3D 10 ou SSE2, ou, ainda pelo botão Add, adicionar algum sistema de apresentação externo.

Locate Player... – esta opção permite localizar o Substance Player.

Preferences... – em Preferences, localizam-se as principais escolhas de configuração de sistema definidas pelo usuário. Estas configurações são divididas em abas definidas por General, Projects, Graph, 3D View e Library, apresentadas a seguir. Em todas as opções, os botões Ok (confirmar alterações), Cancel (cancelar as alterações) e Apply (aplicar as alterações) constam presentes.

A figura a seguir apresenta a aba General e suas principais opções:

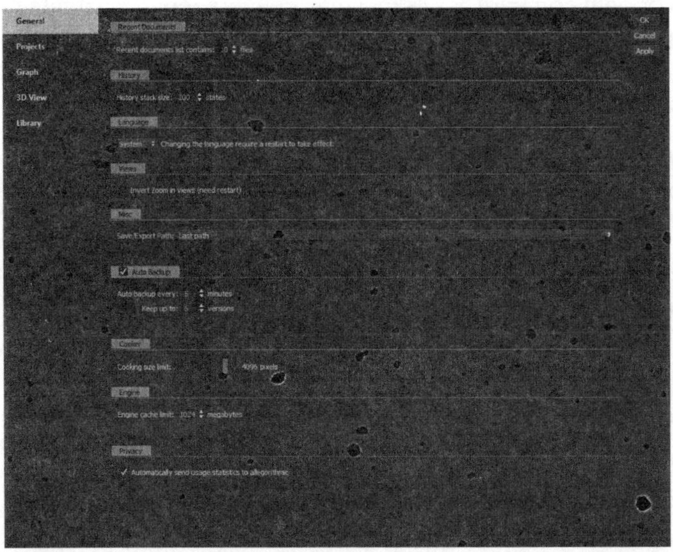

Recent Documents - determina a quantidade máxima de arquivos abertos listados.

History – determina a quantidade máxima de ações do histórico de ações do programa.

Language - determina a linguagem de exibição de texto do programa.

Views – permite alterar o comportamento de Zoom do programa.

Misc – permite salvar arquivos de exportação.

Auto Backup – permite determinar como será o auto-salvamento do programa (por padrão, a cada 5 minutos ele cria uma cópia de salvamento e mantêm 6 versões do mesmo arquivo.

Coocker – armazena informações de memória nos cookies do computador.

Engine – determina o tamanho de cache de memória que a Engine de apresentação poderá usar.

Privacy – envia informações estatísticas do software para a Allegorithimic.

As figuras a seguir apresentam a aba Projects e seus conteúdos. A aba Projects permite configurar não somente a interface local do programa, como também um ambiente de trabalho colaborativo compartilhado, em que várias máquinas podem compartilhar as mesmas configurações; bastante útil quando várias pessoas estão trabalhando no mesmo projeto. Para que isto seja possível, é necessário escolher o mesmo "Project File" em todos os computadores, de modo a se criar este ambiente de trabalho.

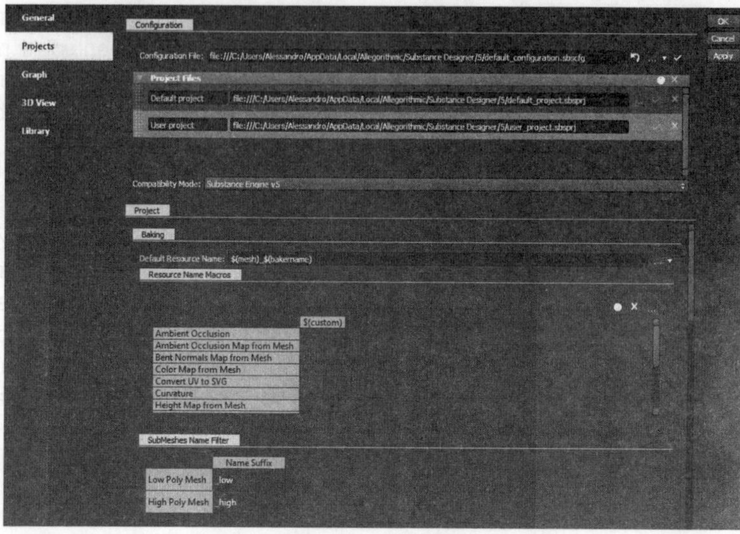

Configuration

Configuration File – permite ajustar o caminho do projeto de Substance Designer.

Project Files – configura os arquivos de projeto, sendo que cada um pode ter duas configurações. Deve-se compartilhar este arquivo de projeto se desejar trabalhar em um ambiente com diferentes computadores.

Compability Mode – permite selecionar o modo de compatibilidade adequado para Substance Designer 4 ou 5. Alguns Nodos, por exemplo, não são suportados em versões anteriores de Substance Designer, como o Pixel Evaluator, Distance, Gradient Dynamic e Blend Nodes (alguns Blendigs específicos).

Baking – permite ajustar nomes de arquivos depois de ações de baking.

Project

A aba Project permite de fato configurar ações para projetos.

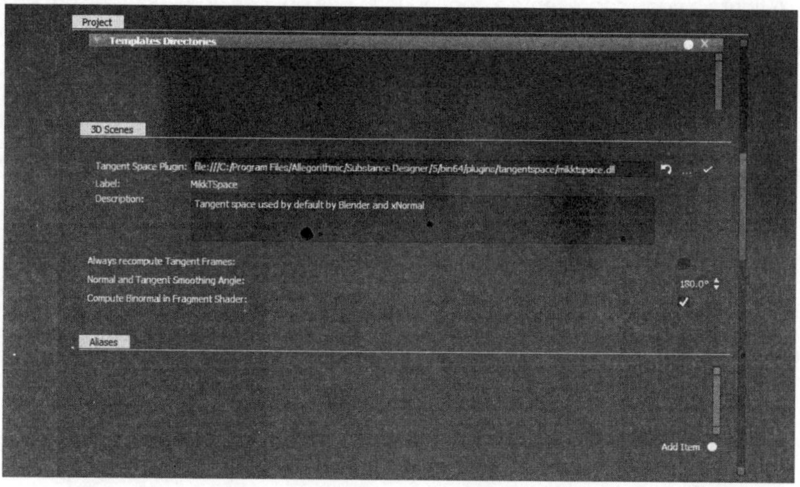

Templates – permite escolher uma pasta com arquivos "*.SBS" para ser adicionada ao Wizard do Substance Designer.

3D Scenes – permite escolher e ajustar o plugin de espaço tangente que deve ser usado pelo Substance Designer.

A figura a seguir apresenta a continuação das opções apresentadas em Project.

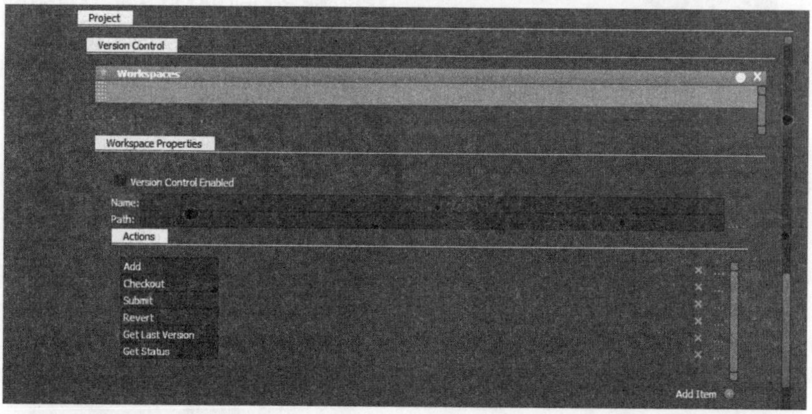

Version Control - ajusta como o controle de versão deve acontecer (por exemplo, utilizando a ferramenta Perforce como gerenciador de versões). O versionamento de arquivos funciona gerando várias versões de segurança dos arquivos. Por exemplo, várias versões dos arquivos são armazenadas em um servidor e as máquinas locais geram cópias dos arquivos junto a este servidor como forma de assegurar que o projeto não se perderá.

A figura a seguir apresenta a continuação das opções apresentadas em Project.

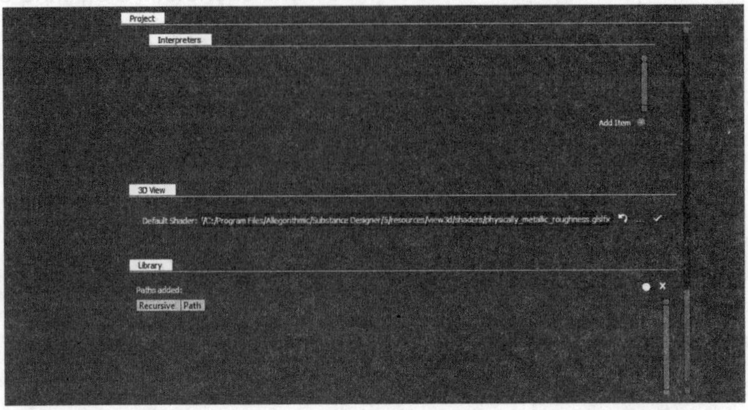

Library – permite escolher qual caminho ou pastas serão monitorados pela biblioteca. Aqui é o local onde se adiciona um caminho para se mostrar certos assets na biblioteca.

Na aba Graph, pode-se definir a atualização automática de Nodos e a saída dos gráficos. Desligar a opção "Automaticaly compute node thumbnails" faz com que o sistema funcione mais rápido, mas sem atualizações constantes.

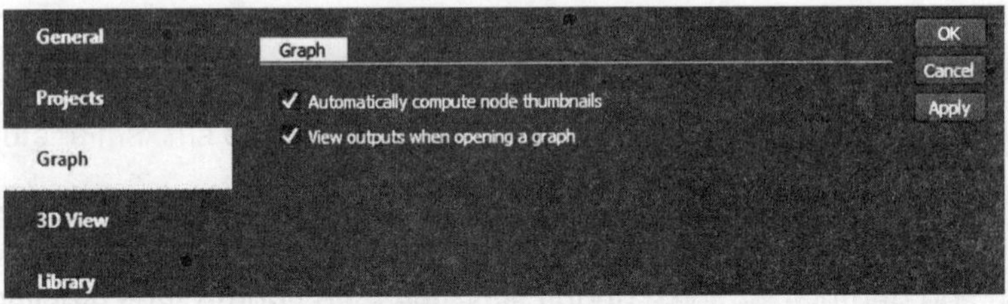

Em 3D View, é possível configurar questões envolvendo a apresentação de modelos pelo software.

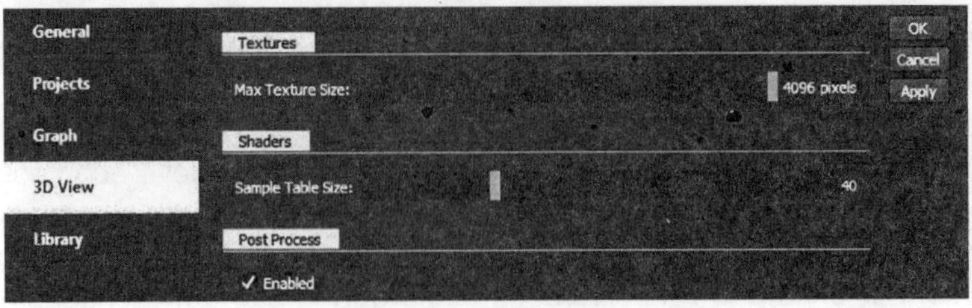

Textures – define o tamanho máximo em pixels para as texturas exibidas pelo sistema.

Shaders – determina o tamanho de amostra de shaders dependentes da GPU e do sistema operacional utilizado.

Post Process – habilita o pós-processamento.

A aba Library permite configurar ajustes de exibição para a biblioteca.

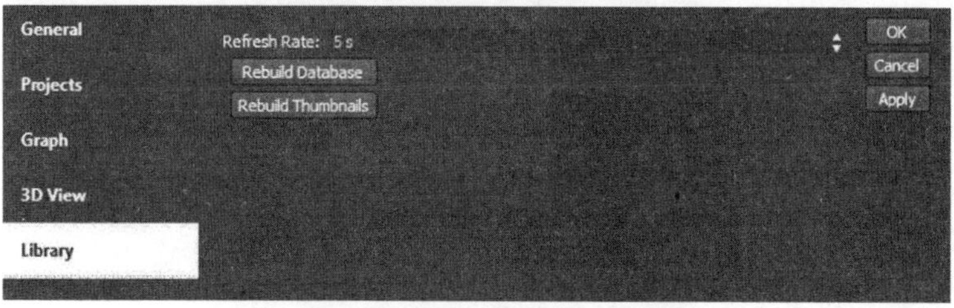

De volta à investigação dos menus do software, o item de menu Windows permite escolher uma nova janela de Explorer de 3D View ou nova janela de Library View. Também é possível abrir a janela de Console ou Dependency Manager.

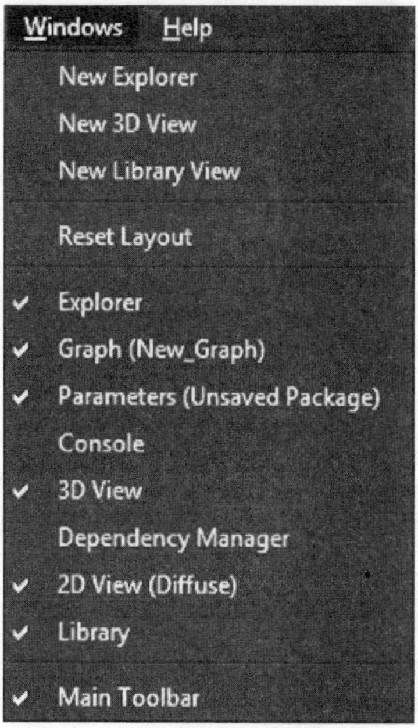

No item de menu Help, é possível ter acesso à ajuda do programa, bem como acesso a um portal de bibliotecas comerciais de materiais do Substance Designer (GameTextures.com) e demais recursos de ajuda com a ferramenta.

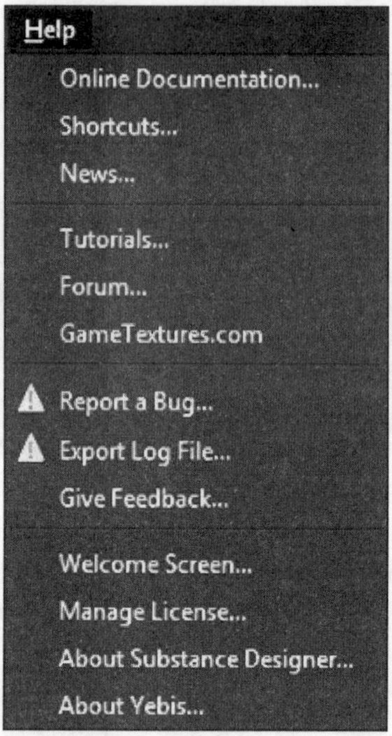

Seu sistema de menu oferece todos os comandos necessários à boa utilização da ferramenta. Eventualmente, o usuário pode precisar visitar as documentações online para conhecer novos recursos adicionados em versões mais recentes.

3.2.2 Painel Explorer

Pelo painel Explorer é possível ter acesso aos arquivos utilizados na elaboração dos gráficos com texturas dos modelos. O Explorer é dividido em três módulos: User's Packages, Dependencies e Information.

3.2.2.1 User's Packages

Este módulo permite ao usuário acessar o painel em que se apresentam os arquivos utilizados para a elaboração de arquivos gráficos de Substance Designer. Por meio dele é possível acessar os arquivos de substances, Gráficos, Outputs e resources (que são as imagens em bitmap, meshes, etc.).

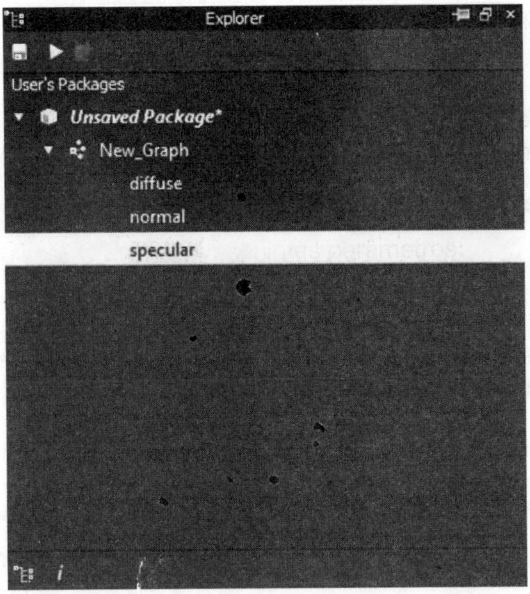

Packages

Um pacote é automaticamente criado pelo ajudante de criação de substances quando se adiciona um ícone de arquivo de substance na Toolbar do programa . Pode-se ainda criar novos pacotes de substances clicando com o botão direito no Explorer e escolhendo New Package.

Ao clicar com o botão direito em um pacote, as opções de criação que surgem são:

- New Graph
- Bitmap
- Vector graphics
- New Function
- New Folder

Para importação, as opções que se apresentam são:

- Bitmap
- Vector graphics

Para ligação (link) entre arquivos, as opções que surgem são:

- 3D Mesh
- Bitmap
- Vector graphics

Reload - é usada para regarregar os arquivos de resources sem perder ações não salvas no projeto.

Save/Save As - salva o pacote todo, sendo que, sempre que alguma ação for executada e não salva, o símbolo "*" aparece junto ao nome do pacote.

Publish - permite publicar o trabalho feito no Substance Designer de modo que possa ser utilizado em outros programas.

Export with Dependencies - exporta as dependências junto ao arquivo "*.SBS".

Copy/Paste - permite copiar e colar entre pacotes.

Close - fecha o pacote em edição no Explorer.

Compute Outputs – esta opção pode ser utilizada para atualizar as saídas do Explorer.

Show in Finder – permite visualizar onde estão sendo salvos os pacotes no Sistema operacional

Graphs

Os gráficos são automaticamente gerados quando se adiciona um pacote de Substance Designer. Para criar um novo gráfico, basta clicar com o botão direito no pacote do Explorer e escolher New Graph.

As opções que surgem para os gráficos ao clicar com o botão direito sobre eles são:

Open – para abrir novo gráfico.

New Folder – para criar uma pasta e melhorar a organização.

Copy/Paste – copiar/colar elementos dos gráficos.

Remove – para remover elementos dos gráficos inteiros.

Rename – para renomear graficos.

View Outputs – esta opção permite visualizar a saída dos gráficos.

Compute Outputs – esta opção permite computar as saídas dos gráficos.

Export Outputs – exporta as saídas dos gráficos incluindo os arquivos de bitmaps.

Explore – esta opção permite abrir um novo Explorer.

Resources

O Explorer mostra os tipos de arquivos que podem ser utilizados para construir os gráficos do Substance Designer, sendo eles:

- Bitmap files
- PSD files
- Vector graphics files
- 3D Mesh files

Um arquivo do tipo Resource pode ser importado (3D Mesh, bitmap, PSD ou Vector Graphics), ou ainda ligado (Bitmap). Acionando o botão direito sobre um resource do tipo 3D Mesh, é possível utilizá-lo como um Baker de Ambient Occlusion, Transform UV into SVG, etc.

Link

Um arquivo do tipo resource importado ligado cria um link com o outro, sendo que este não é editável, e possui um pequeno Thumbnail no Explorer. Pode-se carregar a última versão do resource ligado clicando com o botão direito e escolhendo Reload.

Import

Um arquivo do tipo resource importado pode ser editado e seu arquivo é duplicado na pasta de nome Resources onde fica o arquivo "*.SBS".

Substance Player

O Substance Player é o programa que permite visualizar os materiais do Substance Deisgner finalizados.

3.2.2.2 Dependencies

É possível mostrar ou ocultar as dependências clicando no icone de gráfico no final da janela do Explorer.

3.2.2.3 Information

É possível mostrar ou ocultar as informações clicando no icone "i" no final da janela do Explorer.

3.2.3 Painel Library

O painel Library (Biblioteca) é um local subdividido para que o usuário possa ter acesso aos recursos de composição dos gráficos por meio de filtros, efeitos e tudo o mais relacionado a eles. Este painel está constantemente monitorando as pastas do programa e exibe o conteúdo atual. O painel consegue analisar ações de adição de elemento, exclusão, troca de nome, etc. O monitoramento consegue verificar arquivos de substances (gráficos, pacotes "*.SBS" e arquivos "*.SBSAR", imagens do tipo bitmap, Vetores, Funções e Meshes 3D). A figura a seguir mostra a imagem da Library.

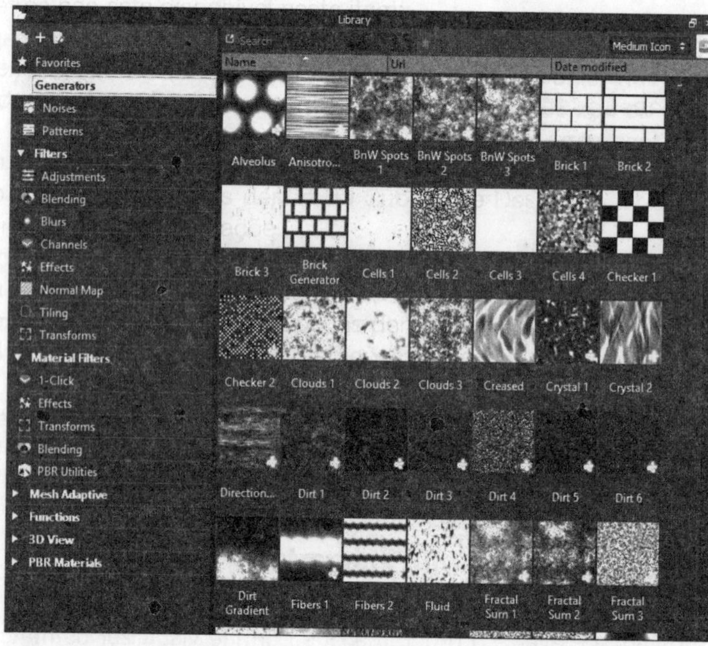

É possível que o usuário defina sua própria Library, personalizando-a. Para o Substance Designer, é possível monitorar mais que um local de pastas compartilhadas com outros computadores. Para tanto, se faz necessário o ajuste por Project Preferences, na janela de Preferences do menu Tools. Para não mostrar uma determinada pasta ou estrutura de Library, basta ajustar o parâmetro “Hide from Library” do painel Parameters View para “True”. Para re-indexar uma biblioteca, deve-se ajustar suas preferências também.

3.2.3.1 Criando e Editando um Filtro

Para criar um filtro, primeiro deve-se criar a estrutura de pastas na qual este será colocado. Todo o filtro deve estar contido em uma pasta própria, portanto:

01 – Clique no icone Add folder e crie uma pasta para adicionar um filtro. Neste exemplo, criou-se a pasta “My_Library”.

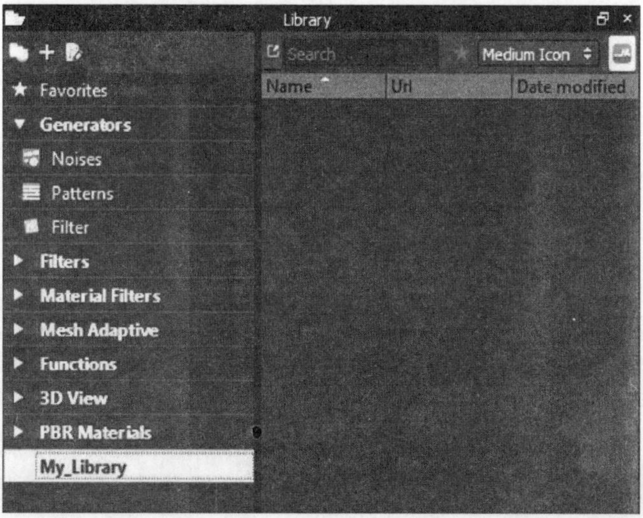

02 – Para criar o filtro, deixe selecionada a pasta criada para este exercício (My_Library) e clique em Add a new filter para criar um novo filtro. Isto abrirá o painel Edit Filter

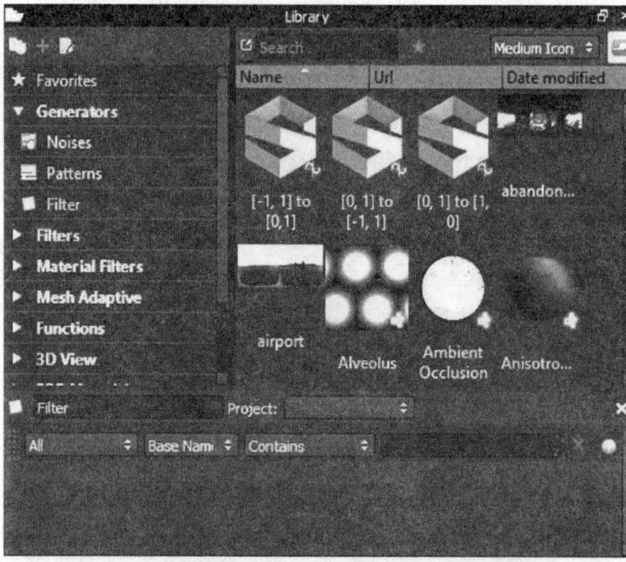

03 – Pode-se chegar à edição do filtro pelo botão "Edit" disponível na interface de Library. Quando em modo de edição, é possível alterar as regras do filtro, seu nome, projeto ao qual faz parte, bem como diversos outros parâmetros. Cada regra de filtro é ajustada conforme a imagem a seguir.

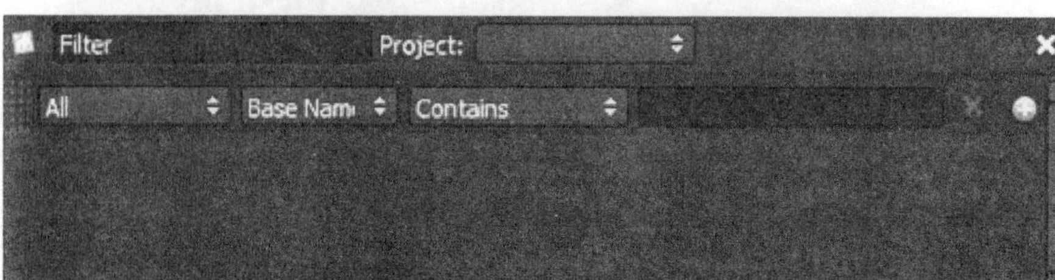

O primeiro menu Drop down permite selecionar que tipo de resource será mostrado, podendo ser escolhido entre:

- All
- Graph
- Bitmap
- Vector graphic
- Mesh

- Function
- Favorites

O Segundo menu Drop down permite escolher os parâmetros:

- Base name
- URL
- Category
- Tag
- User Data
- Description
- Author
- Label

O terceiro menu Drop Down permite escolher uma regra para o filtro:

- Contains
- Equal
- Not equal

O quarto campo permite atribuir algum texto explicativo.

3.2.3.2 Favorites

A Library contém uma opção de Favorites (Favoritos) aos quais pode-se atribuir algum filtro mais usado para facilitar o trabalho. Para adicionar ou remover um filtro aos favoritos, basta clicar no item "Favorites", depois clicar com o botão direito no resource ou filtro desejado como favorito, escolhendo Add to Favorites para adicionar ou Remove from Favorites para retirar se já for um favorito.

3.2.4 Painel Graphic View

Nesta seção, são apresentados os recursos da Graphic View. A forma como é manipulada também é vista.

3.2.4.1 Controles do Graphic View

Os gráficos já foram apresentados sob a forma de conceitos, mas a interface que os controla é vista nesta seção. Um gráfico é um composto de Nodos e suas ligações, as quais assumem um tipo de saída de informação definida pelo usuário. A imagem a seguir apresenta um exemplo de gráfico.

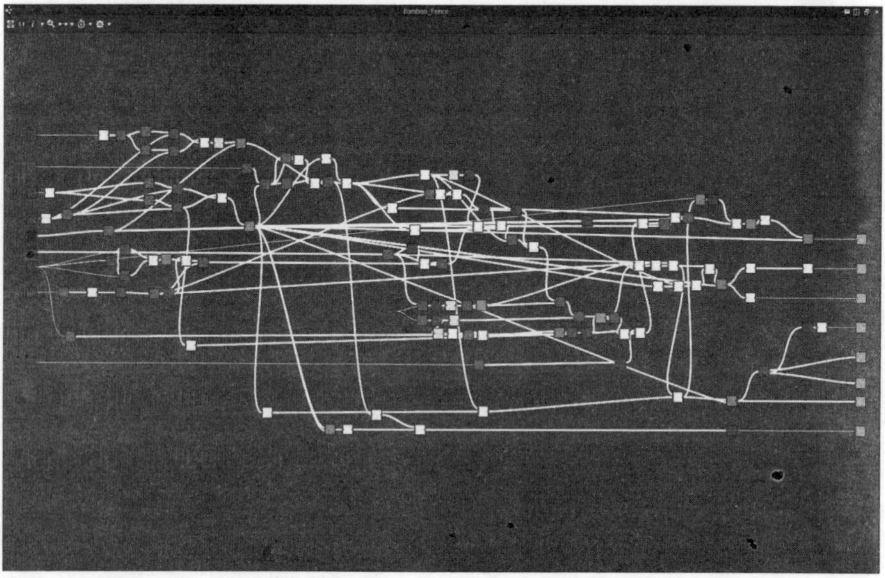

Na barra de nome do gráfico, à esquerda, consta o ícone Name que indica o nome do gráfico em edição. No lado oposto (direita), é possível desvincular o Gráfico View da interface do software e posicioná-lo onde o usuário preferir (muito útil quando são utilizados dois monitores), bem como pode-se posicionar a Graph View de volta ao Substance Designer quando o usuário desejar.

Elementos de Interface

A Graph View compõe-se dos seguintes elementos de interface em sua barra de ferramentas (toolbar):

Focus – esta opção aplica o foco em uma seleção do gráfico em edição.

Zoom 1:1 - esta opção define a visualização aproximada ou não do gráfico.

Information – exibe informações sobre o gráfico, que podem ser da seguinte ordem:

- Display Connector Name – exibe o nome do conector no gráfico.
- Display Node Size – exibe a resolução de cada Nodo.
- Display Timings – exibe o tempo de processamento entre os Nodos.

Finder Tool – ferramenta que permite localizar um Nodo no gráfico, com opções de:

- Node Type – seleciona o tipo de Nodo a ser pesquisado.
- Using Custom Parameters – seleciona parâmetros específicos para serem pesquisados.

Link Creation Mode – é possível alternar entre diferentes modos de criação de link nos materiais e Nodos, definidos por:

- Standart (1).
- Material (2).
- Compact Material (3).

Reset – elimina qualquer item ou ligação. O arquivo de ajuda online chama esta opção também de Profiler.

- Reset All – limpa tudo (tempo + liberação de cache de memória).
- Reset Timings – limpa parâmetros de tempo de processamento dos nodos.

Tools – nesta opção, é possível acessar recursos extras como:

- Clean – para limpar o gráfico.
- Export Outputs – exporta as saídas do gráfico.
- Re-export Outputs – exporta novamente as saídas do gráfico.

- PSD Exporter – exporta as saídas do gráfico em formato de leitura de arquivo "*. PSD".

Profiler – esta opção permite verificar o arquivo de Substance Designer.

Menu de Contexto

Clicando com o botão direito em Graph View, surge o menu de contexto no qual o usuário pode escolher ações para aplicar no gráfico em edição, definidas por:

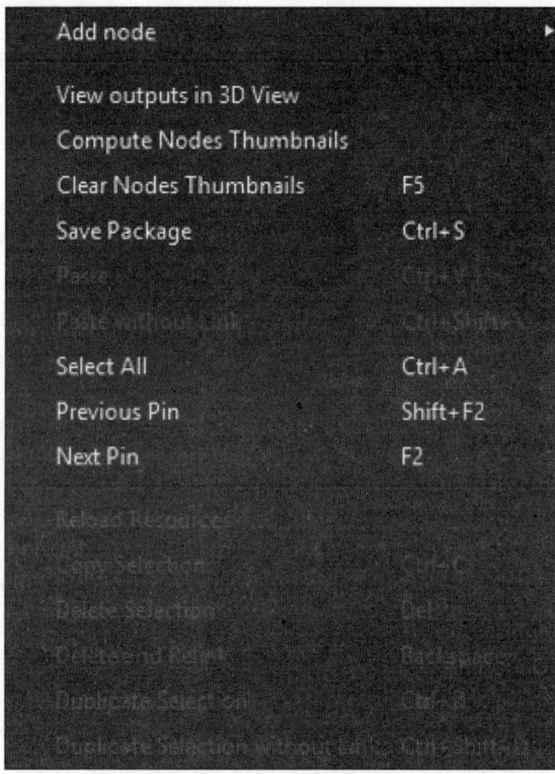

Add node – permite adicionar um Nodo ao gráfico (é possível acessar diretamenta esta opção pressionando a Barra de Espaços no teclado).

View outputs in 3D View – força a exibição do resultado do gráfico nas vistas em 3D.

Compute Nodes Thumbnails – processa os Thumbnais dos Nodos.

Clear Nodes Thumbnails – limpa as informações dos Thumbnails dos Nodos (F5).

Save Package – salva o pacote de Substance (CTRL + S)

Paste – passa uma seleção feita com links e Nodos (CTRL + V para Windows ou CMD + V para MacOS).

Paste without Link – passa uma seleção feita sem links, apenas dos Nodos (SHIFT + V para Windows ou SHIFT + CMD para MacOS).

Select All – seleciona todos os elementos do gráfico (CTRL + A para Windows ou CMD + A para MacOS).

Previous Pin – permite navegar pelo gráfico com sistema de Pins, neste caso, pelo Pin anterior (SHIFT + F2).

Next Pin – permite navegar pelo gráfico com sistema de Pins, neste caso, pelo Pin posterior (F2).

Reload Resources – realiza o recarregamento dos resources, caso tenham sido perdidos pelo sistema.

Copy Selection – copia uma seleção para a área de transferência (CTRL + C para Windows ou CMD + C para MacOS).

Delete Selection – deleta uma seleção feita.

Delete and Relink – deleta uma seleção feita com sistema de religar o links.

Duplicate Selection – duplica uma seleção feita

Duplicate Selection without Link – duplica uma seleção feita sem os links.

Navegação em Graph View

Para navegar na Graph View, utilize o mouse: clicando com o botão do meio, aciona-se o sistema de panning, em que o usuário pode visualizar o gráfico deslocando ele para qualquer local, facilitando o trabalho. Com o scrolling do mouse, pode-se aplicar uma aproximação de visualização (Zoom) ou afastamento de visualização. A tecla de atalho Z reseta a aproximação feita e a tecla F exibe o gráfico todo em tela.

Pins

A navegação por meio de Pins se torna útil quando o gráfico é muito extenso e é preciso percorrer uma grande área para realizar todas as edições. Para criar Pins, siga as etapas descritas a seguir.

01 – Clica-se com o botão direito em Graph View para acessar o Menu de Contexto.

02 – Escolhe-se Add Node e embaixo seleciona-se Navigation Pin.

03 – Posiciona-se o Pin onde achar mais conveniente no gráfico.

04 – Clique duplo no Label do Pin para editar suas informações de exibição.

05 – Pressiona-se Enter quando finalizar as edições para confirmar tudo.

Frames

Frames são bastante úteis quando se deseja organizar o trabalho de modo visual. Frames criam bordas em torno de seleções de Nodos na Graph View, facilitando o agrupamento. Para adicionar um Frame, proceda do seguinte modo:

01 – Clica-se com o botão direito do mouse em Graph View.

02 – Escolhe-se Add node.

03 – Escolhe-se abaixo deste menu de contexto a opção Add Frame.

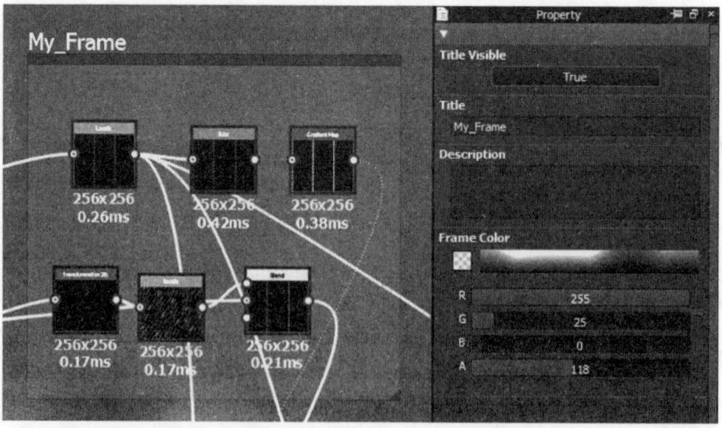

O Frame pode ser editado no painel Parameters View, no qual:

Title Visible – permite alternar entre visível ou não o título do frame.

Title – define o título do frame.

Description – aplica uma descrição ao frame.

Frame Color – permite selecionar uma cor para o frame por RGB e uma transparência por Alpha (A).

Comments

Um comentário é uma informação textual que fica visível no gráfico para lembrar o usuário de algo, ou explicar algo no próprio gráfico. Recurso bastante útil quando se está trabalhando em projetos nos quais mais de uma pessoa utiliza os gráficos feitos no Substance Designer. Para criar um comentário, proceda do seguinte modo:

01 – Clica-se com o botão direito do mouse em Graph View, escolhendo Add node > Add Comment.

02 – Posiciona-se o comentário e seu conteúdo onde for mais conveniente em Graph View.

03 – Duplo clique permite editar o comentário, devendo-se pressionar Enter para finalizar.

3.2.4.2 Trabalhando com Nodos

Os Nodos são as ligações entre os elementos de filtros e resources, as quais permitem realizar a ligação com a saída dos gráficos. Pelos Nodos, fazem-se as ligações entre diferentes ações que resultam em informações que dão origem aos materiais do Substance Designer. Diferentemente de softwares convencionais de construção de texturas bidimensionais, como o Adobe Photoshop, em que a organização linear de camadas define o resultado visual de um trabalho, com o Substance Designer a organização dos Nodos de modo orgânico é que define o resultado visual de um trabalho.

Criando Nodos

Para criar nodos, se faz necessário três etapas distintas definidas por:

01 - Arraste um resource da library para a área Graph View.

02 – Pressione a barra de espaços e escolha um nodo.

03 – Conecte o Output (saída) de um no Input (entrada) de outro pela Graph View.

Editando a Ligação entre Nodos

Clique na saída de um Nodo com o botão esquerdo do mouse e arraste para outro local. A linha de ligação ficará pontilhada, indicando que sua ligação está sendo alterada.

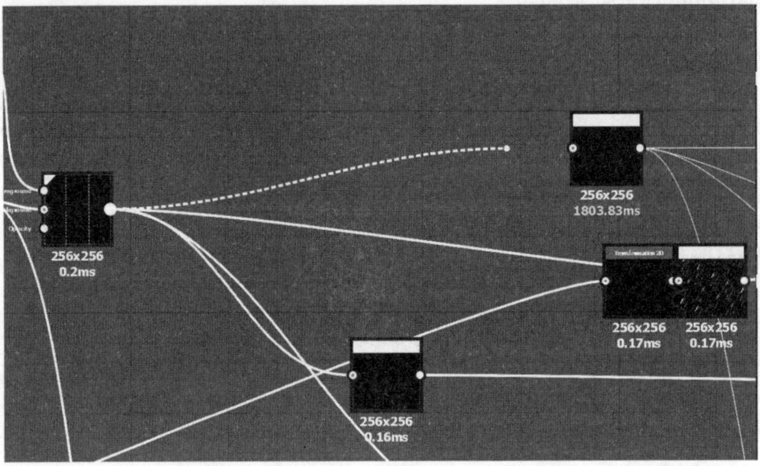

Para editar mais de um link ao mesmo tempo, faça a ação com Tecla SHIFT pressionada no teclado. Para copiar uma ligação de um nodo para outro, arraste de um para outro Nodo com a Tecla CTRL pressionada. Para trocar a ligação entre dois links, selecione-os e pressione a Tecla "X" no teclado.

Deletando Nodos

Selecione a linha existente entre dois Nodos com o mouse e pressione o botão delete.

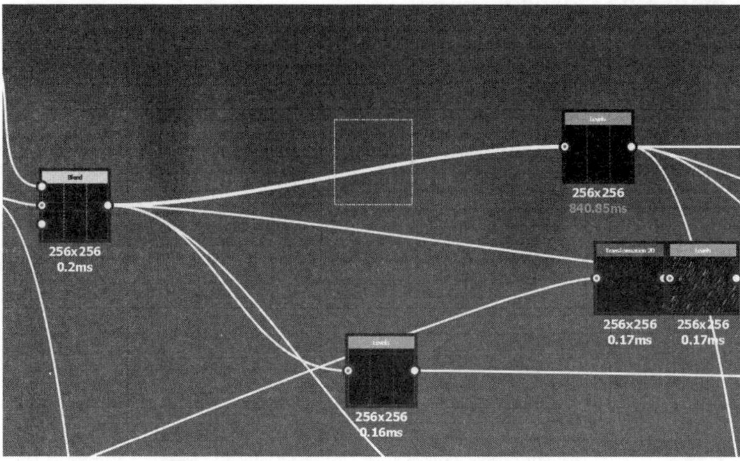

A linha selecionada ficará com espessura mais grossa, indicando que foi de fato selecionada. Após isto pode ser apagada.

3.2.4.3 Modos de Criação de Links

O Substance Designer permite criar ligações de três diferentes maneiras, disponíveis pelo Link Creation Modes no painel Graph View.

As opções que se apresentam pelo ícone Link Creation Mode são:

Standard – aqui definido como Legacy Mode, tecla de atalho 1.

Material – tecla de atalho 2.

Compact Material – tecla de atalho 3

Os modos de Ligação

As principais diferenças entre os modos de ligação são apresentadas na figura a seguir.

Tipo	Padrão	Compacto	Material Compacto
Inputs	Toda informação de entrada é visível	Toda informação de entrada é visível	Somente 1 entrada por grupo
Outputs	Toda informação de saída é visível	Toda informação de saída é visível	Somente 1 entrada por grupo
Links	Todos os links são visíveis	Todos os links são visíveis	Somente 1 link por grupo
Connections	Cada input/output precisa estar conectado	Todos os inputs/outputs a partir do mesmo grupo são conectados conforme a configuração de Usage	Todos os inputs/outputs a partir do mesmo grupo são conectados conforme a configuração de Usage

É importante compreender como se deve ligar as informações para assegurar a máxima eficiência dos gráficos.

Grupos

Deve-se criar grupos para entradas (Input) e saídas (Output) dos mapas para que se possa utilizar a ligação por Compact e Compact Material. É possível atribuir um grupo para entrada e saídas de Color/Grayscale em Attributes de cada Nodo.

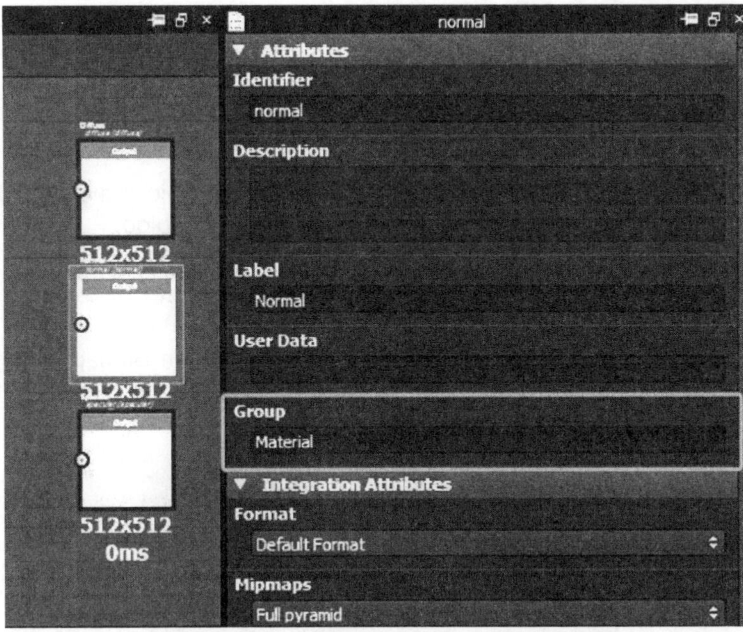

Um grupo nada mais é do que um conjunto de caracters usados para organizá-los.

Usage

Os parâmetros de entrada (Input) ou saída (Output) são usados automaticamente pelo sistema para ligar os Nodos de Material e Compact. Se entre ambas entradas e saídas houver cruzamento, um link é criado neste caso.

3.2.4.4 Profiler

O recurso de Profiler permite apresentar a performance de execução dos gráficos em edição no Substance Designer. Tal performance variará de computador para computador. O Profiler exibe informações de tempo de processamento usado pela engine de apresentação do software (SSE2, Direct3D 10, etc.) abaixo de cada Nodo. Suas opções de configuração são:

- Reset All – limpa tudo (tempo + liberação de cache de memória).
- Reset Timings – limpa parâmetros de tempo de processamento dos Nodos.

O Profiler possui algumas limitações, conforme o arquivo de ajuda online informa:

- A troca de Nodos não é tratada, sendo exibido apenas o processamento mais longo entre dois Nodos;
- Algumas mensagens são necessárias para iniciar a engine de Profiler; com vários gráficos isto não é percebido.

3.2.4.5 Exportando Bitmaps

É possível exportar arquivos em formato de imagem Bitmap a partir do Substance Desginer. Para tanto, basta acessar a opção de Export Outputs, disponível no ícone Tools do painel Graph View.

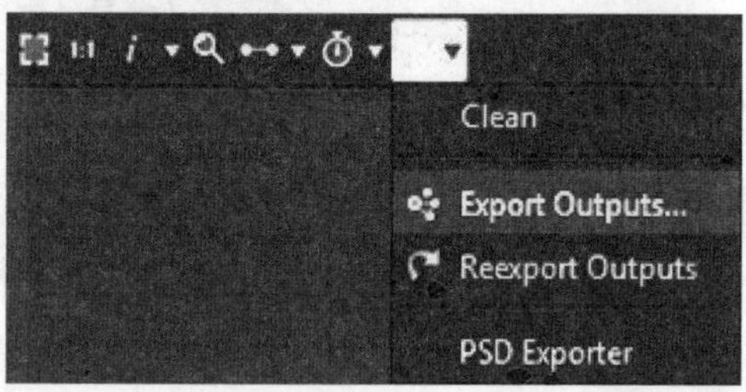

Uma vez na opção Export Images, que dá acesso à janela de exportação de mesmo nome, as seguintes opções se apresentam.

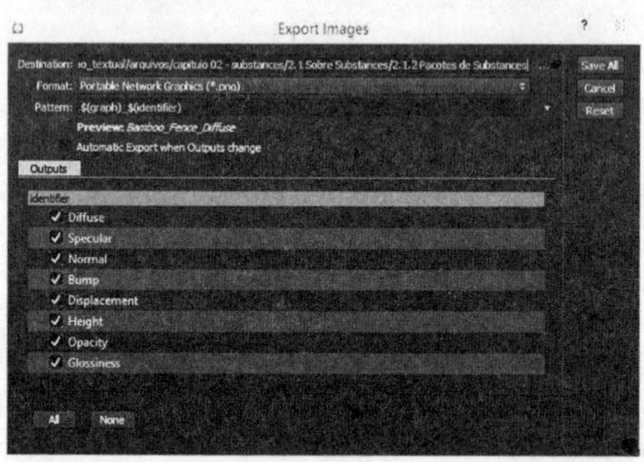

Destination – ajusta o caminho de exportação de imagens.

Format – permite escolher o formato de exportação de imagens.

Pattern – define um nome padrão identificador para os arquivos de imagens criados

- Graph
- Identifier

- Index
- Usages

Automatic Export when Outputs change – habilite esta opção se desejar visualizar as imagens em outras aplicações enquanto trabalha no gráfico dentro do Substance Designer.

Outputs – por esta opção, é possível escolher os canais de exportação para as imagens.

3.2.4.6 PSD Exporter

O Substance Designer permite também realizar a exportação de arquivos em formato "*.PSD", o qual organiza os Nodos em formato de camadas, passíveis de leitura em softwares como o Adobe Photoshop, por exemplo. Para tanto, basta acessar a opção de PSD Exporter, disponível no ícone Tools do painel Graph View.

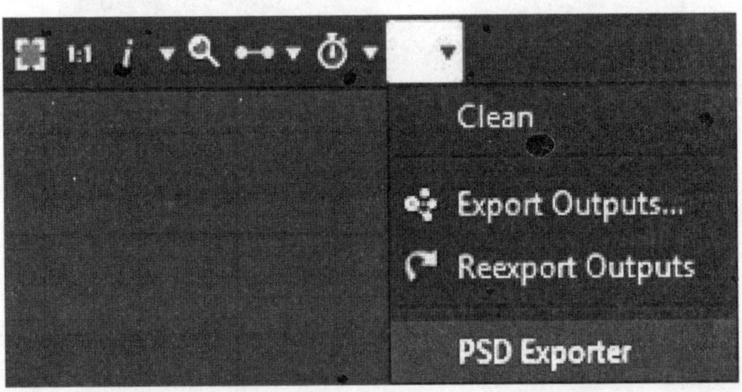

O Sistema não gera camadas de modo automático no momento em que se aciona o PSD Exporter, devendo o usuário informar quais Nodos constituirão as camadas do arquivo a ser exportado em formato "*.PSD". Na imagem a seguir, selecionou-se apenas o Nodos de Output para gerar as camadas em formato PSD (por Add Layer > Add Layers From Graph Selection, a qual se seleciona um conjunto de Nodos e se cria uma camada a partir da seleção).

Outro modo para criar uma camada é adicionando uma nova camada em Add Layer e arrastando o Nodo para cima da camada criada. Informações de transparência são criadas por meio de alphas, ou pode-se ajustar o modo de mistura entre camadas por meio dos modos de Blending, tal como ocorre no Adobe Photoshop.

As opções deste recurso de exportação PSD Exporter constam a seguir.

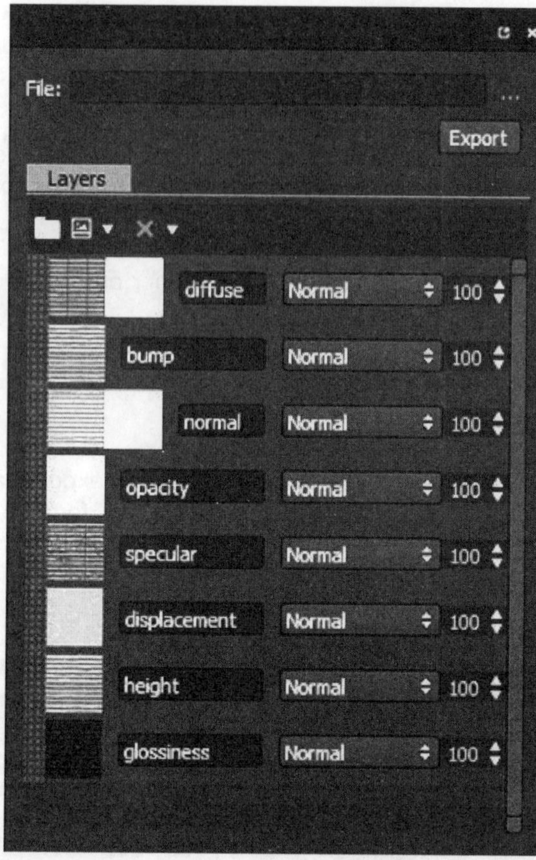

File – permite escolher um nome e local para salvamento do arquivo PSD a ser exportado.

Export – este botão de fato realiza a exportação.

Layers (Grupo de Opções)

Add Group – esta opção permite criar um grupo de camadas para melhor organizar o arquivo.

Add Layer – esta opção permite criar camadas a partir de nodos.

- Add Layer – cria uma camada vazia, a qual precisa ser preenchida com conteúdo advindo dos Nodos (bastando selecionar a camada criada e arrastar o conteúdo de algum Nodo para cima desta).

- Add Layers From Graph Selection – cria camadas a partir de seleções do gráfico em Graph View.

Remove – remove camadas.

- Remove Selection – remove camadas selecionadas.
- Remove All Layers – remove todas as camadas.

3.2.5 2 D View

No painel 2D View, pode-se ver o arquivo de textura em edição em formato bidimensional. Ele permite visualizar sua composição geral, bem como a composição resultante em diferentes Nodos do gráfico (clique duplo em cada um dos quais deseja-se ver seu resultado em 2D View). A figura a seguir apresenta a interface geral e uma composição de exemplo.

A interface 2D View se divide em Top Toolbar e Lower Toolbar, cada uma com respectivos recursos descritos a seguir. Ao centro, pode-se ver o trabalho resultante em um tipo de canvas. Abaixo deste canvas, são informados dados sobre o arquivo de textura, como sua resolução em pixels, por exemplo.

Top Toolbar

Background Image – permite carregar uma imagem para edição no painel 2D View.

Save current imagem as bitmap – permite exportar um arquivo em formato de imagem Bitmap a partir do Nodo selecionado e visualizado em 2D View.

Outputs – permite selecionar qual Output será visto no painel 2D View.

Copy view into the clipboard (Snapshot) – esta opção cria uma cópia instantânea do conteúdo de 2D View para que seja utilizada em outras aplicações, sem a necessidade de se exportar o arquivo.

UV Menu – esta opção permite sobrepor um ou mais UVs do objeto tridimensional exibido em 3D View. A subopção UV Color permite pintar o Layout UV na cor escolhida.

Todo modelo pode conter informações de mapeamento UV, e, dentro do Substance Designer, o usuário deve escolher entre "Send UVs to 2D View" no painel 3D View para que possa ser editado no painel 2D View. Lembrando que atualmente o Sistema consegue trabalhar com até dois canais de UV's por modelo e é possível escolher editar apenas um UV ou ambos, podendo ser vistos em modo Wireframe (aramado).

Lower Toolbar

Channel Selector – permite escolher entre mostrar ou ocultar canais RGB de forma individual.

Enable alpha of image (Alpha toggle) – habilita ou não o canal Alpha no painel 2D View.

Switch between grayscale and color (Luminance / Color Toggle) – permite escolher entre visualizar a cor e a luminância (grayscale) no painel 2D View.

Consider image in sRGB color space (sRGB / linear toggle) – permite escolher entre sRGB e Linear Gamma.

Consider image is alpha premultiplied – multiplica o efeito de alpha em 2D View.

Image Information – exibe informações sobre a composição em edição no painel 2D View (como valores para RGBA e valores para XY (posição) e WH (tamanhos).

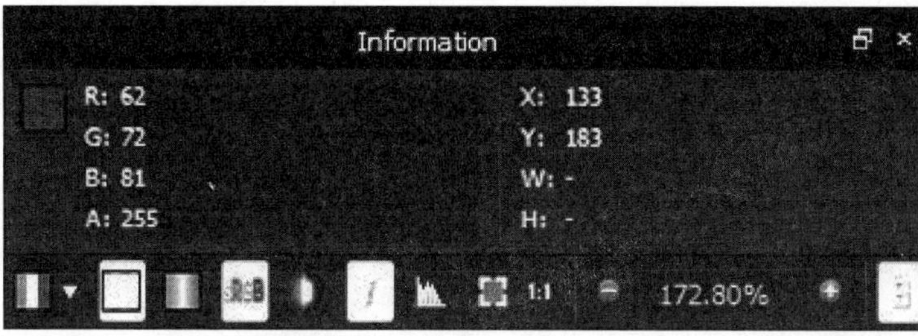

Display histogram – exibe um gráfico em formato de histograma para que se possa manipular a luminância do resultado da composição.

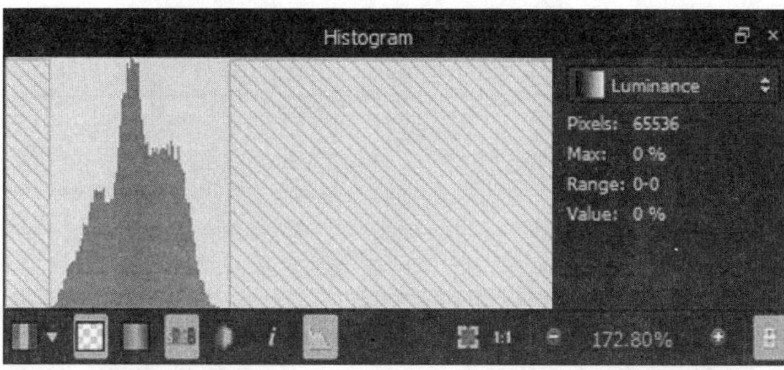

Recursos para Zoom

Frame All – permite enquadrar a composição de 2D View no painel de mesmo nome como um todo.

Zoom 1:1 – limpa a aproximação da composição em edição em 2D View e exibe ao usuário uma aproximação em proporção de 1:1.

Zoom em Porcentagem – a informação de porcentagem de aproximação e os sinais "-" e "+" fazem parte dos recursos de Zoom.

Keep view size (Locker) – bloqueia o tamanho do painel 2D View.

3.2.6 3 D View

O painel 3D View permite visualizar modelos básicos (primitivos) ou personalizados enquanto se criam os gráficos de imagens. Por meio de 3D View se pode visualizar o resultado diretamente nos modelos tridimensionais, devidamente importados para dentro do Substance Designer. A imagem a seguir apresenta a interface do painel 3D View.

Sua interface se divide em Top Toolbar, Left Toolbar e Lower Toolbar. Ao centro, vê-se um tipo de canvas em que o modelo tridimensional é apresentado ao usuário. Os recursos disponíveis neste painel encontram-se descritos a seguir.

Top Toolbar

Geometry – nesta opção, se pode escolher o tipo de geometria a ser visualizada em 3D View. As opções aqui se dividem em:

- Primitive List - Cube, Cylinder, Hollow box, Inner box, Plane, Plane (hi-res), Sphere e agora, por padrão, Rounded Cube.
- Display UVs in 2D View – permite visualizar no painel 2D View o mapeamento do modelo.

Materials – nesta opção, pode-se configurar adequadamente os materiais apresentados nos modelos. As opções aqui se dividem em:

- Default – os materiais padrões são listados. Dentro pode ser escolhido ainda Edit (para editar os parâmetros do material via painel Parameters), Shader [para escolher um tipo de shader (comportamento de material)], Channels (para escolher qual canal exibir) e Reset (para zerar tudo).
- Add – permite adicionar um material ao objeto.
- Remove All – remove todos os materiais do objeto.
- Rebuild All – reconstrói os materiais do objeto.

Scene – aqui se pode configurar a cena em exibição em 3D View. As opções disponíveis constam de:

- Edit – permite editar a cena por meio de parâmetros apresentados no painel Parameters.
- Reset All – limpa todas as configurações de cena.
- Reset Lights – limpa todas as configurações de luzes da cena.
- Reset Environment – limpa as configurações de fundo da cena.
- Load State – carrega um estado da cena para uso posterior.
- Save State – salva um estado de cena para uso porterior.

View – pode-se configurar a visualização de cena. As opções disponíveis aqui são:

- Save image – salva um arquivo de imagem do 3D View.
- Copy image to clipboard – armazena na memória uma cópia instantânea do que é visto em 3D View.
- Views – permite escolher algumas vistas nas quais trabalhar o modelo (Perspective, Front, Right, Back, left, Top ou Bottom) ou ainda Orthographic Mode.
- Reset – limpa as visualizações.
- Focus – aplica um foco no que é visto por 3D View.

Display – esta opção configura a forma como são mostrados os objetos em cena. As opções disponíveis aqui são:

- Wireframe – permite visualizar o modelo em modo Wireframe (aramado).
- Grid – permite ligar e desligar o grid (tela) de fundo na cena.
- Axis – permite exibir o gizmo do universo 3D de 3D View.
- Light – permite ligar ou não as luzes da cena para identificar sua posição.
- Bounding Box – exibe uma moldura em torno do modelo.

Left Toolbar

Position – define a posição do painel 3D View.

Camera – configura e manipula o que a câmera captura em 3D View e mostra ao usuário. Para controlar a câmera, clique com o botão direito do mouse sobre a cena e arraste o mouse, vendo-a mudar seu foco. O botão do meio do mouse, ou Scrolling, quando pressionado, funciona como Panning. O Scrolling do mouse funciona como Zoom in/out.

Light - configura e manipula a luz em cena de 3D View. Para interagir com ela, pressione e mantenha pressionada a tecla ALT enquanto clica com o botão esquerdo do mouse e arrasta o cursor. Para mudar a posição da luz, pressione e mantenha pressionada a tecla SHIFT enquanto clica e arrasta o botão esquerdo do mouse.

Lower Toolbar

Scene Browser – permite verificar o conteúdo de cena apresentada em 3D View. Pelo Scene Browser é possível modificar cada material de cada parte do modelo em edição.

Scene Options – permite editar a cena por meio de parâmetros apresentados no painel Parameters.

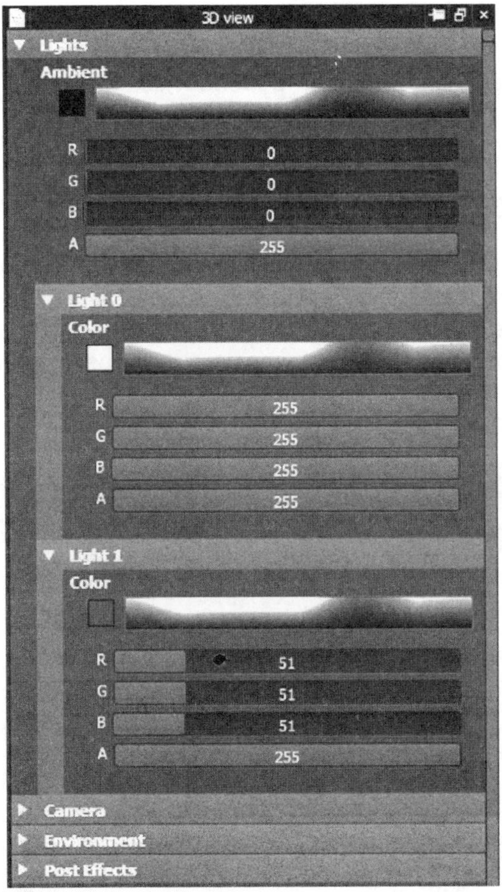

Em configurações pode-se criar uma melhor ambientação para a apresentação de modelos mais bem acabados.

3.2.6.1 GLSLFX Shaders

Os materiais são baseados em comportamentos de shaders. O Substance Designer utiliza um sistema como o GLSLFX Shaders, que pode ter seu comportamento editado fora do Substance Designer por meio de códigos de programação, assunto não coberto no escopo deste livro.

3.2.6.2 Pós-processamento

O Substance Designer inclui em sua instalação o sistema de pós-processamento de imagens definido por Yebis 2 da Silicom Studio, tendo excelentes recursos de efeitos como Anti-Aliasing, Glare, Flare, Depht of Field, etc, feitos exclusivamente para o desenvolvimento de imagens estáticas bem elaboradas dentro do Substance Designer. O recurso de Yebis 2 já vem habilitado na instalação padrão, podendo ser desligado ou ligado nas configurações de Scene do painel 3D View.

3.3 Atalhos de Teclado

Como todo software, o Substance Designer possui atalhos de teclado que podem se mostrar bastante úteis para agilizar o trabalho com ele. Seus atalhos são apresentados ao longo de sua interface e são reforçados nesta seção do livro. Os atalhos são divididos conforme apresentados a seguir.

Atalhos Globais

Ação	Atalho de Windows	Atalho de Mac OSX
New Substance	CTRL + N	CMD + N
Load Substance	CTRL + O	CMD + O
Quit	CTRL + F4	CMD + Q
Save	CTRL + S	CMD + S
Undo	CTRL + Z	CMD + Z
Redo	CTRL + Y	CMD + Y SHIFT + CMD + Z

Referem-se a ações de nível global no sistema, facilitando o gerenciamento e o controle de interface.

Atalhos de Gráficos

Atalhos para Cenas

Ação	Atalho de Windows	Atalho de Mac OSX
Zoom	MW ALT + RMB + Mover Up/Down	MW ALT + RMB + Mover Up/Down
Fast Zoom	SHIFT + MW SHIFT + ALT + RMB + Mover Up/Down	SHIFT + MW SHIFT + ALT + RMB + Mover Up/Down
Pan	MMB + Mover CTRL + RMB + Mover	MMB + Mover CMD+ RMB + Mover
Reset Zom	Z	Z
Enquadramento	F	F
Paste	CTRL + V	CMD + V
Menu de Contexto	RMB	RMB
Filter Menu	Barra de Espaços	Barra de Espaços

Aqui centralizam-se os atalhos referentes às cenas dentro do software.

Link Creation Mode

Ação	Atalho de Windows	Atalho de Mac OSX
Standard	1	1
Material	2	2
Compact Material	3	3

Aqui concentram-se os atalhos referentes ao método de criação de ligações entre materiais dentro do Substance Designer.

Atalhos de Seleção

Ação	Atalho de Windows	Atalho de Mac OSX
Copiar	CTRL + C	CMD + C
Duplicar Seleção	SHIFT + CTRL + D	SHIFT + CMD + D
Duplicar sem links	CTRL + F4	CMD + Q
Deletar Seleção	Delete	Delete
Deletar sem manter links	Backspace	Backspace
Dock/Undock Nodos	D	D

Aqui localizam-se os atalhos utilizados para seleção dentro da interface.

Atalhos para 2D View

Ação	Atalho de Windows	Atalho de Mac OSX
Zoom	MW ALT + RMB + Mover Up/Down	MW ALT + RMB + Mover Up/Down
Fast Zoom	SHIFT + MW	SHIFT + MW SHIFT + ALT + RMB + Mover Up/Down
Pan	MMB + Mover CTRL + RMB + Mover	MMB + Mover CMD+ RMB + Mover
Reset Zom	Z	Z
Enquadramento	F	F

Aqui concentram-se os atalhos para visualização da interface bidimensional do software.

Atalhos para 3D View

Ação	Atalho de Windows	Atalho de Mac OSX
Pan	MMB + Mover CTRL + RMB + Mover	MMB + Mover CMD+ RMB + Mover
Zoom	MW ALT + RMB + Mover Up/Down	MW ALT + RMB + Mover Up/Down
Rotate	ALT + MMB + Mover ALT + LMB + Mover	ALT + MMB + Mover ALT + LMB + Mover
Zoom Light	SHIFT + RMB + Mover Up/Down	SHIFT + RMB + Mover Up/Down
Rotate Light	SHIFT + LMB + Mover	SHIFT + LMB + Mover

Aqui concentram-se os atalhos para visuzaliação da interface tridimensional do software.

3.4 Bitmap Painting Editor

Nesta seção, são apresentados os recursos para o Painting Editor. Este editor permite a edição de arquivos de imagem do tipo Bitmap, com algumas limitações, discutidas a seguir.

3.4.1 Sobre o Bitmap Painting Editor

O Bitmap Painting Editor dispõe de recursos básicos de edição de imagens, não sendo o Substance Designer um software específico para pintura de imagens por meio de pincéis (neste caso, aconselha-se o uso de outro aplicativo da Allegorithmic, chamado de Substance Painter, não coberto no escopo de livro). No Bitmap Painting Editor, há alguns recursos que podem ajudar na edição de imagens, tais como o acesso a pincéis personalizáveis, suporte a pressão de caneta ótica e um conjunto básico de ferramentas manipuladoras de imagens. Segundo o arquivo de ajuda online de Substance Designer, é possível pintar em arquivos de imagens importados ou ligados (linked).

3.4.2 Criando Arquivo de Imagens

Para criar arquivos em que se possa utilizar o Bitmap Painting Editor, proceda do seguinte modo:

01 – Clica-se com o botão direito sobre uma área vazia no painel Graph View e escolha Add node > Bitmap, ou, alternativamente, pressione a barra de espaços e escolha Bitmap. Em qualquer um dos casos, o sistema solicitará que o usuário escolha a forma de criação do Bitmap:

- From New Resource – para criar um arquivo de imagem vazio;
- From File – para iniciar a criação a partir de um arquivo de imagem existente no computador.

02 - Escolha From New Resource, o que fará com que uma janela de configuração seja mostrada. Defina um nome e um tamanho de arquivo conforme a figura a seguir mostra. Defina também as dimensões e a cor de fundo do arquivo de imagem, embora, por padrão, o sistema aplique transparência ao fundo da imagem (podendo ser alterado pela opção “Enable alpha in image” na Lower Toolbar do painel 2D View).

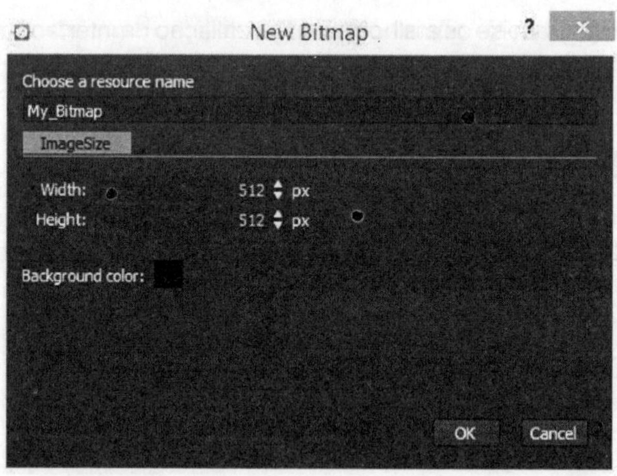

03 – Caso escolha From File, deve-se escolher entre Link ou Import para este.

04 – Link VS Import – Segundo o arquivo de ajuda online do Substance Designer, para que seja editável pelo Bitmap Paint

Editor, todo arquivo de imagem importado como um resource deve ser tratado como um elemento importado, não ligado (linked).

05 – O sistema apresentará a interface do Bitmap Painting Editor em 2D View.

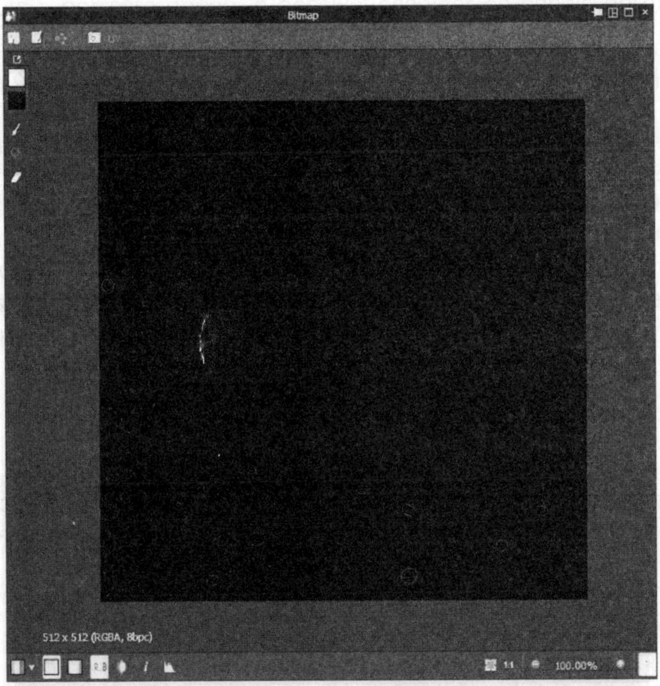

Sua interface será discutida ainda neste capítulo.

3.4.3 Tamanho de Arquivos

Para propiciar boa performance de processamento de imagens dentro do Substance Designer, ele foi projetado para melhor trabalhar com arquivos em potência de dois ("power-of-two") para seu dimensionamento. Por exemplo,

256 x 256 pixeis

512 x 1024 pixeis

256 x 2048 pixeis

Esta relação é muito importante para manter o bom redimensionamento de arquivos quando necessário, devendo ser respeitado. O Substance Designer pode processar as ações descritas a seguir:

Resize – esta opção redimensiona os arquivos em sua altura e largura de forma concomitante, mantendo a relação de proporção do arquivo (Aspect Ratio).

Fit Large Side – esta opção seleciona o lado maior do arquivo para determinar o tamanho em dimensões da imagem resultante. Por exemplo, se o arquivo original tem 500 pixels, este será redimensionado para 512 pixels.

Fit Small Side – esta opção é similar a Fit Large Side, porém ela seleciona o lado menor do arquivo para determinar o tamanho em dimensões da imagem resultante. Por exemplo, se o arquivo original tem 200 x 400 pixels, este será redimensionado para 256 x 256 pixels.

Original Size – esta opção não aplica redimensionamento no arquivo de imagem.

3.4.4 Interface de Bitmap Painting Editor

Neste ponto, é apresentada a interface de Bitmap Painting Editor, a qual é acessível pelo painel 2D View. A figura a seguir apresenta sua interface.

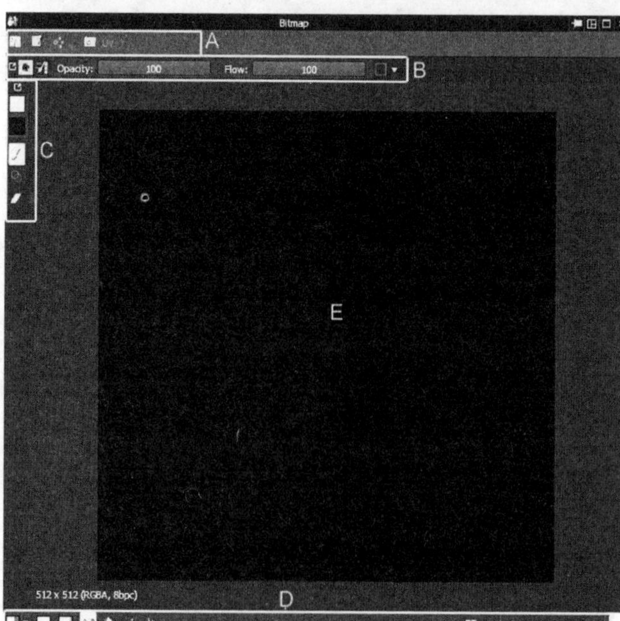

A interface que se apresenta é aproveitada de 2D View, mas quando se cria um arquivo de Bitmap por From New Resource (com a opção de Import), então o sistema entende que será criado o arquivo de textura do zero, liberando os recursos do editor de Bitmap.

Os recursos são divididos em:

Top Toolbar (A) – aqui apresentam-se os mesmos recursos já descritos em 2D View.

Barra de Opções (B) – esta barra é acionada conforme a ferramenta selecionada, ou seja, seus recursos apresentados são dependentes das opções selecionadas em Main Toolbar. As opções desta barra serão discutidas mais adiante neste capítulo.

Main Toolbar (C) - aqui apresentam-se novos recursos específicos para a interface do Editor de Bitmap. Esta Main Toolbar apresenta-se na lateral do painel 2D View. As opções para esta Main Toolbar são:

- Ink Color – permite ao usuário escolher uma cor primária para o trabalho de criação de arquivos de Bitmap (para alternar entre Ink e Secondary Color, utilizando o atalho "SHIFT + X").

- Secondary Color – permite ao usuário escolher a cor secundária para o trabalho.

- Brush (B) – por esta opção, é possível ter acesso aos pincéis do sistema, podendo configurar seu tamanho (Size), sua suavidade (Hardness) e tipo de aplicação de ponteira.

- Stamp (T) – por esta opção, é possível ter acesso às ações de carimbo do sistema, onde pode-se configurar o tamanho do pincel (Size), sua suavidade (Hardness) e tipo de aplicação da ponteira. Pressione a tecla ALT do teclado para fazer uso desta ferramenta.

- Eraser (E) – por esta opção, se acessa a borracha do sistema para apagar partes indesejadas, podendo configurar o tamanho do da ponteira (Size), sua suavidade (Hardness) e tipo de aplicação.

Lower Toolbar (D) – aqui apresentam-se os mesmos recursos já descritos em 2D View.

Canvas (E) – área central de trabalho e criação de arquivo de Bitmap.

3.4.5 Brushes

Uma das grandes vantagens do uso de Brushes (pincés), refere-se ao fato de que eles facilitam e agilizam o trabalho. Para que deles se possa extrair a máxima eficiência, o usuário deve personalizar os pincéis conforme sua necessidade. O Substance Designer permite configurar pincéis de forma personalizada neste sentido, como forma de melhorar o fluxo de trabalho de criação de arquivos de texturas. As opções de acionamentos dos Brushes disponíveis na Barra de opções de Bitmap Painting Editor são:

Brush selection – permite selecionar um pincel pronto;

Brush editor – permite personalizar um pincel conforme as necessidades do usuário;

Opacity – define o nível de transparência ou não de uma aplicação.

Flow – define a forma de aplicação do recurso no Canvas (mais eficiente ou menos eficiente).

Tilling Mode – permite adicionar uma repetição de ação em eixos direcionais pré-definidos:

- Tilling x and y – repetição nos eixos x e y.
- Tilling x – repetição apenas no eixo x.
- Tilling y – repetição apenas no eixo y.
- No Tilling – sem repetições.

3.4.5.1 Trabalhando com os Brushes

Em primeira instância, é possível selecionar um Brush (pincel) pronto para uso no ícone “Brush selection”, disponível quando se aciona o recurso Brush (B) na Main Toolbar. Uma vez habilitada a interface que permite selecionar o pincel, ela se apresenta do seguinte modo:

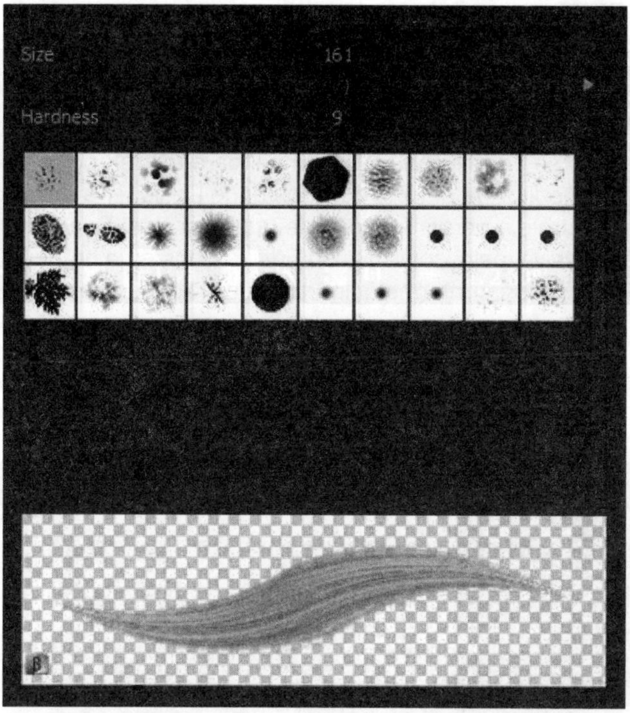

Size – permite configurar o tamanho do pincel;

Hardness – define o nível de dureza do pincel por meio de seu tamanho e opacidade;

Triangle Icon – permite realizar ações com relação a biblioteca de pincéis:

- Export Library – exporta a biblioteca atual para uso em outro computador;

- Import Library – importa uma nova biblioteca;

- Reset Library – limpa a biblioteca atual;

- Replace Library – repõe uma nova biblioteca na biblioteca atual.

Brush Selection – pode-se escolher o tipo de ponteira pelos ícones de pincéis disponibilizados pelo sistema, sendo que o usuário pode criar seus próprios pincéis.

Select Background Color – permite selecionar uma cor de aplicação ao pincel.

3.4.5.1.2 Editor de Brushes

Assim como se pode escolher um pincel para utilizar, pode-se criar o seu próprio pincel. O editor de pincéis do Substance Designer é muito completo e oferece total controle à personalização de qualquer tipo. Sua interface editora de pincéis é acessível pelo icone "Brush Editor" constante na Barra de opções de Bitmap Paint Editor, conforme a figura a seguir apresenta.

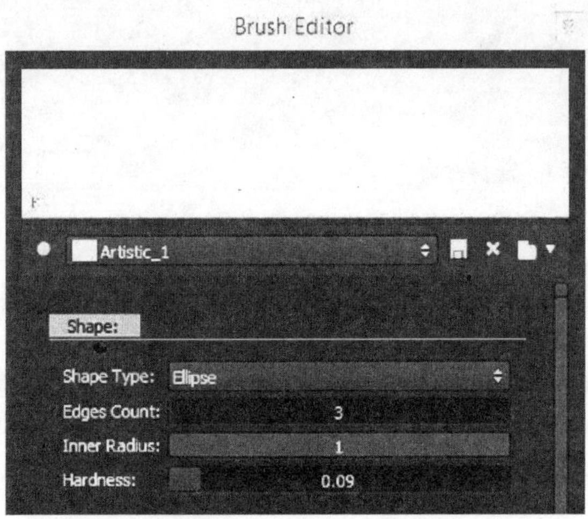

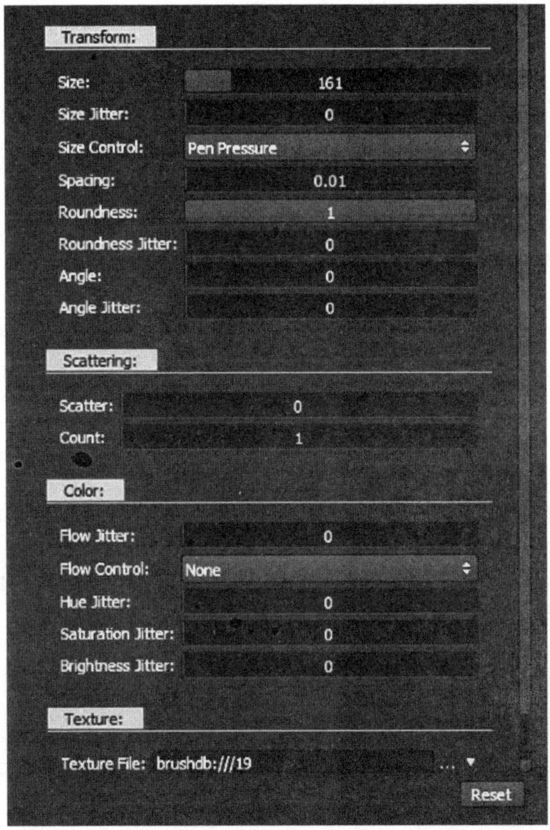

Sua interface é composta dos seguintes itens, descritos a seguir.

Amostra de Brush – uma imagem que apresenta o pincel e seu efeito.

Select Background Color – permite selecionar uma cor de aplicação ao pincel.

Add a new brush (+) – pode-se adicionar um novo pincel à biblioteca.

Brushes – por meio de um menu Drop down, é possível selecionar qualquer pincel existente de alguma biblioteca para manipular, criando um pincel personalizado a partir de um já existente.

Update selected brush – salva a edição feita no pincel.

Delete selected brush – deleta o pincel.

Brush Library - esta opção permite realizar ações com relação à biblioteca de pincéis:

- Export Library – exporta a biblioteca atual para uso em outro computador.
- Import Library – importa uma nova biblioteca.
- Reset Library – limpa a biblioteca atual.
- Replace Library – repõe uma nova biblioteca na biblioteca atual.

Shape

Neste grupo de opções, é definido o formato do pincel e sua aparência de silhueta.

Shape Type – define-se a silhueta do pincel (Ellipse, Rectangle ou Polygon).

Edges Count – para superfícies do tipo Polygon, esta opção define o número de lados do polígono.

Inner Radius – define o tamanho do pincel.

Hardness – define ao mesmo tempo o tamanho e opacidade do pincel, sendo que, para valores mais altos, este se apresenta mais opaco.

Transform

Este grupo de opções define o comportamento do pincel quando toca a superfície do canvas.

Size – define o tamanho de aplicação no canvas por parte do pincel.

Size Jitter – define o comportamento do toque no canvas.

Size Control – define a sensibilidade da pressão da caneta ótica. O controle é feito pelas opções None ou Pen pressure.

Spacing – define o espacejamento entre um toque e outro no canvas.

Roundness – detemina se o pincel terá arredondamentos.

Roundness Jitter – determina o comportamento dos arredondamentos quando o pincel toca no canvas.

Angle – define o ângulo de aplicação do pincel.

Angle Jitter – define o ângulo de aplicação quando toca o canvas.

Scattering

Este grupo de opções define parâmetros de distribuição de efeito por sobre o canvas.

Scatter – define a frequência do efeito no canvas.

Count – define a quantidade de frequência aplicada no canvas.

Color

Este grupo de opções define os parâmetros de cor do pincel.

Flow Jitter – define o comportamento de aplicação de cor no canvas.

Flow Control – permite definir o tipo de controle sobre a aplicação de cor no canvas. O controle é feito pelas opções None ou Pen pressure.

Hue Jitter – controla as informações de cor do pincel.

Saturation Jitter – controla a saturação de cor do pincel.

Brightness Jitter – controla o brilho do pincel.

Texture

Neste grupo de opções, é possível selecionar um arquivo de textura para aplicar junto ao pincel, como um arquivo de imagem Bitmap, por exemplo.

Texture File – por esta opção pode-se carregar diferentes arquivos de imagens, tendo como opções disponíveis Clear (para limpar a indicação atual de arquivo), From Resource (para arquivos utilizados dentro do Substance Designer) e From File (para arquivos salvos no computador).

3.4.6 Stamp

As opções de Stamp (carimbo) são bastante úteis quando se quer reaplicar algum efeito por sobre uma superfície. As opções que se apresentam para o carimbo são apresentadas na figura a seguir.

Brush selection – permite selecionar um pincel pronto.

Brush editor – permite personalizar um pincel conforme as necessidades do usuário (as opções de personalização de Brushes foram descritas anteriormente).

Opacity – define o nível de transparência ou não de uma aplicação de pincel.

Flow – define a forma de aplicação do recurso no Canvas (mais eficiente ou menos eficiente).

Tilling Mode – permite adicionar uma repetição de ação em eixos direcionais pré-definidos:

- Tilling x and y – repetição nos eixos x e y.
- Tilling x – repetição apenas no eixo x.
- Tilling y – repetição apenas no eixo y.
- No Tilling – sem repetições.

Alignment – permite gerar alinhamentos na aplicação do carimbo, apresentando os seguintes recursos adicionais:

- Alignet – causa o alinhamento de aplicação do carimbo com relação ao ponto de partida.
- Not alignet – o alinhamento do carimbo se estrutura em cada toque no Canvas.

Stamp Source – aqui são disponibilizadas configurações específicas para o recurso de carimbo.

- Stamp edited image – a edição feita com esta opção adicionará ao carimbo dados já coletados;
- Stamp displayed image – força o sistema a utilizar amostras da imagem apenas da última vez que o usuário solicitar ao sistema, sendo que as informações não se acumulam a cada toque no Canvas para capturar uma amostra.

3.4.7 Erase

A ferramenta Erase (borracha) é importante para eliminar os artefatos indesejados, criados durante a produção das texturas dentro do sistema. As opções que se apresentam para a borracha são apresentadas na figura a seguir.

Brush selection – permite selecionar um pincel pronto.

Brush editor – permite personalizar um pincel conforme as necessidades do usuário (as opções de personalização de Brushes foram descritas anteriormente).

Opacity – define o nível de transparência ou não de uma aplicação.

Flow – define a forma de aplicação do recurso no Canvas (mais eficiente ou menos eficiente).

Tilling Mode – permite adicionar uma repetição de ação em eixos direcionais pré-definidos:

- Tilling x and y – repetição nos eixos x e y.
- Tilling x – repetição apenas no eixo x.
- Tilling y – repetição apenas no eixo y.
- No Tilling – sem repetições.

3.5 Vector Graphic Editor

Como dito anteriormente, o Substance Designer oferece suporte a gráficos de vetor salvos em formato "*.SVG". Atualmente, o sistema oferece suporte além da criação de gráficos em vetor: o carregamento de vetores construídos em softwares externos, como Adobe Illustrator, por exemplo. Segundo o arquivo de ajuda online do Substance Designer, textos e objetos primitivos salvos em formato de vetores não são suportados, a menos que se esteja utilizando o Adobe Illustrator devendo-se habilitar a opção Convert to Outline quando for feita a exportação de gráficos para serem utilizados no Substance Designer.

As principais utilizações do Editor SVG ficam por conta da criação de máscaras, e, para a criação de um novo arquivo de imagem SVG, deve-se criar um Nodo do tipo SVG:

01 – Clica-se com o botão direito em uma área vazia de Graph View.

02 – Escolhe-se a opção Add node, indo até SVG (escolhe-se entre From New resource ou From File) Ou pressiona-se a barra de espaços e escolhe-se SVG (escolhendo entre From New resource ou From File).

03 – Para adicionar um vetor externo, este deve obrigatoriamente estar em formato "*.SVG". Para acessar as ferramentas de edição de vetores de Vector Graphic Editor, deve-se escolher a opção Import.

04 – Para editar o arquivo de imagem SVG, aplicam-se dois cliques com o botão esquerdo do mouse sobre o Nodo SVG, a qual o Editor SVG é visualizado no painel 2D View.

A interface de 2D View já foi apresentada anteriormente, mas aqui apenas se recapitulam alguns recursos, dando ênfase aos recursos do Editor SVG. A imagem a seguir mostra a interface do Editor SVG.

A seguir, os principais recursos são descritos.

Top Toolbar (A) – aqui apresentam-se os mesmos recursos já descritos em 2D View.

Barra de Opções (B) – é acionada conforme a ferramenta selecionada, ou seja, seus recursos apresentados são dependentes das opções selecionadas em Main Toolbar.

Main Toolbar (C) - aqui apresentam-se novos recursos específicos para a interface do Editor SVG. Esta Main Toolbar apresenta-se na lateral do painel 2D View.

Lower Toolbar (D) - aqui apresentam-se os mesmos recursos já descritos em 2D View.

Canvas (E) – esta é a área central de trabalho e criação de arquivo de imagem do tipo SVG.

As opções para Main Toolbar (C) são:

- Ink Color – permite ao usuário escolher uma cor primária para o trabalho de criação de arquivos de Bitmap (para alternar entre Ink e Secondary Color, utilize o atalho "SHIFT + X").

- Secondary Color – permite ao usuário escolher a cor secundária para o trabalho.

- Transformation Tool (V) – permite editar as formas de vetores (é possível mudar a posição, girar e escalar de modo livre ou proporcional todo e qualquer objeto do tipo vetor com a tecla SHIFT pressionada).

- Node Tool (A) – permite editar os nós das formas de vetores. Com a tecla CTRL pressionada, é possível deletar nós das formas vetoriais, ao passo que, também com a tecla CTRL pressionada, mas clicando em um segmento de reta entre dois nós, é possível adicionar mais nós. Na criação de formas com a ferramenta Pen (P), é possível editar os nós por meio de alças de Bezier, alternando entre ambas as alças dos nós, ou somente um lado (com a tecla ALT pressionada neste caso).

- Shapes Tool (M) – permite criar formas geométricas, habilitando na Barra de Opções (B) as formas que podem ser criadas (Rectangle, Elipse, Rounded Rectangle e Polygon Tool).

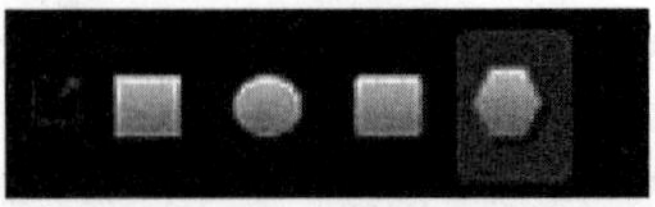

- Pen (P) – é possível desenhar formas vetorias de duas maneiras: Freehand (basta clicar e arrastar o mouse para desenhar qualquer forma vetorial com a quantidade de nós necessários decidida pelo sistema) e Path (cria-se formas vetoriais com cliques em locais estratégicos, surgindo então alças de bezier).

- Extrude Tool (E) – permite desenhar livremente formas vetoriais, sendo que suas opções surgem na Barra de Opções (B) e constam de: Size (para definir o tamanho do pincel), Smoothness (para definir o quão suave é o toque no canvas), Freeform extrude tool (que define uma criação livre), Polygon extrude tool (que define uma criação polygonal). Ao lado são dispostas as opções de mescla entre formas ("Don't merge" para não mesclar, "Unity" para mesclar, "Subtract" para subtrair partes entre formas e "Intersect" para permitir apenas a intersecção de partes de formas.

A seguir, mais itens desta interface são apresentados.

Seletor de Cores

Para abrir a caixa seletora de cores, basta dois cliques em qualquer forma de vetor criada em 2D View.

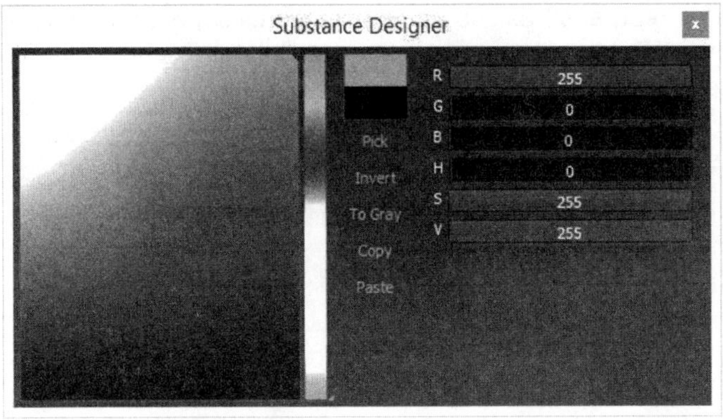

Por esta caixa de diálogo, é possível escolher o padrão de cor em formato RGB ou HSV, bem como escolher a cor pelo gráfico de cores ao lado.

Menu de Contexto

O Menu de Contexto é acionado clicando com o botão direito sobre o Editor SVG, no qual as opções que surgem são apresentadas a seguir.

Copy Selection (CTRL + C) – para copiar uma seleção feita.

Cut Selection (CTRL + X) – para recortar uma seleção feita.

Paste (CTRL + V) – para colar em algum local uma cópia feita anteriormente.

Paste in Place (CTRL + SHIFT + V) – para colar um elemento gráfico no mesmo local de cópia.

Delete Selection (Del) – deleta uma seleção feita.

Bring to Front (Home) – passa uma seleção gráfica para frente.

Bring to Forward (PgUp) – passa uma seleção gráfica para cima.

Send Backward (PgDown) – passa uma seleção gráfica para baixo.

Send to Back (End) – passa uma seleção gráfica para trás.

Copy Selection to New SVG – realiza uma cópia de um gráfico para um novo arquivo de imagem SVG.

Cut Selection to New SVG – realiza um recorte de um gráfico para um novo arquivo de imagem SVG.

Sobre os recursos básicos do Substance Designer, muito ainda se pode explorar, mas deixa-se a cargo do leitor realizar isto. A seguir, mais recursos da interface serão analisados.

CAPÍTULO 4

Nodos, Bakers e a Library

Nesta seção, são apresentadas as questões sobre Nodos e o que são estes recursos. Também são apresentados os Bakers com os quais o sistema trabalha, bem como sua Library (biblioteca) para efeitos em composições gráficas.

4.1 Nodos

Os Nodos são utilizados nas ações de construção dos arquivos de mapas e materiais (materiais referem-se à criação de mapas que permitem simulá-los) dentro do Substance Designer. Eles podem ser acessados pela Barra de Espaços pressionada na interface do programa, ou clicando com o botão direito sobre a mesma, escolhendo Add Node. A figura a seguir apresenta os Nodos disponíveis para Substance Designer.

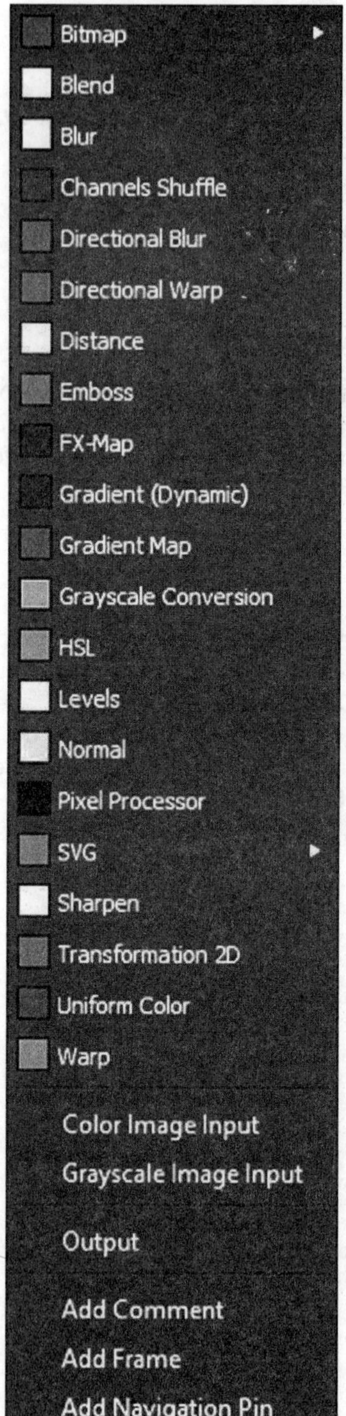
Bitmap
Blend
Blur
Channels Shuffle
Directional Blur
Directional Warp
Distance
Emboss
FX-Map
Gradient (Dynamic)
Gradient Map
Grayscale Conversion
HSL
Levels
Normal
Pixel Processor
SVG
Sharpen
Transformation 2D
Uniform Color
Warp
Color Image Input
Grayscale Image Input
Output
Add Comment
Add Frame
Add Navigation Pin

Os símbolos à esquerda de cada Nodo criado em Graph View, simbolizados por pequenos círculos em amarelo, representam as entradas (Input) de informações para que o Nodo possa computar. Tais entradas podem ser imagens em bitmap, vetores, ou mesmo outros Nodos e efeitos. Os símbolos à direita, também simbolizados por círculos em amarelo, representam as saídas (Output) de informações que o Nodo processa. Sendo que a saída pode ser passada a outros Nodos para tornar o gráfico mais elaborado, ou tão somente podem representar sua saída final.

Para que o sistema mostre informações sobre as entradas (Inputs) ou saídas (Outputs) dos Nodos, e mesmo seus nomes, deve-se acessar o ícone de nome Information na barra de ferramentas de Graph View, escolhendo exibir uma das informações disponíveis:

- Display Connector Name – para que seja exibido o nome do Nodo.

- Display Node Size – para que seja sexibido o tamanho do Nodo.

- Display Timmings – para que seja exibido o tempo de processamento e cada Nodo.

A seguir, os Nodos serão apresentados individualmente e comentados seus principais recursos.

4.1.1 Bitmap

Este Nodo de Input representa a utilização de arquivos de imagens salvas em formato de pixel. Tais imagens podem ser criadas por qualquer software de edição de imagens 2D, como o Adobe Photoshop, por exemplo. Quando se cria um Input de Bitmap, pode-se escolher importar (Import) ou ligar (Link) a imagem ao arquivo de Substance. Para a utilização do arquivo de Substance em diferentes computadores, aconselha-se sempre ligar (Link) as imagens aos arquivos, bem como disponibilizar junto ao arquivo "*.SBS" a pasta Resources com as imagens utilizadas nos gráficos de Substance. É possível converter a saída de imagem do gráfico para tons em grayscale simplesmente selecionando o Nodo Bitmap no painel Graph e marcando False (Falso) em Color Mode do painel Parameters.

Este Nodo não possui parâmetros de entrada, apenas de saída (Output) em cor ou grayscale. Por este Nodo tem-se acesso ao painel Bitmap Painting Editor ao escolher a opção Import e trazer arquivos de imagens externos ao Substance Designer.

Base Parameters

Para este Nodo e seu painel Base Parameters do painel Parameters View, seguem as mesmas explicações apresentadas anteriormente na seção 2.4.2 Parâmetros dos Gráficos.

Specific Parameters

Color Mode – define se a saída será colorida (True) ou em tons de cinza (False).

PKG Resource Path – refere-se ao endereço do pacote de Substance o qual utiliza este Bitmap. Em Display Resource Properties, exibe-se o painel de informações do Bitmap que o usuário pode preencher. Ao clicar neste botão, as opções de propriedades listadas anteriormente se repetem, adicionando aqui os parâmetros Bitmap Quality (para definir a qualidade da imagem) e Bitmap Format (para definir o formato de Bitmap para Raw ou Jpg).

4.1.2 Blend

Este Nodo une dois outros Nodos misturando-os, utilizando parâmetros de mistura de imagens similares a softwares de edição de imagens como o Adobe Photoshop, por exemplo. Suas configurações são acessíveis selecionando o Input Blend, pelo painel Parameters View.

Este Nodo possui como parâmetros de entrada as opções de:

- Foreground (cor ou grayscale) - nesta entrada, define-se a informação primária do processamento do Nodo.

- Background (cor ou grayscale) – aqui, define-se a informação secundária, a qual é apresentada abaixo de Foreground na composição do Nodo.

- Opacity (cor ou grayscale) - usada para aplicar efeito de transparência em Foreground na composição interna do Nodo.

Base Parameters

Seguem as mesmas explicações apresentadas anteriormente na seção 2.4.2 Parâmetros dos Gráficos.

Specific Parameters

Opacity – define a transparência do Nodo Blend.

Alpha Blending – determina como os parâmetros do canal alpha da imagem são usados no Blend.

Blending Mode – aqui se determina o método de mistura de imagens, que pode ser pelo tipo Copy, Add (Linear Dodge), Subtract, Multiply, Add Sub, Max (Lighten), Min (Darken) e Switch.

Cropping Area – aplica um corte de interesse no Bitmap utilizado. Pode-se definir com precisão a área de corte pelos parâmetros Left, Right, Top e Botom.

Cropping Shape – pode-se inserir um vetor para ser utilizado como área de corte no bitmap.

4.1.3 Blur

Este Nodo aplica efeito de borrado nas superfícies de materiais.

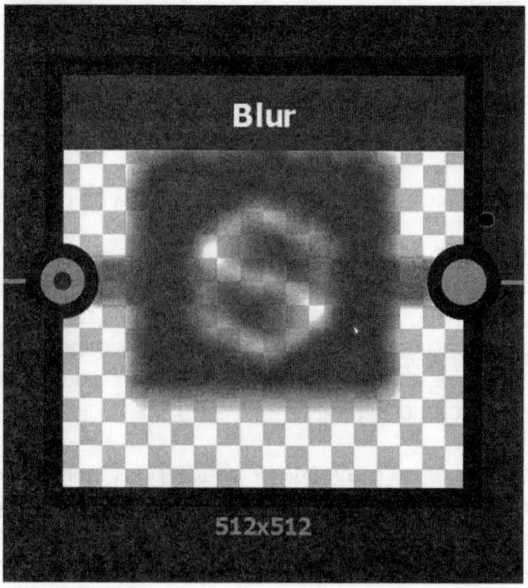

Este Nodo possui Inputs (cor ou grayscale) e Outputs (cor ou grayscale).

Base Parameters

Seguem as mesmas explicações apresentadas anteriormente na seção 2.4.2 Parâmetros dos Gráficos.

Specific Parameters

Intensity – determina a intensidade do efeito de borrado aplicado na composição.

4.1.4 Channels Shuffle

Este nodo utiliza duas imagens considerando-as como entradas e permite que o usuário escolha qual canal de cor e qual forma as duas imagens terão como saída. Lembrando que cada imagem pode ser armazenada em um canal diferenciado.

Este Nodo possui duas entradas (Inputs), sendo que a cada uma delas podem ser atribuídos arquivos ou Nodos em Cor ou Grayscale. Quando ele é selecionado, seus parâmetros se apresentam e é por deles que se podem realizar as modificações nos canais dentro do processamento do nodo.

Base Parameters

Seguem as mesmas explicações apresentadas anteriormente na seção 2.4.2 Parâmetros dos Gráficos.

Specific Parameters

Red Channel – permite alternar o conteúdo de Red Channel Output.

Green Channel – permite alternar o conteúdo de Green Channel Output.

Blue Channel – permite alternar o conteúdo de Blue Channel Output.

Alpha Channel – permite alternar o conteúdo de Alpha Channel Output.

4.1.5 Directional Warp

Este Nodo utiliza duas entradas, sendo uma a imagem primária (Color ou Grayscale) e outra a secundária (Grayscale). A imagem secundária define onde e o quanto de distorção a imagem resultante sofrerá.

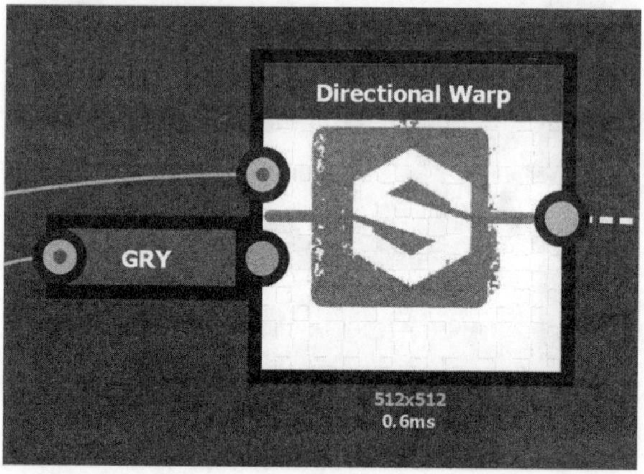

Este Nodo possui duas entradas (Inputs), sendo a primeira destinada a aceitar Cor ou Grayscale e a segunda, além de aceitar Cor ou Grayscale, serve para definir a intensidade (Intensity Input) do efeito computado dentro do Nodo. Como saída, ele oferece um Output que trabalha com Cor ou Grayscale.

Base Parameters

Seguem as mesmas explicações apresentadas anteriormente na seção 2.4.2 Parâmetros dos Gráficos.

Specific Parameters

Intensity – define a intensidade do efeito.

Warp Angle – define o ângulo do efeito, podendo ser ajustado pelo slider ou pelo disco de ângulos.

4.1.6 Directional Blur

Aplica um efeito de borrado com direcionamento na imagem.

Este Nodo permite um Input que atua com Cor ou Grayscale, e seu Output pode ser ambas.

Base Parameters

Seguem as mesmas explicações apresentadas anteriormente na seção 2.4.2 Parâmetros dos Gráficos.

Specific Parameters

Intensity – define a intensidade do efeito.

Warp Angle – define o ângulo do efeito, podendo ser ajustado pelo slider ou pelo disco de ângulos.

4.1.7 Distance

Este Nodo calcula uma distância baseada nas informações dos pixeis na cor branca de uma máscara ou copia a posição da imagem de entrada. Foi adicionado no Substance Designer 5, não sendo compatível com versões anteriores.

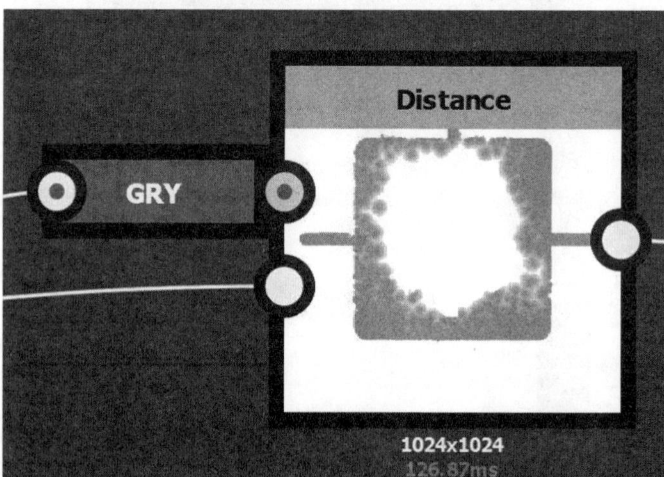

Este Nodo possui duas entradas de Input:

- Mask Input – atribui-se a máscara a ser processada pelo algoritmo do Nodo.

- Source Input – atribui-se uma imagem a ser processada pelo algoritimo do Nodo.

E como saída, ele fornece um Output que processa imagens com Cor ou Grayscale.

Base Parameters

Seguem as mesmas explicações apresentadas anteriormente na seção 2.4.2 Parâmetros dos Gráficos.

Specific Parameters

Color Mode – permite alterar entre os modos Color e Grayscale para a composição.

Maximum Distance – determina a distância máxima do efeito.

Combine Source Distance – permite combinar a imagem de entrada com a máscara (Combine), ou forçar com que somente a imagem de entrada atue (Only Source).

4.1.8 Emboss

Este Nodo utiliza duas imagens para realizar a composição, sendo que, para aplicar o efeito e forçar o deslocamento, ele utiliza o campo de imagem secundário Grayscale (Gradient Input).

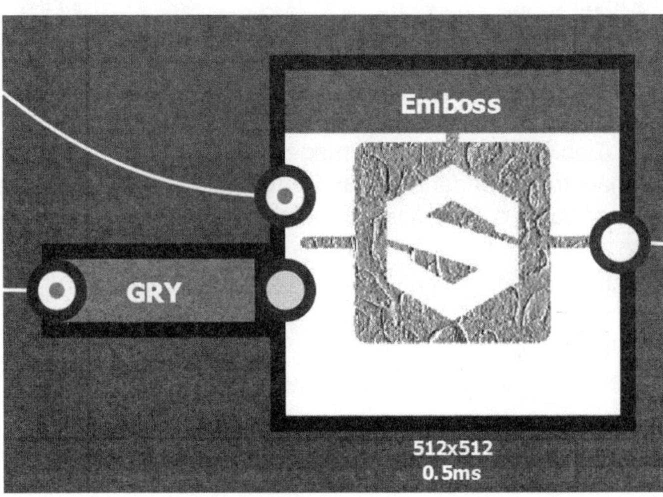

Este Nodo possui dois Inputs atuantes:

- Input (Cor ou Grayscale) – define a imagem principal a ser processada pelo Nodo.

- Input Intensity (Grayscale) – define a intensidade do efeito na imagem processada.

Fornece arquivos em Cor ou Grayscale como Output.

Base Parameters

Seguem as mesmas explicações apresentadas anteriormente na seção 2.4.2 Parâmetros dos Gráficos.

Specific Parameters

Intensity – define a intensidade do efeito.

Warp Angle – define o ângulo do efeito, podendo ser ajustado pelo slider ou pelo disco de ângulos.

Highlight Color – define a cor de brilho do material.

Shadow Color - define a cor de sombra do material.

4.1.9 FX-Map

São usados como Nodo de entrada ou de processamento de dados, sendo bastante úteis para criar ruídos ou padrões procedurais em materiais. O Input primário (Background) define a imagem de Background para a saída do material. A imagem secundária (Input Pattern) pode ser usada para gerar padronagens por sobre a superfície do material.

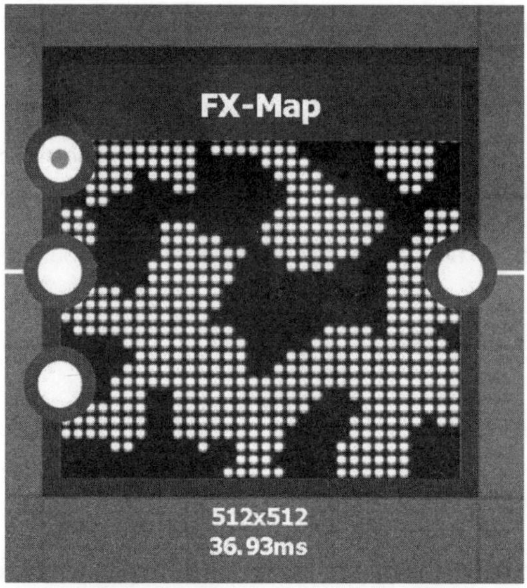

Este Nodo possui os seguintes Inputs:

- Background (Cor ou Grayscale) – campo para se adicionar a imagem que fica de fundo na composição.

- Input Image (Cor ou Grayscale) – imagem a ser trabalhada na composição.

Como Output, ele fornece saídas de Cor ou Grayscale para a composição.

Base Parameters

Seguem as mesmas explicações apresentadas anteriormente na seção 2.4.2 Parâmetros dos Gráficos.

Specific Parameters

Color Mode – define se a saída será colorida (True) ou em tons de cinza (False).

Background – adiciona uma informação extra de cor ou tons de cinza no Input do nodo.

Render Region – define uma região de apresentação do Nodo (Left, Right, Top e Bottom).

Tiling Region – define uma repetição de apresentação do Nodo (Left, Right, Top e Bottom).

Roughness – define um valor de rugosidade ao material, em uma relação de profundidade e opacidade do parâmetro, aplicando um distanciamento (Bias) da mistura do nodo.

Global Opacity – aplica efeito de transparência global ao material.

4.1.10 Gradient Map

Este Nodo utiliza um arquivo em tons de cinza (Grayscale) no Input de imagens e usa um mapa de gradiente para remapear a superfície e alterar o comportamento de cor do material.

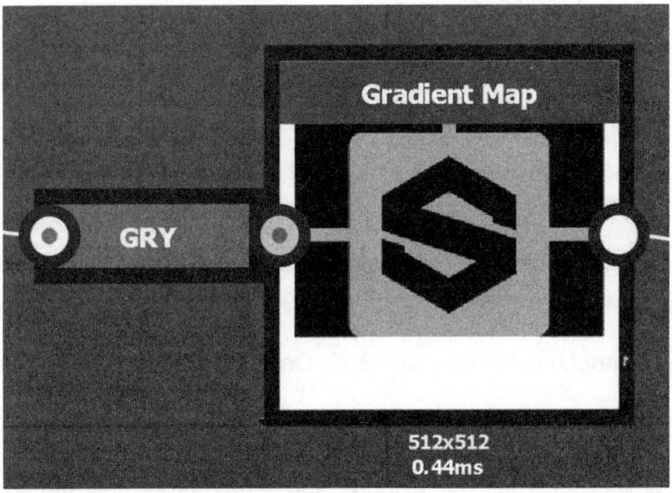

Este Nodo possui um Input que aceita arquivos em Grayscale e uma saída que fornece arquivos em Cor ou Grayscale.

Base Parameters

Seguem as mesmas explicações apresentadas anteriormente na seção 2.4.2 Parâmetros dos Gráficos.

Specific Parameters

Gradient – aplica um efeito de gradiente sobre a superfície do material. Clicando em Gradient Editor, abre-se uma nova janela com mais opções para o efeito de Gradient, conforme a figura a seguir mostra.

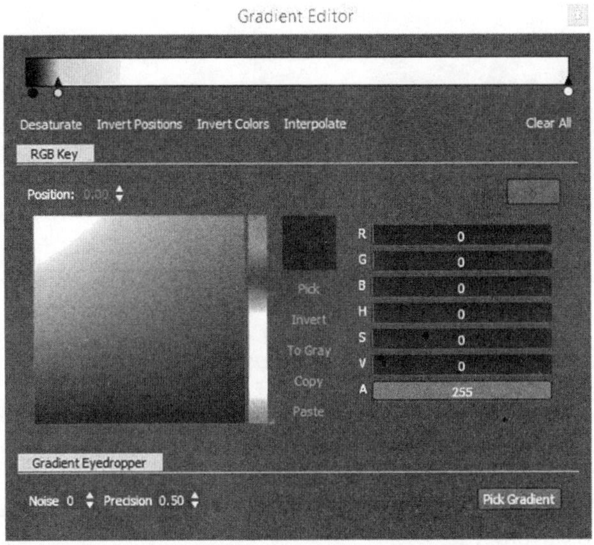

Por esta caixa seletora, pode-se atribuir qualquer padrão cromático para a composição.

4.1.11 Gradient (Dynamic)

Este Nodo permite a inserção de uma transformação do Input em formato de gradiente, sendo mais efetivo quando se precisa de um efeito de repetição. Este Nodo foi adicionado no Substance Designer 5 e não é compatível com versões anteriores.

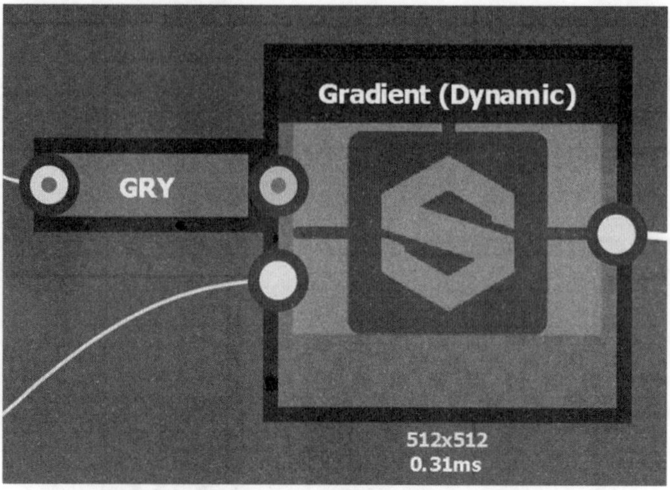

Este nodo possui dois Inputs, definidos por:

- Grayscale Input (Grayscale) – define a imagem em tons de cinza que atua na composição, recebendo o efeito.

- Gradient Input (Cor ou Grayscale) – aplica o efeito de degradê efetivamente.

Como Output, têm-se arquivos em cores.

Base Parameters

Seguem as mesmas explicações apresentadas anteriormente na seção 2.4.2 Parâmetros dos Gráficos.

Specific Parameters

Gradient Orientation – define a orientação do efeito de degradê (Horizontal ou Vertical).

Gradient Input Position – normaliza as coordenadas do efeito de degradê.

4.1.12 Grayscale Conversion

Este Nodo utiliza um arquivo de imagem colorido e como saída fornece um arquivo em tons de cinza.

Este Nodo possui um Input (que recebe arquivos em cores a serem convertidas nesta composição) e um Output (um arquivo em tons de cinza).

Base Parameters

Seguem as mesmas explicações apresentadas anteriormente na seção 2.4.2 Parâmetros dos Gráficos.

Specific Parameters

Channel Weights - define o peso de cada canal do material (RGBA).

Flatten Alpha – multiplica o efeito de transparência por sobre o Input de Alpha do material.

Background Value – determina quantos pixeis são tratados na transparência do material.

4.1.13 HSL

Este Nodo permite ajustar os parâmetros de Hue (matiz), Saturation (saturação) e Luminace (luminância) do material.

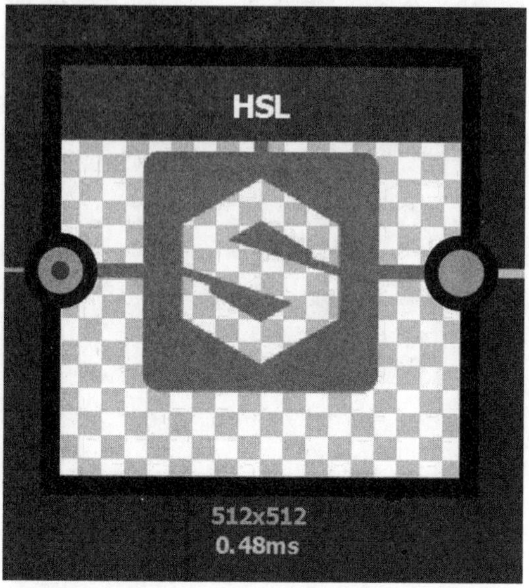

Este Nodo possui um Input (que aceita arquivos em cores) e um Output (que fornece como saída arquivos em cores).

Base Parameters

Seguem as mesmas explicações apresentadas anteriormente na seção 2.4.2 Parâmetros dos Gráficos.

Specific Parameters

Hue - ajusta as configurações de matiz do material.

Saturation – ajusta as configurações de saturação do material.

Luminace - ajusta as configurações de luminância do material.

4.1.14 Levels

Este Nodo permite ajustar os parâmetros de níveis dos materiais de modo global ou por canais individuais (Luminance ou RGB), sendo ajustado pelo gráfico Histogram.

Este Nodo possui um Input (que aceita arquivos em Cor ou Grayscale) e um Output (que fornece como saída arquivos em Cor ou Grayscale).

Base Parameters

Seguem as mesmas explicações apresentadas anteriormente na seção 2.4.2 Parâmetros dos Gráficos.

Specific Parameters

Levels Histogram – permite ajustar as configurações de níveis do mapa de modo global ou por canal RGBA Channel.

4.1.15 Normal

Este Nodo realiza o processo de criação de arquivos de Normal Map. Para criar corretamente um arquivo de Normal Map, ele precisa de uma variação de efeitos de saliência (Emboss Function).

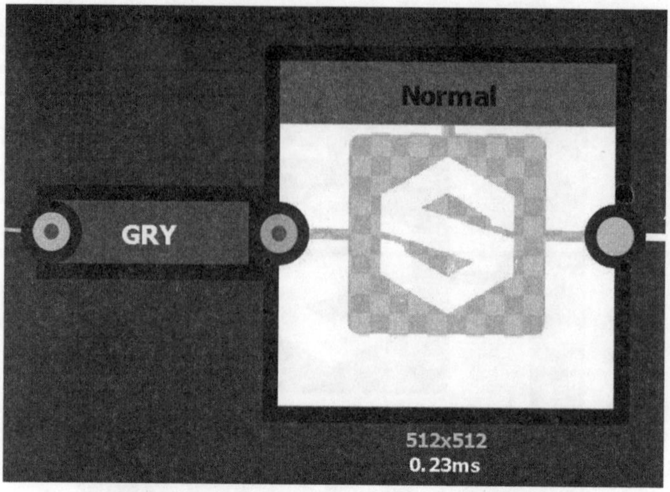

Este Nodo possui um Input (que aceita arquivos em Grayscale) e um Output (que fornece como saída arquivos em cores).

Base Parameters

Seguem as mesmas explicações apresentadas anteriormente na seção 2.4.2 Parâmetros dos Gráficos.

Specific Parameters

Intensity – define a força de atuação do Normal Map.

Invert Y – permite inverter o eixo Y do mapa de Normal Map (alguns softwares utilizam diferentes orientações de eixo Y para o normal map; a Unity3D Engine, por exemplo, utiliza Y positivo, já na Unreal Engine o Y é negativo).

4.1.16 Pixel Processor

Este Nodo permite que se utilize uma função qualquer como um dispositivo de entrada e foi adicionado no Substance Designer 5.

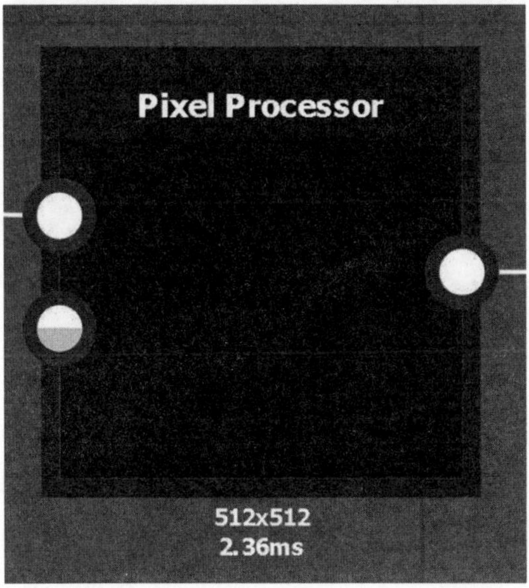

Possui entradas de Input (que aceita tanto imagens quanto funções para processar) e um Output que fornece arquivos em Cor ou Grayscale.

Base Parameters

Seguem as mesmas explicações apresentadas anteriormente na seção 2.4.2 Parâmetros dos Gráficos.

Specific Parameters

Color Mode – permite a seleção do método de cor (Color ou Grayscale) na composição.

Per Pixel Fuction – define a função avaliada por cada pixel da composição. Clicando no botão Edit, abre-se o editor gráfico de funções.

4.1.17 Sharpen

Este Nodo utiliza um arquivo de imagem em tons de cinza ou uma imagem para aplicar um efeito agudo nas informações.

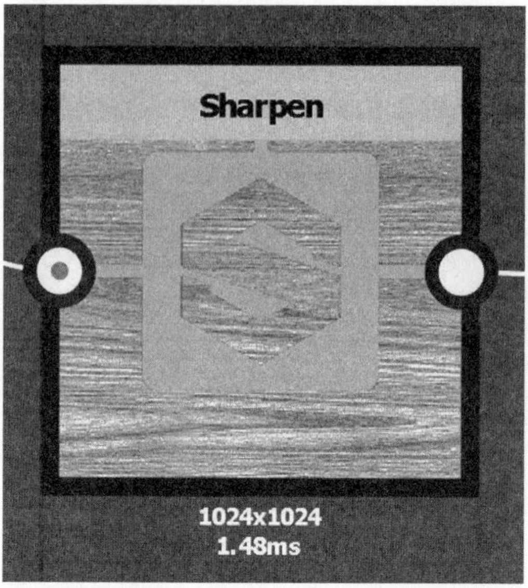

Possui um Input (que aceita arquivos em Cor e Grayscale) e um Output que fornece arquivos de saída em Cor ou Grayscale.

Base Parameters

Seguem as mesmas explicações apresentadas anteriormente na seção 2.4.2 Parâmetros dos Gráficos.

Specific Parameters

Intensity – define a força de atuação do Sharpen.

4.1.18 SVG

Este Nodo representa arquivos em vetor, sendo que o Substance Designer suporta apenas arquivos em formato "*.SVG" para vetores. Segundo o arquivo de ajuda Online do programa, formas primitivas e de texto não são suportadas e, caso se utilize o Adobe Illustrator para gerar formas em formato SVG, deve-se habilitar a opção "Convert to Outline" na exportação dos vetores. O Nodo SVG atua tanto com resoluções absolutas (Absolute) como relativas (Parent resolution).

A opção Input de imagens (Background) permite chamar um arquivo de vetor salvo no computador, sendo possível de dois modos:

From New Resource - para criar um Nodo de SVG e abrir o editor de SVG dentro do Substance Designer.

From file - para criar um Nodo utilizando um arquivo SVG salvo no computador.

Habilitam-se os recursos de Vector Graphic Editor ao se importar um arquivo de SVG pela opção Import. Este Nodo possui um Input (que aceita arquivos em Cor ou Grayscale) e um Output que fornece arquivos de saída em Cor ou Grayscale.

Base Parameters

Seguem as mesmas explicações apresentadas anteriormente na seção 2.4.2 Parâmetros dos Gráficos.

Specific Parameters

Color Mode – define se a saída será colorida (True) ou em tons de cinza (False).

Background – adiciona uma informação extra de cor ou tons de cinza no input do Nodo em padrão RGBA.

PKG Resource Path – refere-se ao endereço do pacote de Substance que utiliza este Bitmap. Em Display Resource Properties, exibe-se o painel de informações do Bitmap que o usuário pode preencher. Ao clicar neste botão, as opções de propriedades listadas anteriormente se repetem, adicionando aqui o parâmetro SVG Quality para definir a qualidade da imagem.

4.1.19 Transformation 2D

Este Nodo utiliza um arquivo de imagem original e executa qualquer combinação de transformações sobre ele (translações, rotações, redimensionamentos, etc). Em Primary Input, define-se o arquivo de imagem a ser transformado e Output dá a saída do Nodo.

Possui um Input (que aceita arquivos em Cor ou Grayscale) e um Output que fornece arquivos de saída em Cor ou Grayscale.

Base Parameters

Seguem as mesmas explicações apresentadas anteriormente na seção 2.4.2 Parâmetros dos Gráficos.

Specific Parameters

Transform Matrix – permite modificar a direção da matriz durante a edição do mapa. O botão Matrix presente neste campo permite editar a matriz do mapa.

Offset – define o deslocamento 2D da imagem do mapa.

Mipmap Mode – reduz artefatos na imagem de acordo com a distância do mapa, podendo ser automático (Automatic) ou manual (Manual).

Mipmap Level – permite ajustar a qualidade do Mipmap de modo manual.

Matte Color – aplica um parâmetro de cor no mapa.

Filtering – aplica um filtro na imagem do mapa, podendo ser Bilinear ou Nearest.

4.1.20 Uniform Color

Este Nodo representa a aplicação de uma cor sólida no mapa, baseada no formato RGBA.

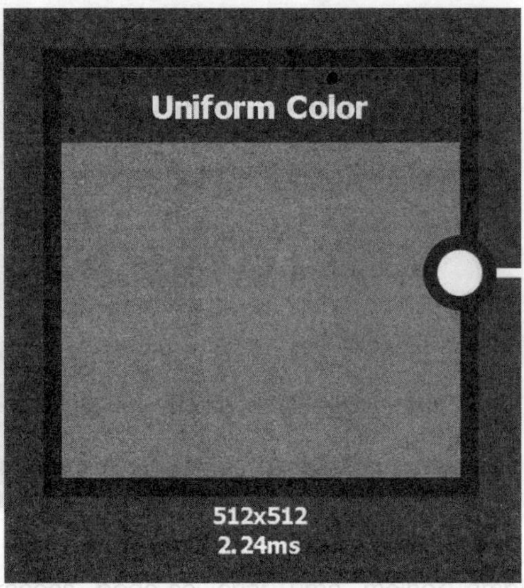

Possui apenas um Output que fornece arquivos com saídas em Cor ou Grayscale.

Base Parameters

Seguem as mesmas explicações apresentadas anteriormente na seção 2.4.2 Parâmetros dos Gráficos.

Specific Parameters

Color Mode – define se a saída será colorida (True) ou em tons de cinza (False).

Output Color – cria uma cor uniforme na saída (Output) do mapa.

4.1.21 Warp

Este Nodo utiliza duas imagens de entrada e separa a segunda entrada (Gradient Input) para determinar qual parte da primeira entrada (Primary Input) será usada. A quantidade de distorção produzida na primeira entrada dependerá da intensidade de pixeis correspondentes da segunda entrada.

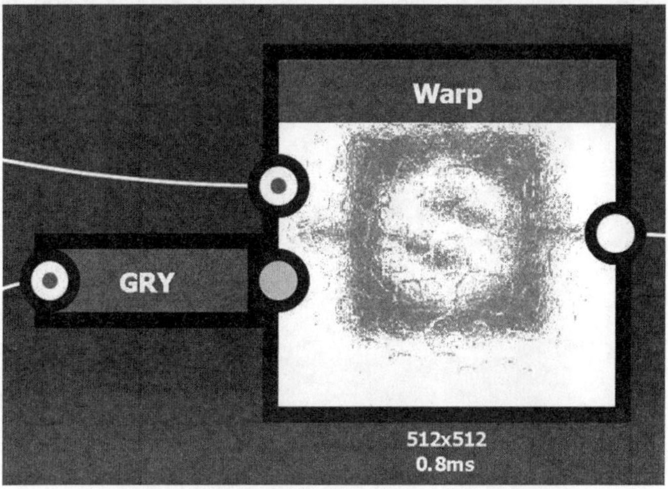

Este Nodo possui as seguintes opções como Inputs:

- Input (Cor ou Grayscale) – permite atribuir um arquivo de imagem para atuar na composição interna do Nodo.

- Gradient Input (Grayscale) – aplica um efeito de distorção baseada nas informações de pixeis do arquivo.

Como Output, o Nodo fornece arquivos em Cor ou Grayscale.

Base Parameters

Seguem as mesmas explicações apresentadas anteriormente na seção 2.4.2 Parâmetros dos Gráficos.

Specific Parameters

Intensity – define a força de atuação do Warp.

4.1.22 Color Image Input

Este Nodo permite utilizar um arquivo de imagem colorido como Input. Este Nodo é útil quando se deseja deixar que o usuário final do mapa de Substance possa ele próprio atribuir algum arquivo de imagem ao mesmo. Os parâmetros de Color Image Input são automaticamente expostos.

Este Nodo possui apenas Output e fornece arquivos em cores.

Base Parameters

Seguem as mesmas explicações apresentadas anteriormente na seção 2.4.2 Parâmetros dos Gráficos.

Specific Parameters

PKG Resouce Path – mostra a localização do arquivo de imagem utilizado.

Atributes

Description – opção para descrever o mapa de Substance.

Label – opção para aplicar um label ao mapa de Substance.

User Data – informações de usuário para o arquivo de Substance.

Integrate Atributes

Usage – parâmetros de saída (Output) do mapa de Substance, definidos por RGBA e o tipo de comportamento do material definido como Diffuse, Opacity, Emissive, entre outros.

4.1.23 Grayscale Image Input

Este Nodo permite utilizar um arquivo de imagem colorido como Input. É útil quando se deseja deixar que o usuário final do mapa de Substance possa ele próprio atribuir algum arquivo de imagem ao mapa. Os parâmetros de Grayscale Image Input são automaticamente expostos.

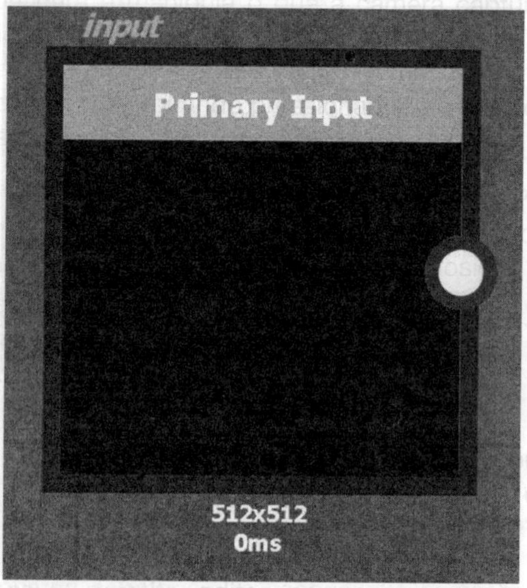

Este Nodo possui apenas Output que fornece arquivos em Grayscale.

Base Parameters

Seguem as mesmas explicações apresentadas anteriormente na seção 2.4.2 Parâmetros dos Gráficos.

Specific Parameters

PKG Resouce Path – mostra a localização do arquivo de imagem utilizado.

Atributes

Description – opção para descrever o mapa de Substance.

Label – opção para aplicar um rótulo ao mapa de Substance.

User Data – informações de usuário para o arquivo de Substance.

Integrate Atributes

Usage – parâmetros de saída (Output) do mapa de Substance, definidos por RGBA e o tipo de comportamento do mapa definido como Diffuse, Opacity, Emissive, entre outros.

4.1.24 Output

Este é o Nodo de saída das composições. Na imagem a seguir, é mostrado o Nodo com seu Input.

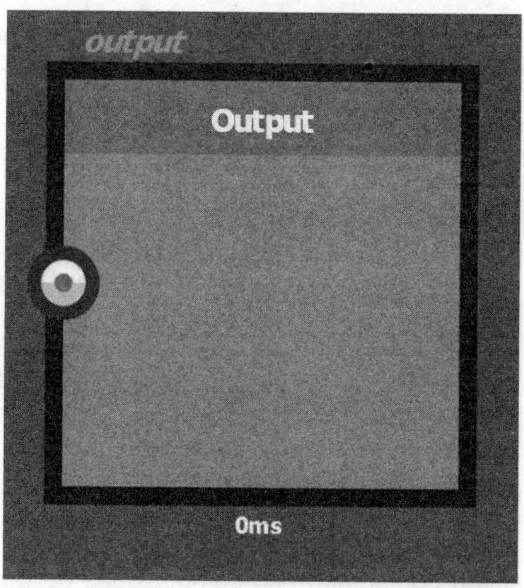

Este Nodo possui apenas Input e fornece arquivos em Cor ou Grayscale. Como é um Nodo que dá saída às composições, ele não conterá Output, apenas Input.

Base Parameters

Seguem as mesmas explicações apresentadas anteriormente na seção 2.4.2 Parâmetros dos Gráficos.

Specific Parameters

PKG Resouce Path – mostra a localização do arquivo de imagem utilizado.

4.1.25 Comments

Sempre que possível, devem-se adicionar comentários nas composições. A figura seguir apresenta um comentário adicionado.

Para adicionar um comentário nas composições de Substance, escolha Add Comment na janela de Nodos ou clique com o botão direito em Graph View, digitando a mensagem em Parameters View.

4.1.26 Frames

Eventualmente, quando a composição dos gráficos fica muito complexa, além de comentários, pode ser interessante adicionar Frames (Quadros) organizadores. A figura a seguir apresenta um exemplo.

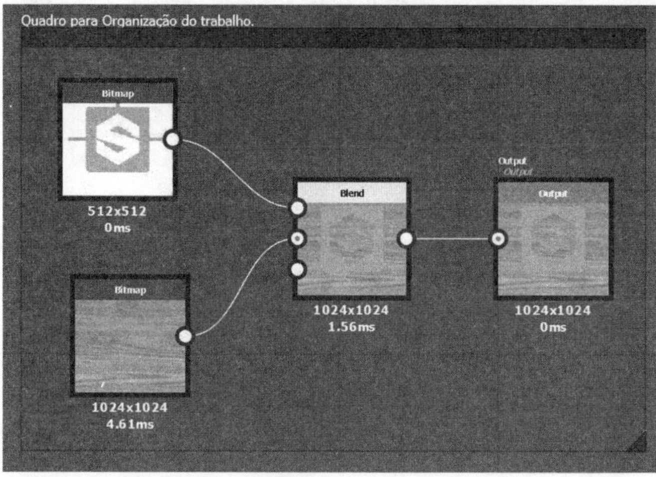

Desta forma, a navegação na composição em arquivos muito complexos fica mais fácil. Para adicionar um Frame, organize os Nodos que deseja aglutinar no quadro, e clique com o botão direiro sobre eles, indo a Graph View e escolhendo Add Frame.

4.1.27 Navigation Pin

Quando as composições ficam muito complexas, além de comentários e quadros utilizados na organização, a navegação entre os Nodos pode ser complexa. Por esta razão, o sistema de Pins do Substance Designer pode ser utilizado.

Com eles, o usuário pode adicionar “marcadores” de locais, e por eles pode “saltar” entre um ponto e outro na composição dos gráficos. Isto fornece uma maior agilidade em composições complexas e com muitas informações.

4.2 Bakers

Nesta seção, são apresentados os principais Bakers do programa. É importante a habilidade dos softwares em se poder realizar o “baking” de arquivos de mapas entre modelos para se iniciar ou finalizar uma composição de textura. O Substance Designer possui um ótimo conjunto de ferramentas especialista nisto, o qual é apresentado a seguir.

4.2.1 O que são Bakers

Bakers são ferramentas que permitem a geração de arquivos de mapas para uso em diferentes aplicações, ou podem simplesmente se prestarem a fornecer arquivos-base para a produção de texturas de modelos digitais, vindo a se tornar as texturas destes. Dependendo da aplicação a ser adotada para isto, diferentes tipos de mapas podem ser gerados e variam conforme a disponibilidade de cada sistema.

Dentro do Substance Designer, alguns Bakers são disponibilizados a partir de certas condições dos arquivos e modelos utilizados. A partir do entendimento sobre a utilidade de cada um, fica mais fácil identificar aquele que é necessário utilizar.

4.2.2 Painel Baker

Para se ter acesso ao painel Baker, deve-se dispor de pelo menos um modelo tridimensional já devidamente mapeado dentro da interface do

Substance Designer. Pelo painel Explorer, deve-se clicar com o botão direito sobre o nome do modelo cujo mapa se deseja extrair com a ajuda dos Bakers, escolhendo a opção de nome Bake Model Information.

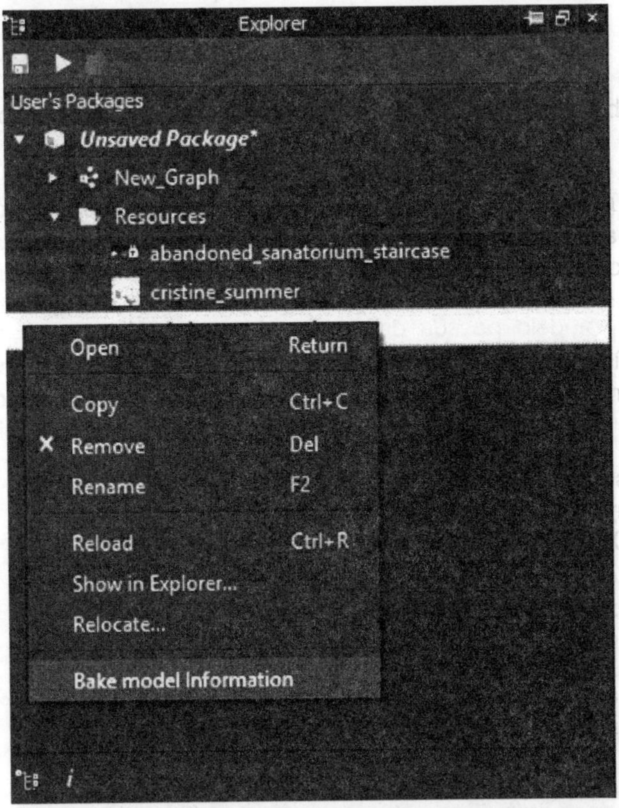

A partir disto, a janela de nome Scene Information Baking surge, podendo então definir os parâmetros para Baking.

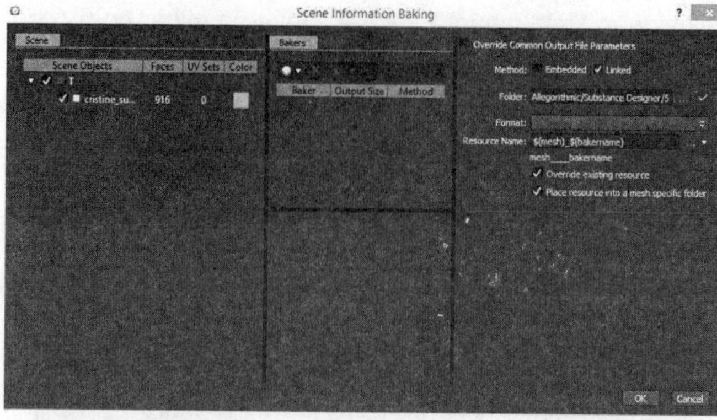

Caso o modelo possua diversas partes, ele é listado na aba Scene, podendo ser selecionada qual parte será utilizada para extração de mapas no Bake. As opções de Baker surgem na aba de nome Bakers, devendo-se clicar no botão com símbolo de "+" e escolher qual Baker será utilizado.

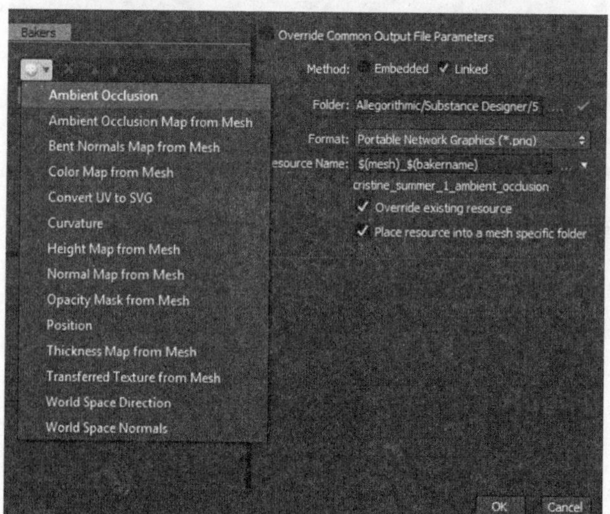

Pode-se adicionar mais de um tipo de Baker por objeto, mas as propriedades configuráveis de cada um são exibidas apenas enquanto estão selecionados na interface Scene Information Baking. Os parâmetros comuns para os Bakers são definidos por:

Override Common Output Parameters – sobrepõe parâmetros de saída que por ventura já existam.

Method – permite definir o tipo de Baking a ser feito (Embedded/ Linked).

Folder – define o local de salvamento dos arquivos.

Format – permite definir um formato de arquivo para o mapa a ser gerado.

Resource Name – permite definir um nome para o arquivo de mapa a ser gerado.

Override Existing Resource – sobrepõe com novos arquivos as saídas já existentes no mesmo local de salvamento.

Place Resource Into a Mesh Specific Folder – permite salvar os arquivos gerados em uma subpasta no caso de se utilizar um modelo constituído de várias partes.

Quando se ativa um Baker, mais algumas opções comuns surgem:

Override Parameters Common To All Bakers – determina que as escolhas a seguir valem para qualquer tipo de Baker selecionado.

Output Size – define o tamanho do arquivo de saída em pixeis.

UV Set – utiliza as informações de UV do modelo para processar o baking.

Dilation Width – define a dilatação de pixeis no pós-processamento do baking.

Apply Diffusion – aplica um efeito de difusão no pós-processamento do baking.

Override Parameters Common To "Nome do Baker" Bakers – esta opção apresenta diferentes comandos conforme o Baker escolhido.

4.3 Tipos de Bakers

A seguir são apresentados os principais tipos e comandos para as ações dos Bakers, no painel Scene Information Baking. Estes são recursos que permitem a criação de arquivos de texturas para se iniciar composições ou aplicação de efeitos e refinos.

4.3.1 Ambient Occlusion

O mapa de Ambient Occlusion (AO) gera arquivos de mapas nos quais são registradas informações de luz e sombra dos objetos. Este é um tipo de mapa que é processado pela GPU do computador, segundo o algoritmo do Substance Designer que trata deste Baker.

Grupo Bake Parameters

Este grupo possui os parâmetros básicos para configuração geral. Suas opções configuráveis são apresentadas a seguir.

Invert Normals – inverte as normais do objeto no mapa.

Use unselected Mesh Parts – é util quando se deseja utilizar partes de objetos para influenciar no cálculo de luz e sombra do mapa de AO.

Quality – define a qualidade do mapa, lembrando que, quanto maior a qualidade, maior a precisão, mas maiores os tempos de processamento.

Precision Bias – define a distância da luz e sombra do objeto quando "queimados" no mapa.

Distance fade – define a propagação da oclusão de superfícies.

Em Override Parameters Common To "Ambient Occlusion" Bakers, as opções são:

Normal Map – permite utilizar um mapa de normal map para contribuir no cálculo do Ambient Occlusion.

World Space – informa ao sistema se o mapa de Normal apontado anteriormente é do tipo World. Caso não for apontado, significa que ele é do tipo Tangent.

Normal Orientation – informa a direção Y (Green) do mapa de Normal.

4.3.2 Ambient Occlusion Map from Mesh

Este é um Baker que atua a partir de um modelo de maior detalhamento. Embora necessite de maior processamento, seus resultados são mais precisos.

Grupo Bake Parameters

Este grupo possui os parâmetros básicos para configuração geral. Suas opções configuráveis são apresentadas a seguir.

Secondary Rays – define a quantidade de raios secundários, em que valores maiores produzem artefatos que podem prejudicar a precisão do mapa.

Min Occluder Distance – define a distância mínima da qual os raios podem tocar na superfície Highpoly.

Max Occluder Distance – define a distância máxima da qual os raios podem tocar na superfície Highpoly.

Relative to Bounding Box – interpreta a distância de oclusão dos objetos.

Spread Angle – define o ângulo máximo de propagação dos raios de oclusão do mapa.

Distribution – define a distribuição angular dos raios de oclusão.

Ignore Backface – define quais áreas devem ser ignoradas no cálculo de oclusão.

Self Occlusion – define se partes do próprio objeto que colidem entre si devem entrar no cálculo do mapa.

Attenuation – define a forma de atenuação do cálculo de oclusão.

Em Override Parameters Common To "From Meshes" Bakers, as opções são:

High Definition Meshes – permite adicionar uma geometria para o cálculo deste mapa, clicando no ícone de "+" para adicionar esta.

Use Cage – permite utilizar um Cage (gaiola) para o cálculo do mapa.

Cage File – permite apontar um Cage externo.

Max Frontal Distance – controla a distância frontal dos raios de projeção do mapa de oclusão.

Max Rear Distance – controla a distância oposta dos raios de projeção do mapa de oclusão.

Relative to Bounding Box – interpreta a distância máxima dos objetos.

Average Normals – computa a direção mediana dos raios baseado na média das normais de faces do objeto.

Ignore Backface – define quais áreas devem ser ignoradas no cálculo de oclusão.

Match – permite coincidir ambos os modelos Highpoly e Lowpoly no espaço tridimensional.

Antialiasing – aplica suavização no mapa.

4.3.3 Bent Normal Map from Mesh

Este Baker permite a criação de mapas de Normal com base na direção mediana dos raios de luz do ambiente. Tipicamente, Bent Normals é um mapa que deriva das informações de Ambient Occlusion de modelos tridimensionais.

Grupo Bake Parameters

Este grupo possui os parâmetros básicos para configuração geral. Suas opções configuráveis são apresentadas a seguir.

Secondary Rays – define a quantidade de raios secundários, em que valores maiores produzem artefatos que podem prejudicar a precisão do mapa.

Min Occluder Distance – define a distância mínima da qual os raios podem tocar na superfície Highpoly.

Max Occluder Distance – define a distância máxima da qual os raios podem tocar na superfície Highpoly.

Relative to Bounding Box – interpreta a distância de oclusão dos objetos.

Spread Angle – define o ângulo máximo de propagação dos raios de oclusão do mapa.

Distribution – define a distribuição angular dos raios de oclusão.

Ignore Backface – define quais áreas devem ser ignoradas no cálculo de oclusão.

Self Occlusion – define se partes do próprio objeto que colidem entre si devem entrar no cálculo do mapa.

Map Type – define o tipo de mapa de normal a ser gerado (World Space ou Tangent Space).

Normal Orientation – informa a direção Y (Green) do mapa de Normal.

Em Override Parameters Common To "From Meshes" Bakers, as opções são:

High Definition Meshes – permite adicionar uma geometria para o cálculo deste mapa, clicando no ícone de "+" para adicionar esta.

Use Cage – permite utilizar um Cage (gaiola) para o cálculo do mapa.

Cage File – permite apontar um Cage externo.

Max Frontal Distance – controla a distância frontal dos raios de projeção do mapa de oclusão.

Max Rear Distance – controla a distância oposta dos raios de projeção do mapa de oclusão.

Relative to Bounding Box – interpreta a distância máxima dos objetos.

Average Normals – computa a direção mediana dos raios baseado na média das normais de faces do objeto.

Ignore Backface – define quais áreas devem ser ignoradas no cálculo de oclusão.

Match – permite coincidir ambos os modelos Highpoly e Lowpoly no espaço tridimensional.

Antialiasing – aplica suavização no mapa.

4.3.4 Color Map from Mesh

Este Baker permite criar um arquivo de mapa de cor a partir de informações de Vertex Color, cor dos Materiais ou mesmo cores de partes do objeto a partir de um modelo Highpoly.

Grupo Bake Parameters

Este grupo possui os parâmetros básicos para configuração geral. Suas opções são apresentadas a seguir.

Color Source – define o tipo de cor aplicado ao mapa (Vertex Color lê as cores dos vértices, Material Color lê o material aplicado ao objeto Highpoly, Mesh ID atribui uma cor por objeto a partir do modelo Highpoly e Polygroup/ Submesh ID atribui uma cor a um subojeto a partir de High Definition Meshes).

Color Generator – define um método de geração de cores aplicado ao mapa, onde:

- Random permite que cada objeto/subojeto seja colorido de forma aleatória.
- HUE Shift permite que cada objeto/subojeto seja colorido a partir de um padrão HUE único.

- Grayscale permite que cada objeto/subojeto seja colorido a partir de um padrão de tons de cinza).

Em Override Parameters Common To "From Meshes" Bakers, as opções são:

High Definition Meshes – permite adicionar uma geometria para o cálculo deste mapa, clicando no ícone de "+" para adicionar esta.

Use Cage – permite utilizar um Cage (gaiola) para o cálculo do mapa.

Cage File – permite apontar um Cage externo.

Max Frontal Distance – controla a distância frontal dos raios de projeção do mapa de oclusão.

Max Rear Distance – controla a distância oposta dos raios de projeção do mapa de oclusão.

Relative to Bounding Box – interpreta a distância máxima dos objetos.

Average Normals – computa a direção mediana dos raios baseado na média das normais de faces do objeto.

Ignore Backface – define quais áreas devem ser ignoradas no cálculo de oclusão.

Match – permite coincidir ambos os modelos Highpoly e Lowpoly no espaço tridimensional.

Em Override Parameters Common To "Color Map form Meshes" Bakers, há uma opção de Antialiasing, que permite aplicar uma suavização ao mapa gerado.

4.3.5 Convert UV to SVG

Este Baker permite criar um arquivo de vetor a partir das informações de UV do modelo.

Seus recursos são definidos por:

Padding – atribui um preenchimento geométrico o qual é adicionado aos formatos de arquivo SVG.

Color Mode – permite escolher o tipo de cor que as formas SVG deverão receber, sendo que:

- Random define que cada informação UV é colorida por uma cor aleatória.

- HUE Shift define que cada informação UV é colorida por um padrão HUE único.

- Grayscale define que cada informação UV é colorida por uma cor em tons de cinza.

- Uniform Color define que cada informação UV é colorida por uma cor em porcentagem de tons de cinza.

- Material ID Color define que cada informação UV é colorida pelo material definido no Scene View.

4.3.6 Curvature (Cavity Map)

Este é um Baker que permite gerar arquivos com informações em tons de cinza, em que preto representa áreas profundas (côncavas) e branco representa áreas elevadas (convexas). Tipicamente, este mapa também é chamado de Mapa de Cavidade.

Seus recursos são definidos por:

Algorithm – define o algoritmo que calcula a curvatura do mapa, podendo ser escolhido entre:

- Per Pixel – por esta opção o algoritmo calcula a curvatura do mapa baseado tanto na geometria do modelo como na entrada de Normal Map atribuída.

- Per Vertex – por esta opção o algoritmo calcula a curvatura do mapa baseado somente na geometria do modelo.

Details – determina a quantidade de detalhes do mapa, sendo que, quanto maior os valores, maior detalhamento, mas maior seu processamento.

Enable Seams – se esta opção for habilitada, as emendas dos UVs podem aparecer no mapa.

Seams Intensity – define a intensidade das emendas do UV do mapa.

Em Override Parameters Common To "Curvature" Bakers, as opções são:

Normal Map – permite utilizar um mapa de normal map para contribuir no cálculo do Ambient Occlusion.

Word Space – permite tornar o mapa do tipo Word.

Normal Orientation – permite informar a direção Y (Green) do mapa, dependendo do sistema selecionado (OpenGL ou DirectX).

4.3.7 Height Map from Mesh

Este Baker permite a criação de mapas de altura dos modelos, ideal para representar grandes superfícies.

Seus recursos são definidos por:

Automatic Normalization – nivela o mapa para que sua altura não seja declarada por branco puro, forçando o sistema a atuar em um limiar de tons de cinza.

Em Override Parameters Common To "From Meshes" Bakers, as opções são:

High Definition Meshes – permite adicionar uma geometria para o cálculo deste mapa, clicando no ícone de "+" para adicioná-la.

Use Cage – permite utilizar um Cage (gaiola) para o cálculo do mapa.

Cage File – permite apontar um Cage externo.

Max Frontal Distance – controla a distância frontal dos raios de projeção do mapa de oclusão.

Max Rear Distance – controla a distância oposta dos raios de projeção do mapa de oclusão.

Relative to Bounding Box – interpreta a distância máxima dos objetos.

Average Normals – computa a direção mediana dos raios baseado na média das normais de faces do objeto.

Ignore Backface – define quais áreas devem ser ignoradas no cálculo de oclusão.

Match – permite coincidir ambos os modelos Highpoly e Lowpoly no espaço tridimensional.

Antialiasing – aplica suavização no mapa.

4.3.8 Normal Map from Mesh

Este Baker permite a criação de mapas do tipo Normal, utilizados para representar geometrias Lowpoly com alta definição a partir de geometrias Highpoly. É possível determinar neste Baker se o mapa será do tipo Tangent Space ou World Space.

Seus recursos são definidos por:

Map Type – neste campo, pode-se escolher o tipo de mapa de Normal a ser gerado: Tangent Space (para modelos dinâmicos, como personagens) ou World Space (para modelos estáticos, como cenários).

Normal Orientation – aqui se define a orientação do mapa (OpenGL ou DirectX).

Em Override Parameters Common To "From Meshes" Bakers, as opções são:

High Definition Meshes – permite adicionar uma geometria para o cálculo deste mapa, clicando no ícone de "+" para adicioná-la.

Use Cage – permite utilizar um Cage (gaiola) para o cálculo do mapa.

Cage File – permite apontar um Cage externo.

Max Frontal Distance – controla a distância frontal dos raios de projeção do mapa de oclusão.

Max Rear Distance – controla a distância oposta dos raios de projeção do mapa de oclusão.

Relative to Bounding Box – interpreta a distância máxima dos objetos.

Average Normals – computa a direção mediana dos raios baseado na média das normais de faces do objeto.

Ignore Backface – define quais áreas devem ser ignoradas no cálculo de oclusão.

Match – permite coincidir ambos os modelos Highpoly e Lowpoly no espaço tridimensional.

Antialiasing – aplica suavização no mapa.

4.3.9 Opacity Mask from Mesh

Este Baker gera um arquivo de mapa em tons de cinza (Grayscale), no qual informa as áreas as quais são transparentes na cor preta e áreas opacas na cor branca. Este Baker não possui parâmetros individuais.

Em Override Parameters Common To “From Meshes” Bakers, as opções são:

High Definition Meshes – permite adicionar uma geometria para o cálculo deste mapa, clicando no ícone de “+” para adicioná-la.

Use Cage – permite utilizar um Cage (gaiola) para o cálculo do mapa.

Cage File – permite apontar um Cage externo.

Max Frontal Distance – controla a distância frontal dos raios de projeção do mapa de oclusão.

Max Rear Distance – controla a distância oposta dos raios de projeção do mapa de oclusão.

Relative to Bounding Box – interpreta a distância máxima dos objetos.

Average Normals – computa a direção mediana dos raios baseado na média das normais de faces do objeto.

Ignore Backface – define quais áreas devem ser ignoradas no cálculo de oclusão.

Match – permite coincidir ambos os modelos Highpoly e Lowpoly no espaço tridimensional.

Antialiasing – aplica suavização no mapa.

4.3.10 Position

Este tipo de Baker gera um arquivo de mapa que guarda as informações de posição do modelo.

Seus recursos são definidos por:

Mode – seleciona um método de processamento para calcular as informações do mapa, sendo que:

- All axis – permite queimar as informações X, Y e Z aos canais RGB (Red, Green, Blue) no mapa gerado.

- One Axis – queima as informações no mapa por meio de uma imagem em tons de cinza (Greyscale).

Axis – seleciona um eixo para calcular o mapa.

Normalization – permite selecionar um método de normalização no mapa gerado, em que:

- BBox – normaliza cada eixo de acordo com a delimitação de comprimento de caixa que representa o modelo.

- BSphere - normaliza cada eixo de acordo com a delimitação de comprimento de esfera que representa o modelo.

4.3.11 Thickness Map from Mesh

Este Baker é bastante similar ao Baker Ambient Occlusion, porém aplica raios em direção oposta à direção normal do modelo, bastante interessante para os casos em que o modelo possui faces com direções normais invertidas. Neste mapa, as áreas pretas representam partes finas do modelo e as áreas brancas representam as partes grossas. Conforme a documentação de ajuda online, este é um tipo de mapa que pode ser utilizado para um material do tipo Sub Surface Scattering (SSS) ou ainda em um material Diffuse/Albedo para "simular" um efeito de SSS.

Seus recursos são definidos por:

Secondary Rays – define a quantidade de raios secundários, sendo que valores maiores produzem artefatos que podem prejudicar a precisão do mapa.

Min Occluder Distance – define a distância mínima da qual os raios podem tocar na superfície Highpoly.

Max Occluder Distance – define a distância máxima da qual os raios podem tocar na superfície Highpoly.

Relative to Bounding Box – interpreta a distância de oclusão dos objetos.

Spread Angle – define o ângulo máximo de propagação dos raios de oclusão do mapa.

Distribution – define a distribuição angular dos raios de oclusão.

Ignore Backface – define quais áreas devem ser ignoradas no cálculo de oclusão.

Self Occlusion – define se partes do próprio objeto que colidem entre si devem entrar no cálculo do mapa.

Attenuation – define a forma de atenuação do cálculo de oclusão.

Em Override Parameters Common To "From Meshes" Bakers, as opções são:

High Definition Meshes – permite adicionar uma geometria para o cálculo deste mapa, clicando no ícone de "+" para adicioná-la.

Use Cage – permite utilizar um Cage (gaiola) para o cálculo do mapa.

Cage File – permite apontar um Cage externo.

Max Frontal Distance – controla a distância frontal dos raios de projeção do mapa de oclusão.

Max Rear Distance – controla a distância oposta dos raios de projeção do mapa de oclusão.

Relative to Bounding Box – interpreta a distância máxima dos objetos.

Average Normals – computa a direção mediana dos raios baseado na média das normais de faces do objeto.

Ignore Backface – define quais áreas devem ser ignoradas no cálculo de oclusão.

Match – permite coincidir ambos os modelos Highpoly e Lowpoly no espaço tridimensional.

Antialiasing – aplica suavização no mapa.

4.3.12 Transferred Texture from Mesh

Este é um tipo de Baker que permite transferir as informações de textura de um modelo para outro, mesmo que os modelos tenham mapeamento diferente entre si.

Seus recursos são definidos por:

Texture File – permite transferir um mapa de um objeto de alta definição, para o modelo atualmente selecionado, mesmo com mapeamento diferente do modelo de alta definição.

UV set – permite selecionar um canal de mapeamento para atribuir as informações do mapa a ser gerado.

Filtering Mode – aplica um determinado tipo de filtro ao mapa gerado.

Em Override Parameters Common To "From Meshes" Bakers, as opções são:

High Definition Meshes – permite adicionar uma geometria para o cálculo deste mapa, clicando no ícone de "+" para adicioná-la.

Use Cage – permite utilizar um Cage (gaiola) para o cálculo do mapa.

Cage File – permite apontar um Cage externo.

Max Frontal Distance – controla a distância frontal dos raios de projeção do mapa de oclusão.

Max Rear Distance – controla a distância oposta dos raios de projeção do mapa de oclusão.

Relative to Bounding Box – interpreta a distância máxima dos objetos.

Average Normals – computa a direção mediana dos raios baseado na média das normais de faces do objeto.

Ignore Backface – define quais áreas devem ser ignoradas no cálculo de oclusão.

Match – permite coincidir ambos os modelos Highpoly e Lowpoly no espaço tridimensional.

Antialiasing – aplica suavização no mapa.

4.3.13 World Space Direction

Este Baker permite gerar um mapa que contém vetores de direção para o espaço UV.

Seus recursos são definidos por:

Input Direction – define a direção para o mapa a ser gerado.

Normal Orientation – permite informar a direção Y (Green) do mapa, dependendo do sistema selecionado (OpenGL ou DirectX).

X, Y, Z – definem o vetor de orientação.

Direction File – permite selecionar um arquivo de textura para alterar o comportamento de direção do mapa a ser gerado.

4.3.14 World Space Normals

Este Baker permite gerar arquivos de Normal pelo tipo World Space Normals, específicos para modelos estáticos. Este Baker também não possui parâmetros individuais.

Seus recursos são definidos por:

Em Override Parameters Common To "World Space Normals" Bakers, as opções são:

Normal Map – permite utilizar um mapa de normal map para contribuir no cálculo do Ambient Occlusion.

Normal Orientation – informa a direção Y (Green) do mapa de Normal.

4.4 Library

Aqui são apresentados os principais aspectos da Library do Substance Designer. Muitos de seus recursos em composição (filtros e efeitos) de gráficos encontram-se na Library, e compreender como ela é composta é de suma importância para o bom andamento de trabalhos com este software.

4.4.1 Sobre a Library

A Library, como dito anteriormente, é o local onde encontram-se diversos filtros, efeitos, funções, mapas e outros recursos que tornam as construções de mapas mais dinâmicos e criativos. Pela Library se tem acesso a muitos recursos que permitem a criação de qualquer arquivo de substances. Ela se divide em duas colunas: a da esquerda exibe as opções de pastas com filtros e efeitos, ao passo que a da direita exibe o conteúdo destas pastas com imagens miniaturizadas que representam o que cada filtro ou efeito permite fazer.

As miniaturas são geradas a partir das seguintes regras:

- Existe uma imagem rápida de um Bitmap ou Vetor.
- Existe um ícone para meshes.
- Existe uma imagem rápida para mapa Difuso de arquivos gráficos do tipo "*.SBS" que tenham um Output Computation habilitado, ou um ícone disponível.

- Existe um ícone para o gráfico Output Computation desabilitado.
- Existe uma imagem rápida de mapa Difuso para arquivos "*.SBSAR".
- Existe um ícone para funções.

Logo abaixo do nome do painel, econtram-se botões de gerenciamento. Um deles permite criar pastas para melhor organizá-la (Add Folder), ao lado é possível adicionar um novo filtro pelo botão de "+" e, ao seu lado, no ícone de edição (Edit Item), é possível editar algum item da Library. Como recurso adicional, na Library, é possível realizar a procura por um determinado filtro ou efeito digitando seu nome na pesquisa, no campo de nome "Search". Ao lado, é possível definir o tamanho das miniaturas (Small Icon, Medium Icons ou Large Icons), ao lado ainda é possível ligar e desligar a legenda sob cada miniatura de filtro ou efeito.

4.4.2 Recursos da Library

Os recursos de manipulação de Nodos disponíveis na Library são dos mais variados tipos. Algumas informações constantes aparecem na maioria dos recursos quando se clica com o botão direito sobre eles, descritos a seguir (conforme o recurso selecionado, as opções para o modelo se apresentar são diferenciadas entre si).

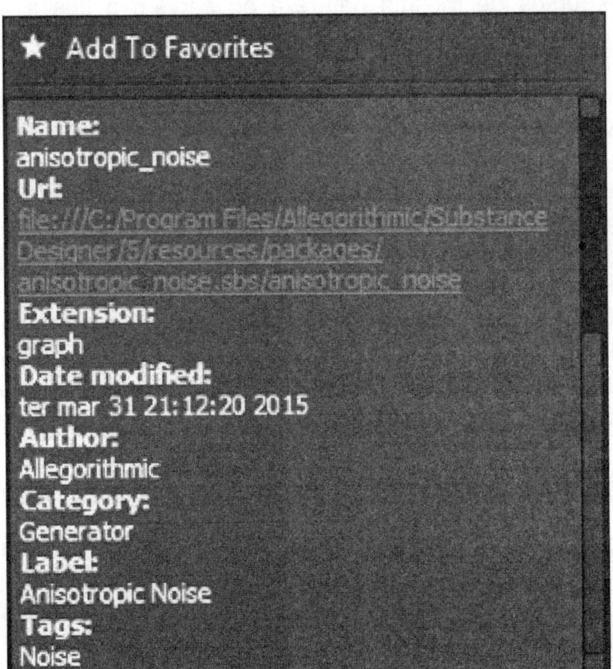

Add To Favorites – para adicionar a lista de recursos favoritos da Library.

Name – descreve o nome do recurso que se está acessando.

Url – é o local onde o recurso selecionado está salvo no computador.

Description - descreve o que é o recurso, e uma explicação teórica sobre como seu funcionamento pode surgir.

Extension – informa a extensão do recurso.

Date modified – última data em que o recurso foi modificado.

Author – informa o autor do recurso.

Category – informa a categoria do recurso.

Label – informa o rótulo associado ao recurso.

Tags – informa uma palavra de marcação para melhor localizar o recurso na Library.

Os recursos são organizados em grupos (que na verdade são marcadores, sendo que um recurso pode constar em mais de um marcador) que dentro de si contém recursos de mesma natureza ou servem a fins similares. Seus principais grupos de recursos são os Favorites, Generates, Filters, Material Filters, Mesh Adaptative, Functions, 3D View, PBR Materiais e My_Library. Cada grupo contém conjuntos de recursos próprios e cada item de cada conjunto pode ser disposto na Graph View. Desta forma, seus parâmetros configuráveis são disponibilizados na Parameters View.

Uma vez que o recurso tenha sido selecionado na Library e disposto na Graph View, em Parameters View se aciona o painel de parâmetros de cada um. As informações de Base Parameters e Attributes se mantém as mesmas. Em Instance Parameters, as opções irão variar conforme o recurso selecionado, e a experimentação deve ajudar o usuário a melhor compreender como ele pode manusear os recursos para obter os melhores resultados. A seguir, os grupos e recursos são apresentados.

4.4.2.1 Generators

Neste grupo de recursos são organizados aqueles capazes de aplicar algum efeito que pode se transformar em algum tipo de padronagem. Tal efeito é bastante útil na construção de arquivos de mapas para diversos tipos de modelos, especialmente os de uso em cenários.

Noises

O conjunto de recursos do tipo Noise aplica um ruído no mapa a ser elaborado. Na figura a seguir, pode-se ver alguns dos itens deste recurso.

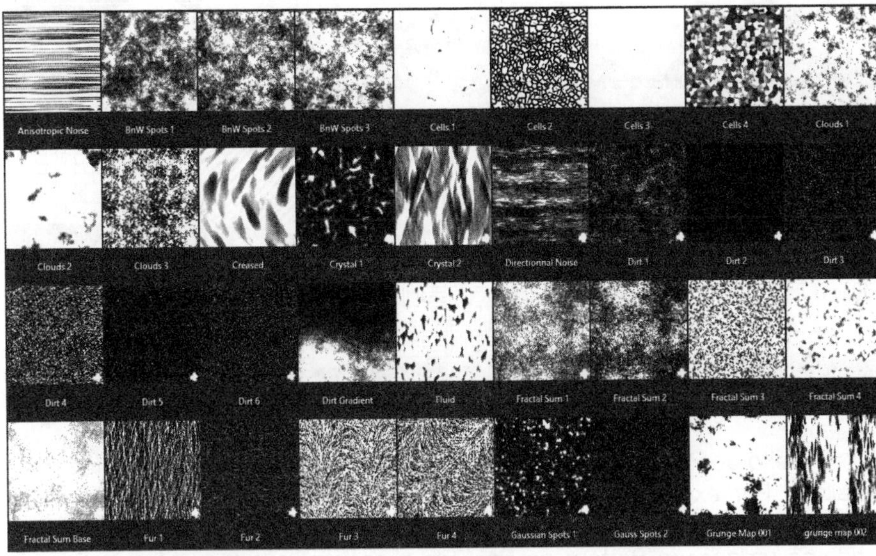

Este efeito é bastante utilizado para construir imagens que tendem a simular aspectos realistas de superfícies. Tal efeito é bastante visto em cenários dos mais variados tipos.

Patterns

O conjunto de Patterns aplica uma padronagem por sobre uma determinada superfície. A seguir são apresentados os itens para este recurso.

O efeito de Pattern aplica uma padronagem que permite a adição de mais detalhes. Por exemplo, para se construir proceduralmente uma parede de tijolos, primeiro deve-se determinar como será a subdivisão dos ladrilhos (pode-se utilizar um Pattern do tipo Tile para isto) e então definir o tipo de material para o tijolo (neste pode-se aplicar até mesmo um efeito de Noise com cor na sua difusão).

Filter

O conjunto de recursos Filter organiza todos aqueles que são classificados como filtros para as composições. A seguir, são apresentados alguns dos filtros relacionados.

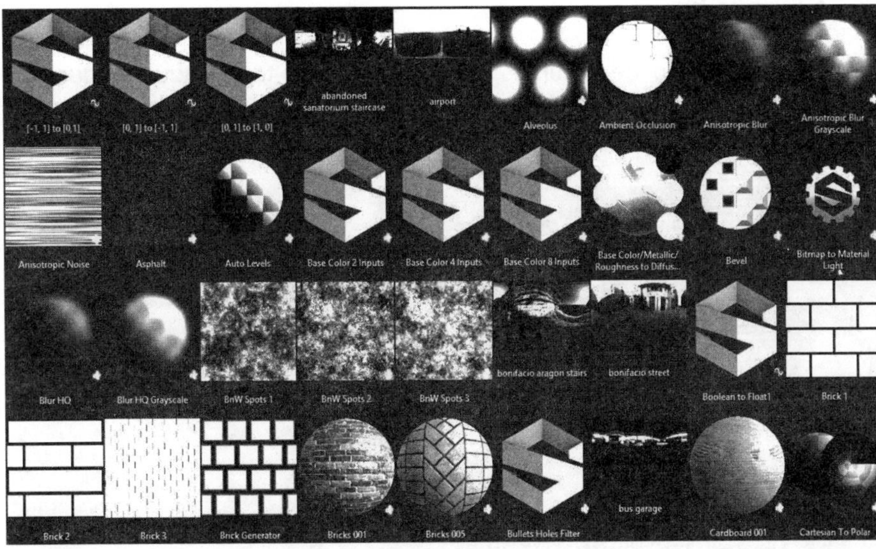

Como dito anteriormente, o sistema na verdade organiza os grupos de recursos como se fossem marcadores. Tais marcadores permitem que um item de um determinado grupo de recurso seja incluído em mais de um.

4.4.2.2 Filters

Neste grupo de recursos, os itens aqui dispostos referem-se apenas àqueles capazes de aplicar algum tipo de efeito que seja do tipo corretor em mapas. Tal efeito pode ser traduzido por correções de cor, brilho, saturação, alteração de cor, luz ou luminosidade.

Adjustments

Neste conjunto de recursos, são organizados todos aqueles que são destinados aos ajustes ou correções de imagens. A figura a seguir apresenta seus princpais itens que permitem os ajustes de imagens.

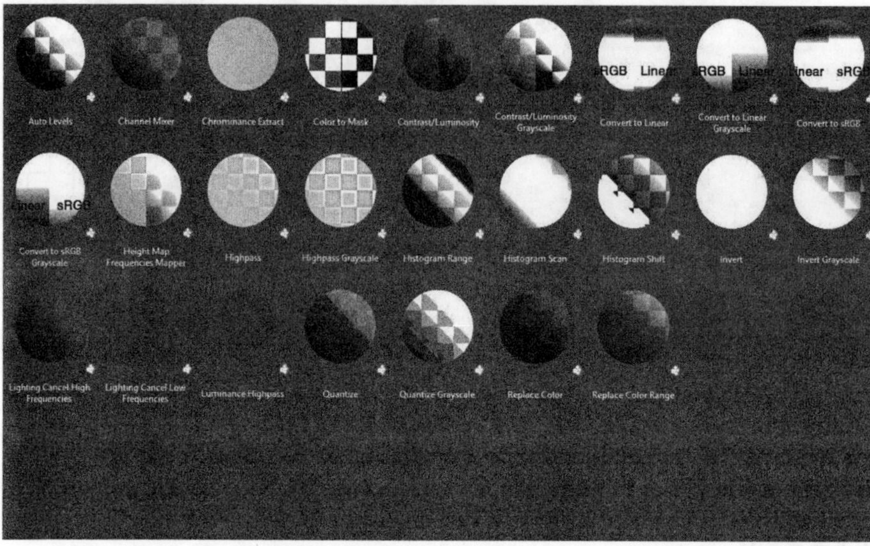

Tais ajustes são muito importantes para a construção de arquivos de mapas convincentes, pois é por meio do ajuste equilibrado das imagens que é possível torná-las um padrão que faça sentido ao espectador. Diversos softwares possuem recursos similares aos aqui apresentados.

Blending

Neste conjunto de recursos são organizados aqueles destinados a permitir a mistura entre diferentes recursos. A figura a seguir apresenta os principais itens para este conjunto.

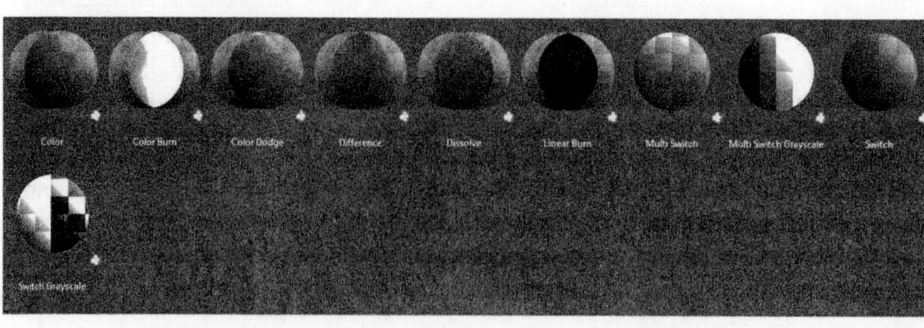

Em várias composições, a habilidade de poder mesclar diferentes arquivos entre si, favorecendo diferentes áreas dos arquivos, pode resultar em mapas mais realistas. Assim como o conjunto anterior, este conjunto de recursos é visto também em outros softwares, eventualmente com uma nomenclatura diferenciada.

Blurs

O efeito de Blur (borrado) é bastante utilizado também nas composições de mapas para modelos. A figura a seguir apresenta os principais itens para este conjunto de recursos.

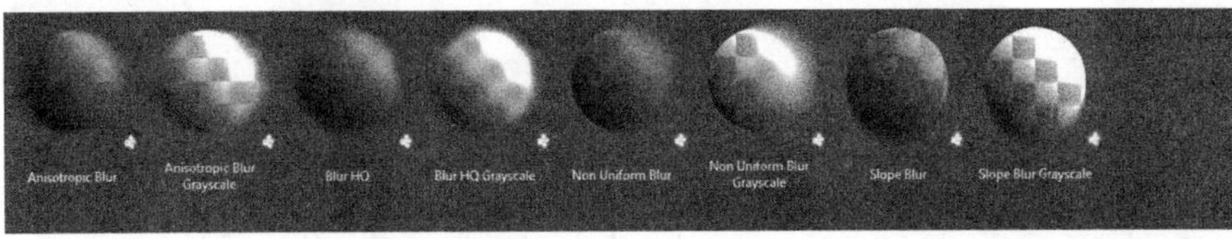

O efeito de borrado é bastante visto em arquivos que precisam reduzir a quantidade de detalhamento das imagens. Pode também ser usado na composição de complexos mapas. Este é outro efeito bastante comum a diferentes softwares manipuladores de imagens bidimensionais.

Channels

O conjunto de recursos definido por Channels permite a manipulação de mapas em seus canais. A figura a seguir apresenta seus principais recursos.

A habilidade de manipular diferentes canais nos arquivos de imagens permite uma edição mais complexa. Tal habilidade é bastante útil quando se deseja, por exemplo, manipular a quantidade de influência de uma cor do sistema RGB (por exemplo, reduzir a quantidade de informações na cor vermelha, de Red em RGB).

Effects

O conjunto de recursos Effects permite a aplicação de efeitos deformadores de imagens. A figura a seguir apresenta seus principais recursos.

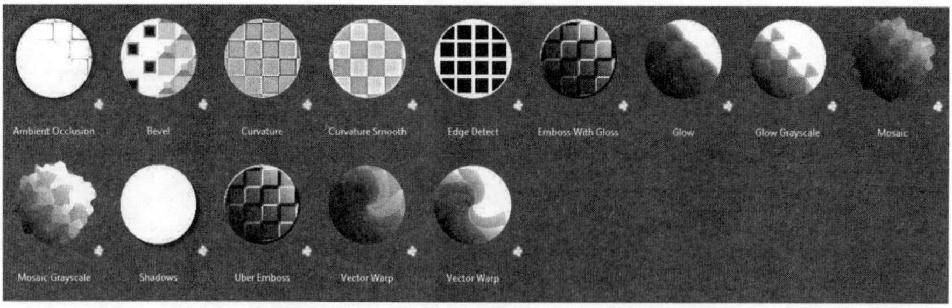

A deformação de informações em arquivos de imagens é bastante útil para aumentar o realismo ou mesmo o nível de detalhes. A aplicação de relevo a partir de uma imagem, ou mesmo a aplicação automática de luz e sombra, representa uma aplicação deste conjunto de recursos.

Normal Map

Este conjunto de recursos trata de organizar aqueles que têm a habilidade de transformar quaisquer arquivos de imagens em arquivos de imagens utilizados para dar aparência de maior detalhamento em modelos (mapas do tipo Normal). A figura a seguir apresenta seus principais recursos.

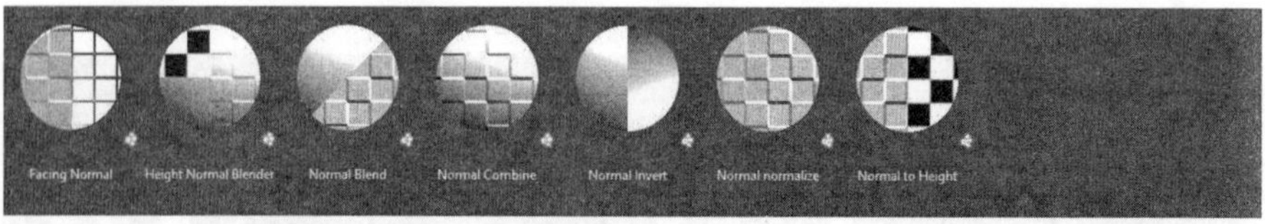

Mais utilizado em ambiente de jogo, o Normal Map é um mapa que simula uma alta geometria (Highpoly) em uma geometria com poucos detalhes (Lowpoly). Neste conjunto de recursos constam não apenas geradores de Normal Map, mas também conversores de diferentes formatos de arquivos para o mapa de Normal e vice-versa.

Tilling

O conjunto de recursos de Tilling aplica efeito de repetição das informações na elaboração de mapas. A figura a seguir apresenta seus principais recursos.

O efeito de repetição é bastante utilizado para favorecer a construção de arquivos de mapas apresentados em ambiente tridimensional. Mapas usados em cenários precisam da característica de repetição para que possam melhor ser utilizados em ambiente fílmico ou de jogo.

Transforms

O conjunto de recursos Transforms aplica transformações de informações nos Nodos para a construção de arquivos de mapas. A figura a seguir apresenta seus principais recursos.

Ações de transformação de tamanho ou ângulo das informações dos arquivos de imagens fazem parte das habilidades manipuladoras deste conjunto. Em certos momentos durante a construção dos arquivos de mapas, é possível haver a necessidade de manipular as informações deste modo.

4.4.2.3 Material Filters

Neste grupo de recursos encontram-se todos aqueles que permitem aplicar efeitos sobre os mapas disponíveis no Substance Designer. Não somente a habilidade de criar arquivos de mapas, mas criar diferentes efeitos, permite uma realização de mapas mais complexa.

1-Click

Este conjunto de recursos na verdade possui um item apenas: Bitmap to Material 2 Light. A figura a seguir apresenta o ícone deste item.

Por meio deste item, é possível manipular imagens como entrada e transformar um mapa com diversas saídas de outras imagens que podem ser usadas como mapas para revestimento de modelos. Por exemplo, com algumas entradas de texturas do tipo difusa, sujeira ou brilho, pode-se converter o comportamento de um mapa para saídas em arquivos de imagem do tipo Bitmap. Tais arquivos podem ser utilizados em softwares externos ao Substance Designer, simulando o comportamento de materiais.

Effects

Este conjunto de recursos na verdade possui também apenas um item: Season Filter. A figura a seguir apresenta o icone deste item.

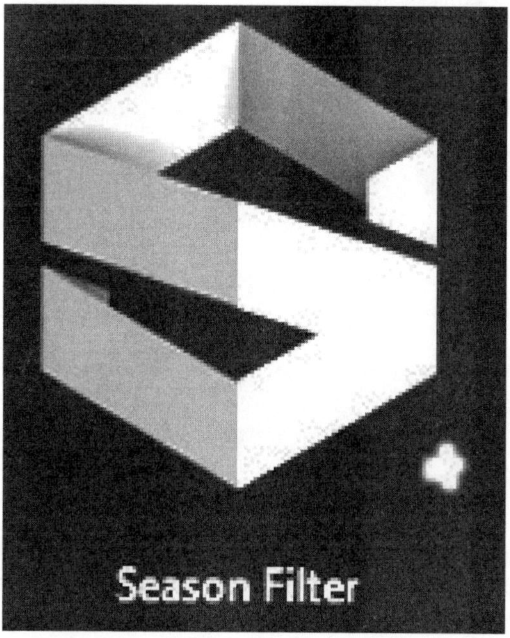

Este item representa um "Filtro de Estações" e, em seu painel em Parameters View, permite simular situações atmosféricas. Efeitos como água, neve ou mesmo musgo sobre superficies expostas às intempéries do tempo podem ser simulados por este recurso.

Transforms

Este conjunto de recursos permite atribuir transformações aos materiais. Este conjunto possui ainda um item de nome Material Transform, sendo que a figura a seguir apresenta o icone deste item.

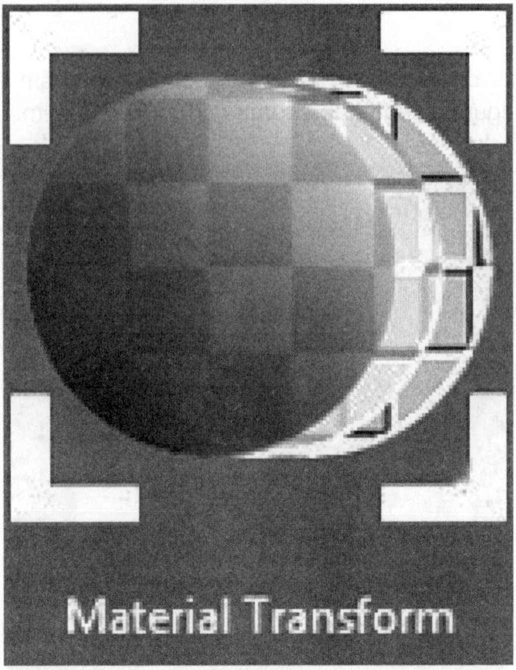

Algumas transformações nos mapas eventualmente se fazem necessárias. O uso deste item pode ser feito sempre que houver necessidade de se modificar um determinado mapa.

Blending

O conjunto de recursos Blending reúne aqueles que permitem a mistura dos efeitos. A figura a seguir apresenta os itens deste conjunto.

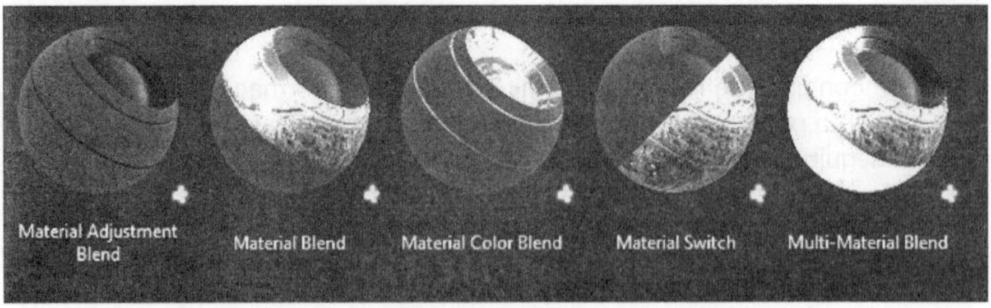

Diversos comportamentos de mapas são possíveis apenas com a mistura de diferentes itens dos materiais. Por exemplo, como representar uma superfície metálica altamente reflexiva com uma pintura fosca e ainda alguns pontos de oxidação na pintura de modo a revelar o que há por baixo? A mescla de efeitos pode responder a esta questão.

PBR Utilities

Este conjunto de opções reúne aqueles que são recursos adicionais aos mapas do tipo PBR. A figura a seguir apresenta os itens desde conjunto.

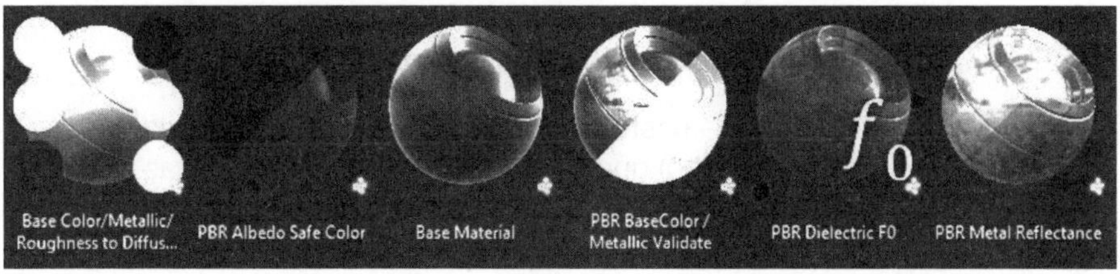

Eventualmente, algumas ações aditivas na construção de mapas do tipo PBR são necessárias. Este conjunto de recursos reúne alguns que podem contribuir para a melhoria na construção de mapas do tipo PBR consideravelmente. A seguir, cada um dos itens de PBR Utilities são comentados com relação aos seus parâmetros em Instance Parameters.

Base Color/Metallic/Roughness to Difuse

No seu Nodo, este recurso possui os seguintes itens em Input:

- Base Color – fornece entrada de cor base a partir de um arquivo ou cor sólida.

- Roughness – permite a entrada de informações para constituir os parâmetros de rugosidade do mapa.

- Metallic – permite definir informações de reflexão do mapa.

O Output fornece os seguintes recursos:

- Difuse – gera a saída para difusão do mapa.

- Specular – gera a saída para brilho especular do mapa.

- Glossiness – gera a saída para a abertura de brilho do mapa.

PBR Albedo Safe Color

No seu Nodo, este recurso possui os seguintes itens em Input:

- Difuse – informa ao Nodo que tipo de informação difusa entra no processamento.

- Metallic – informa os parâmetros de reflexão do Nodo por meio de arquivos ou imagens.

Como Output, este Nodo possui uma única saída, chamada de Input.

Como recursos em Parameters View, este Nodo disponibiliza:

- PBR Workflow – neste campo se define o tipo de Workflow (Fluxo de Trabalho) que o Nodo deve utilizar. Aqui duas opções estão disponíveis: Base Color – Metallic (para materiais que utilizem cor e reflexão) e Diffuse – Specular (para mapas com informações apenas de difusão e brilho especular).

- Tolerance – ajusta a tolerância a áreas escuras do mapa.

Base Material

No seu Nodo, este recurso possui os seguintes itens em Output:

- Base Color – cria uma saída de cor básica.

- Normal – cria uma saída de Normal Map.

- Roughness – cria uma saída para definir áreas rugosas.

- Metallic – cria uma saída metálica.

- Ambient Occlusion – cria um mapa de oclusão.

- Height – cria um mapa de altura para o Nodo.

Como recursos em Parameters View, este Nodo disponibiliza:

- PBR Workflow – neste campo, define-se o tipo de Workflow (Fluxo de Trabalho) a ser utilizado. Aqui duas opções estão disponíveis: Metal – Roughness e Specular – Glossiness (dependendo da escolha de Workflow, diferentes recursos podem se tornar ativos).

- Material Preset – permite escolher um comportamento a partir de uma lista.

- Base Color – definem-se aspectos básicos de cor.
- Metalic/Specular – permite definir aspectos de metal/brilho espcular.
- Roughness – Glossiness – contêm campos para ajustes de rugosidade de abertura de brilho.
- Height – possui parâmetros que manipulam o deslocamento de informação.
- User-Defined Maps – possui campos de recursos os quais o usuário pode ativar ou não. Tipicamente, para acionar os Inputs deste Nodo em Graphic View, o usuário deve marcar como True cada uma das opções.

PBR Base Color/Metalic Validation

No seu Nodo, este recurso possui os seguintes itens em Input:

- Base Color – fornece entrada de cor básica.
- Metallic – fornece entrada de informações metálicas.

Como Output, este Nodo apresenta apenas a saída de nome Validation, que efetivamente realiza a validação.

Como recursos em Parameters View, este Nodo disponibiliza:

- Validation Mode – oferece opções de validação do Nodo (atualmente as opções são Albedo, Metal e Combined).
- Tolerance – ajusta a tolerância a áreas escuras do mapa.
- Overlap Map – ajusta para que um mapa se sobreponha na composição.

PBR Direletric F0

Como Output, este Nodo possui uma única saída, chamada de Specular, e gera informações especulares apenas.

- Specular F0 – permite alterar os valores dielétricos a partir de uma lista de presets.

- Specular Range – define a área de alcance das informações especulares para reflexão. O valor 0.0 indica 3%, 0.5 indica 4% e 1.0 indica 4,7%.

PBR metal Reflectance

Este recurso apresenta um único Output (Metal Color), o qual fornece as informações de saída metálicas da composição.

Como recursos em Parameters View, este Nodo disponibiliza:

- Metal Color – define, a partir de uma lista de presets, um comportamento para o recurso.

4.4.2.4 Mesh Adaptative

Este grupo de recursos oferece alternativas para a edição de máscaras e efeitos nos modelos, como sujeira e desgaste nos cantos. Por este grupo, é possível criar efeitos de desgaste natural em superfícies, bastante útil para os modelos cujos cantos precisam demonstrar desgaste ou sujeira e vários outros efeitos similares.

Mask Generators

Este conjunto de opções apresenta aquelas que permitem a simulação de desgaste em superfícies, de modo procedural por meio de máscaras inteligentes. A figura a seguir apresenta os itens desde conjunto.

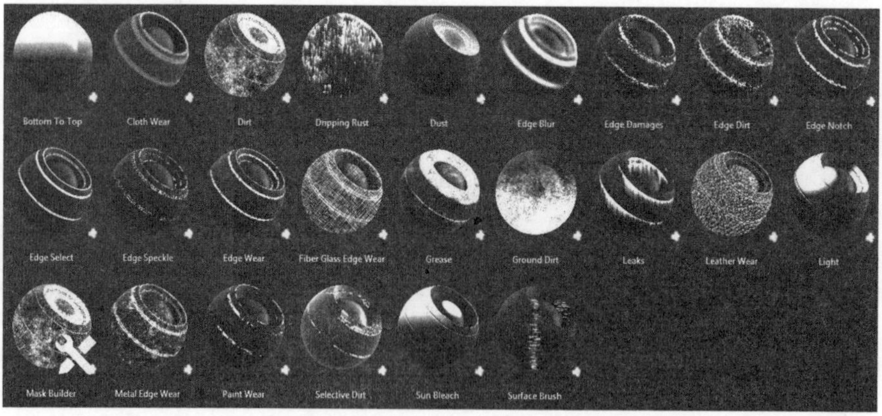

Criar efeitos de ranhuras nos modelos em seus cantos e áreas pequenas pode ser uma tarefa difícil e que demandaria muito tempo. Com este conjunto de opções, este trabalho pode ser acelerado.

Weathering

Por este conjunto de recursos, é possível desenvolver materiais que simulariam as intempéries do tempo. A figura a seguir apresenta os itens deste conjunto.

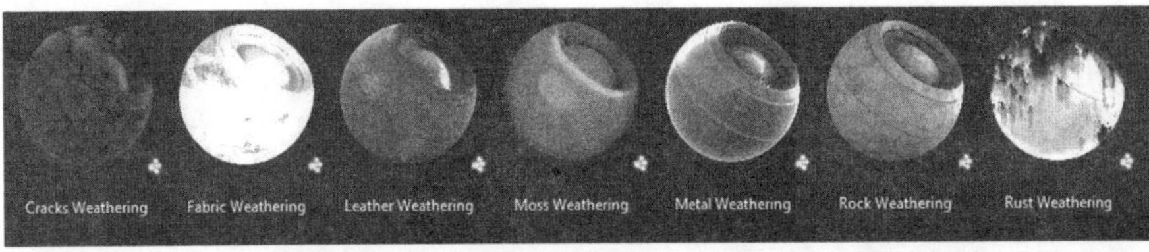

Com este conjunto de recursos pode-se desenvolver as intempéries do tempo para determinadas superfícies, como Cracks (Rachaduras), Fabric (Tecido), Leather (Couro), Moss (Musgo), Metal (Metais), Rock (Rocha) e Rust (Ferrugem). Todos os efeitos podem ser aplicados para simular materiais fisicamente realistas.

Utilities

Neste conjunto de recursos, encontram-se aqueles que se destinam a ser utilitários para a construção de materiais. A figura a seguir apresenta os itens deste conjunto.

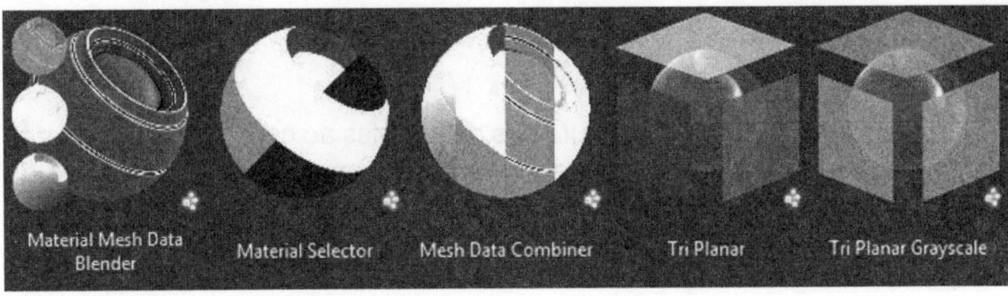

Cada item deste conjunto contribui para a melhoria da materialização de objetos.

4.4.2.5 Functions

Este grupo de recursos trabalha especificamente com funções matemáticas aplicáveis à construção de complexos efeitos procedurais. A figura a seguir apresenta uma amostra do conteúdo deste grupo, sendo que cada um é comentado a seguir.

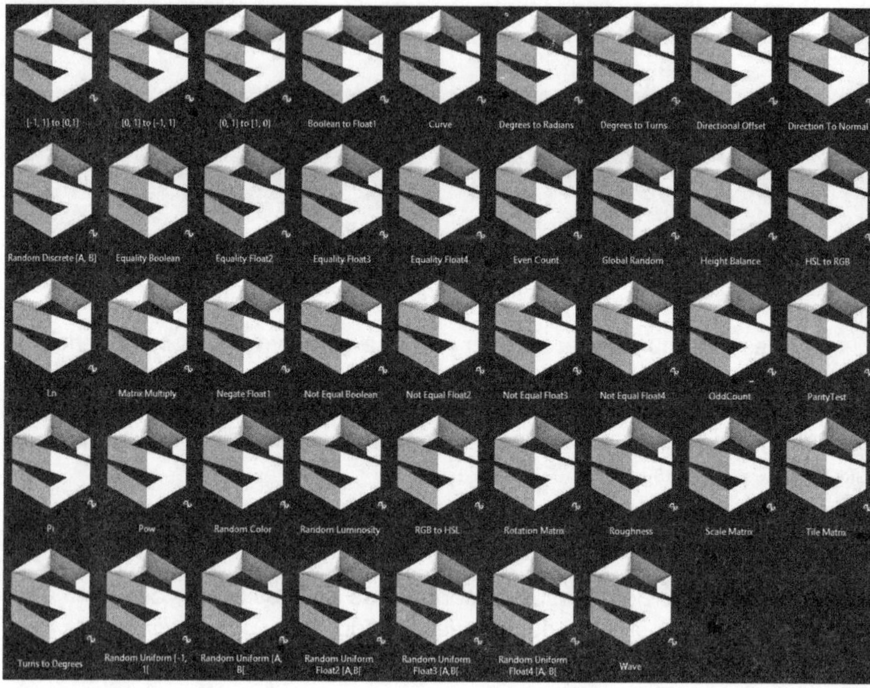

Color

Neste conjunto, constam as funções destinadas ao controle das cores dos mapas. A habilidade de manipular a correção de uma cor, ou a conversão de um formato para outro são imprescindíveis.

Comparison

Este conjunto de recursos reúne aqueles capazes de estabelecer comparações entre as informações.

Constant

Este conjunto de recursos na verdade possui apenas o Pi como recurso. Este é um valor que pode ser utilizado em equações complexas para se estabelecer valores constantes, sendo que o valor de Pi é um valor conhecido. **Conversion**

Este conjunto de recursos trata de reunir aqueles que permitam a conversão de valores. Eventualmente, a conversão de uma unidade do tipo Boolean (Booleana) para uma unidade Radian (Radiana) pode ser necessária. É aqui que os recursos necessários para isto são localizados.

Maths

Neste conjunto de recursos, são disponibilizados aqueles com habilidade em se trabalhar com equações matemáticas. As equações matemáticas são bastante comuns em complexos algoritmos.

Parity

Neste conjunto de recursos, as opções de paridade são disponibilizadas.

Random

Ações aleatórias eventualmente são necessárias e neste conjunto de recursos elas são encontradas. As ações que tornam os elementos aleatórios são necessárias na natureza, pois nela dificilmente se encontram elementos que são perfeitamente repetitivos.

Transformation

Neste conjunto de recursos, encontram-se aqueles destinados à transformação de elementos. A criação de matrizes complexas permite isto.

Various

A este conjunto de recursos são destinados aqueles que não se enquadram em nenhum dos anteriores.

4.4.2.6 3D View

Neste grupo de recursos encotram-se aqueles destinados à apresentação da interface 3D do programa. A seguir, seus recursos são apresentados.

Environment Maps

Este conjunto de recursos diz respeito à aplicação de mapas de ambiente na interface 3D do software. A figura a seguir apresenta os itens deste conjunto.

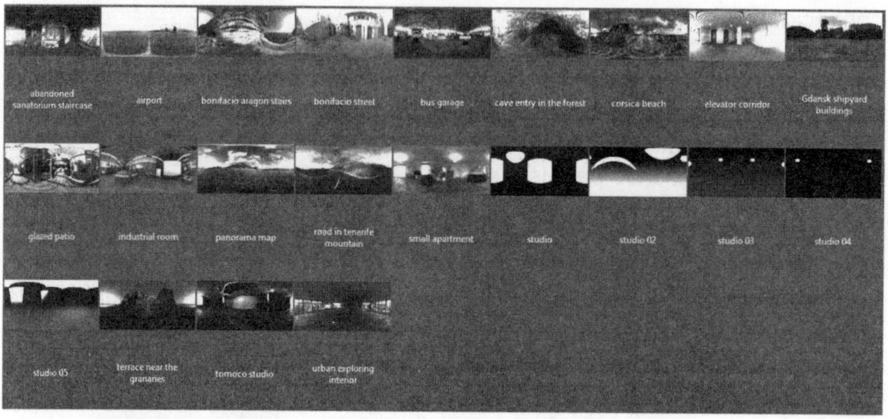

Este conjunto de recursos é bastante útil para variar o ambiente de fundo na interface do software 3D, pois, em certos mapas, o fundo precisa ser alterado para se atingir os melhores resultados. Em alguns casos, pode-se até mesmo alterar o fundo para se construir imagens de apresentação mais bem acabadas.

4.4.2.7 PBR Materials

Este grupo de recursos traduz-se pelos recursos do tipo PBR (Physicaly Based Rendering), que são os Nodos que atuam de maneira fisicamente real. Conforme comentado anteriormente, todo recurso da Library adicionado ao Graph View pode assumir parâmetros configuráveis, acessíveis em Parâmeters View. Uma vez selecionado um Nodo qualquer, as opções que surgem para que seja modificado são apresentadas conforme a figura a seguir.

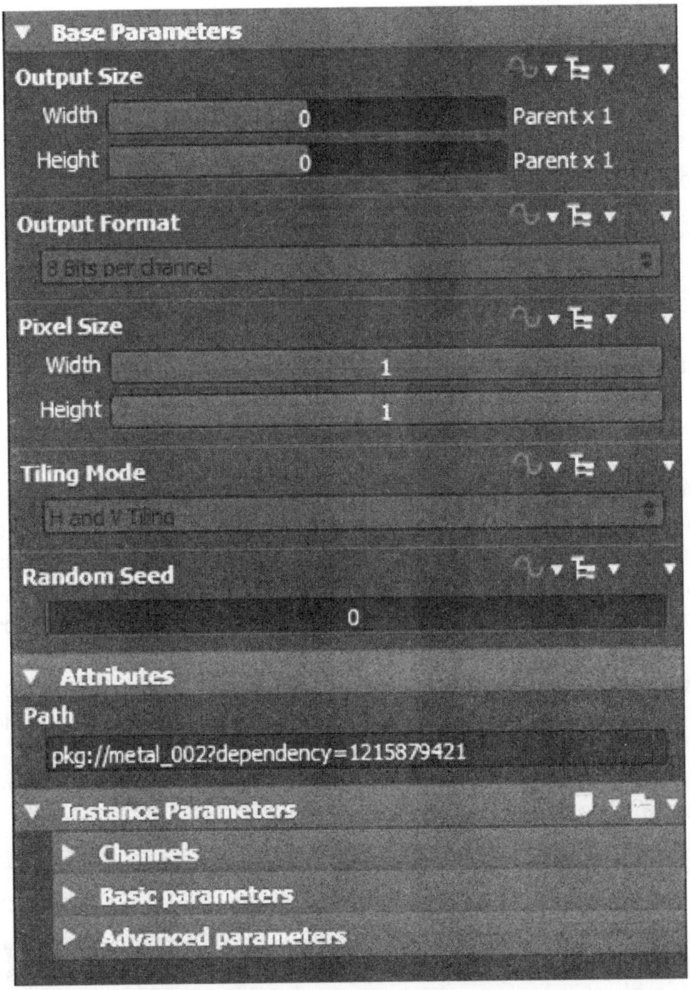

Seus recursos neste painel são definidos por:

Base Parameters

Aqui se define atributos básicos aos recursos.

- Output Size – define o tamanho de saída do mapa e seus arquivos de texturas (aqui as unidades referem-se à proporção do arquivo).
- Output Format – define o formato de saída dos arquivos.
- Pixel Size - define o tamanho do arquivo em unidades de pixeis.

- Tilling Mode – define a repetição do arquivo de textura em diferentes direções.

- Random Seed – define os aspectos de aleatoriedade do material.

Attributes

Define atributos do Nodo selecionado:

- Path – determina o caminho para localizar o nodo.

Instance Parameters

Este grupo de opções determina as configurações específicas para os recursos. Embora contenham, na grande maioria, os mesmo grupos de opções, internamente cada um pode apresentar itens diferentes para cada. A investigação deve ser aplicada ao estudo dos mapas e a forma como podem ser manipulados, pois somente desta forma o usuário será capaz de compreender plenamente o que é possível fazer. Por meio desta investigação e experimentação prática, adquire-se repertório que possibilitará a construção de materiais cada vez mais complexos. A seguir, seus conjuntos de recursos são apresentados, bem como alguns de seus itens. Os grupos de opções em Instance Parameters, definidos por Channels e Basic Parameters, praticamente repetem seus recursos entre si. Advanced Parameters apresenta a maior variação entre os recursos. Por esta razão, os grupos de opções são tratados individualmente neste ponto.

Channels

Aqui é possível determinar quais saídas devem estar ativas ou não no recurso. Dependendo do que o usuário ativar, mais campos ou menos campos são disponibilizados em Parameters View. As opções para habilitar (True) ou não (False) são:

- Diffuse – habilita a saída de difusão do recurso.

- Base Color – permite adicionar uma saída de cor básica.

- Normal – habilita a saída de Normal Mapping.

- Specular – gera uma saída de brilho especular, com relação a sua altura de brilho.

- Glossiness – define a abertura de brilho especular.

- Roughness – define os parâmetros de rugosidade.

- Metallic – define os parâmetros metálicos.
- Ambient Occlusion – gera uma saída de oclusão de ambiente.
- Height – gera um mapa de altura.

Basic Parameters

Aqui se pode tratar das configurações básicas dos recursos, tais como Luminosity (Luminosidade), Contrast (Contraste), Saturation (Saturação), etc. Os campos disponíveis para edição neste grupo de opções são apresentados a seguir:

- Luminosity – define a intensidade de luminosidade do recurso.
- Contrast – configura o contraste aplicado ao recurso.
- Hue Shift – permite configurar parâmetros de cores.
- Saturation – configura a saturação do recurso.
- Normal Intensity – define a intensidade de força do Normal Mapping.
- AO Spreading – configura os parâmetros de Ambient Occlusion.
- Height Range – define a área de atuação do mapa do tipo Height (Altura).
- Height Position – define a posição do mapa do tipo Height (Altura).

Advanced Parameters

Este grupo de opções varia seus recursos conforme o Nodo selecionado. Aqui são apresentados, em linhas gerais, os recursos para cada um.

4.4.2.7.1 Bricks

Aqui são agrupados os recursos com características que permitem a construção de materiais do tipo Brick (Tijolos). A imagem a seguir apresenta os itens dentro deste conjunto de recursos.

Atualmente, são duas opções de mapas PBR para Bricks, sendo uma mais modular, e outra com possibilidades de montagem em diferentes formas. As opções apresentadas em Advanced Parameters para este grupo de recursos referem-se às alterações de quantidade, distribuição ou mesmo tamanho dos tijolos. Pode-se configurar exposição de contraste e variação tonal inclusive por meio dos controles disponíveis conforme o item selecionado.

4.4.2.7.2 Concrete

Neste conjunto de recursos, organizam-se aqueles destinados à contrução de mapas que simulam concretos dos mais vairados tipos. A imagem a seguir apresenta os itens dentro deste conjunto de recursos.

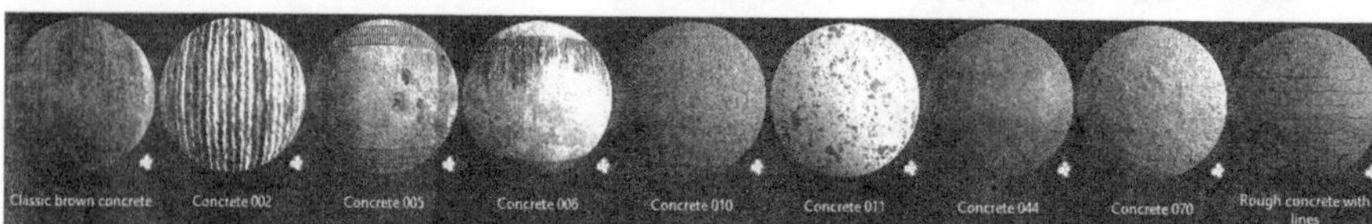

Os recursos que simulam o concreto são usados para cobrir áreas em cenários. Eventualmente, estes mesmos recursos podem ser utilizados para cobrir superfícies com mais informações nas imagens, quando configurados adequadamente. Para cada recurso desta categoria, em Advanced Parameters, pode-se modificar a estrutura compositiva, alterando desde as ranhuras constantes até a escala tonal aplicada. A aplicação de sujeira e efeitos de colocação também podem ser configurados neste grupo de opções.

4.4.2.7.3 Fabric

Este conjunto de recursos permite construir mapas que simulam tecidos. A imagem a seguir apresenta os itens dentro deste conjunto de recursos.

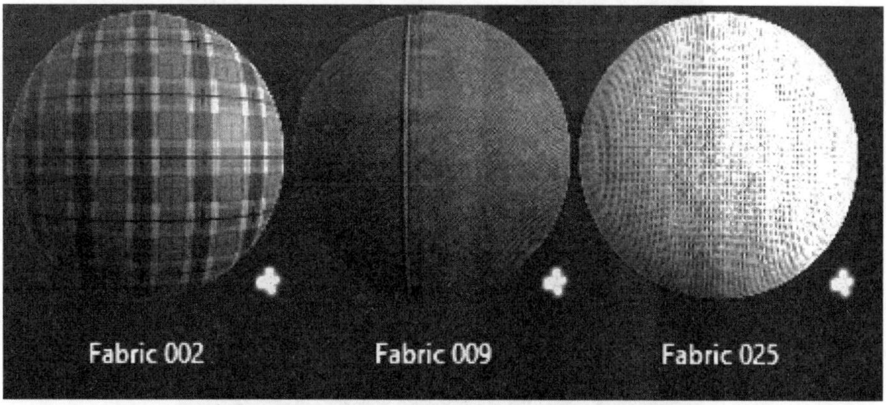

Os recursos que simulam superfícies de tecido são muito importantes para a Computação Gráfica para melhor simular roupas de objetos. Com a habilidade de manipular materiais que simulam superfícies de tecidos, se alcança um alto grau de realismo. Em Advance Parameters, pode-se definir a variação do tecido do material, alterando a quantidade de sua trama em diferentes direções. A alteração tonal, bem como as variações de luminosidade, são disponibilizadas em certos itens neste grupo de opções.

4.4.2.7.4 Ground

Este conjunto de recursos apresenta aqueles destinados à construção de supercícies que servem de chão. Atualmente, este grupo possui um item denominado de Gravel (Cascalho). A imagem a seguir apresenta os itens dentro deste conjunto de recursos.

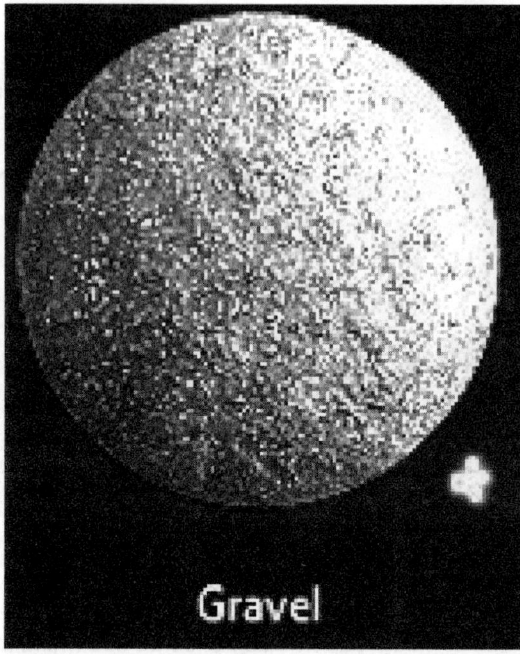

A habilidade de desenvolver superfícies que representam chão com realidade é de extrema valia ao ambiente computacional, pois, dependendo do projeto, diferentes modos de organizar os mapas para representar diferentes aspectos de solo são necessários. Em Advanced Parameters, pode-se modificar a estrutura de informações do mapa, traduzindo-se em alterações das marcas ou ruídos que este produz.

4.4.2.7.5 Metal

Este conjunto de recursos refere-se aos disponíveis para se representar superfícies metálicas. A imagem a seguir apresenta os itens dentro deste conjunto de recursos.

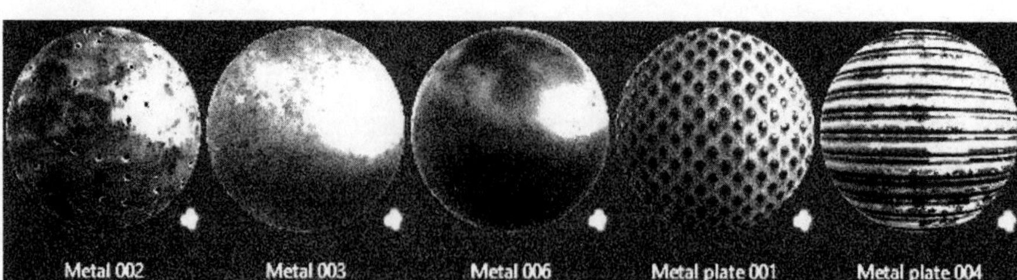

As superfícies metálicas são altamente complexas para realizar sua simulação. Um recurso como o aqui apresentado é de suma importância para a realização de mapas metálicos convincentes. Para este tipo de mapa, em Advanced Parameters, pode-se configurar seus parâmetros comportamentais para ranhuras, aspecto de brilho e reflexão, sujeira, alteração de escala de detalhes e diversos outros recursos que se traduzem como efeitos. Evidentemente, cada recurso conterá seus itens de configuração, podendo-se ou não repetir uma determinada opção entre outros recursos do mesmo grupo.

4.4.2.7.6 Paper

Este conjunto de recursos representa aqueles destinados à construção de mapas do tipo papel ou semelhantes. A imagem a seguir apresenta os itens dentro deste conjunto de recursos.

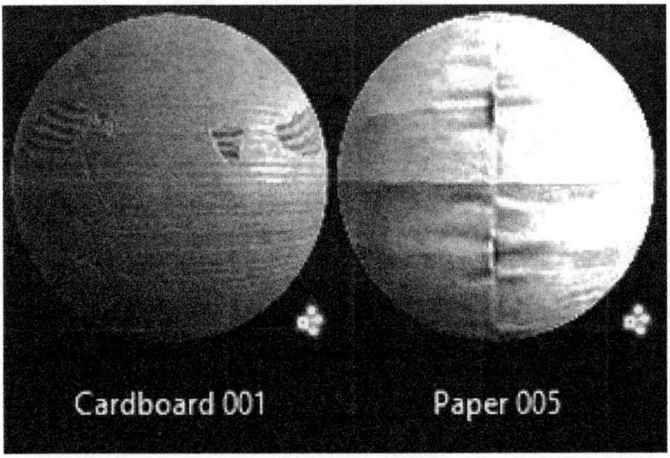

Não somente superfícies de papel são simuladas aqui, mas toda aquela com características similares aos papéis. Em Advanced Parameters deste recurso, pode-se configurar itens como escala, sujeira, idade do papel, repetição de variações, escala tonal e diversos outros itens relacionados.

4.4.2.7.7 Pavement

O conjunto de recursos de Pavement é destinado a simular as superfícies de calçadas. A imagem a seguir apresenta os itens dentro deste conjunto de recursos.

Elemento de extrema importância em projetos arquitetônicos, a projeção em mapas sobre calçadas é bastante utilizada. Em Advanced Parameters deste recurso, pode-se alterar a variação de repetição dos ladrilhos em X e Y, aplicar desordem na composição, aplicar efeitos atmosféricos como água, neve ou gelo, bem como alterar a escala tonal.

4.4.2.7.8 Tiles

Este conjunto de recursos definido como Tiles (Azulejos) permite a criação modular de azulejos para pisos e paredes em geral. A imagem a seguir apresenta os itens dentro deste conjunto de recursos.

Tiles é outro recurso de suma importância para a boa representação de imagens arquitetônicas ou cenográficas. Em Advanced Parameters deste recurso, pode-se controlar a distribuição dos ladrilhos em dois eixos (X e Y), bem como sua variação de escala tonal. A definição de efeitos como sujeira, riscados e afins também são disponibilizados conforme o recurso selecionado neste grupo.

4.4.2.7.9 Wood

Este conjunto de recursos reúne todos aqueles destinados à construção de mapas que visem a simulação de madeira. A imagem a seguir apresenta os itens dentro deste conjunto de recursos.

As madeiras em ambiente digital são bastante utilizadas e necessitam de grande entendimento sobre sua forma e constituição. Utilizar um recurso que permita simular eficazmente uma superfície em madeira é de suma importância para cenários arquitetônicos. Em Advanced Parameters para este grupo, pode-se definir desde a composição de fibras da madeira, até mesmo sua escala tonal. Alterações de idade e de composição de repetição de tábuas também estão disponíveis conforme o recurso selecionado.

4.4.2.7.10 Stone

O conjunto de recursos definido como Stone (Pedras) armazena todos aqueles destinados à simulação de pedras. Quando estes recursos estão disponíveis, são apresentados neste conjunto de recursos.

4.4.2.8 Favorites e My_Library

O grupo Favorites (Favoritos) representa a reunião dos recursos favoritos pelo usuário, segundo seus critérios. Para adicionar um recurso qualquer à lista de Favoritos, basta selecionar um item na Library e clicar com o botão direito do mouse, escolhendo Add to My Favorites.

O grupo de recursos My_Library é uma pasta criada pelo usuário, para que este possa salvar e organizar seus filtros modificados ou criados. Para criar uma pasta, na Library deve-se clicar no ícone de nome Add folder. Para adicionar um filtro a esta pasta, basta clicar com o botão direito sobre ela e escolher Add Filter, configurando-o como necessitar.

CAPÍTULO 5

Funções

Nesta seção, são apresentadas as funções que os gráficos de substances podem utilizar. Com as funções, maior dinamismo é aplicado à composição de gráficos no Substance Designer.

5.1 O que são Funções

Na linguagem do Substance Designer, cada parâmetro exposto é controlado por diversas funções associadas a este. Quando se deixa exposto um parâmetro, o sistema criará uma função automaticamente. As funções disponíveis no sistema do Substance Designer são muito parecidas com funções de outros softwares, podendo ser bastante úteis ou até mesmo essenciais para o desenvolvimento de determinados efeitos. A Imagem a seguir apresenta uma função de exemplo do tipo Equality_Float2.

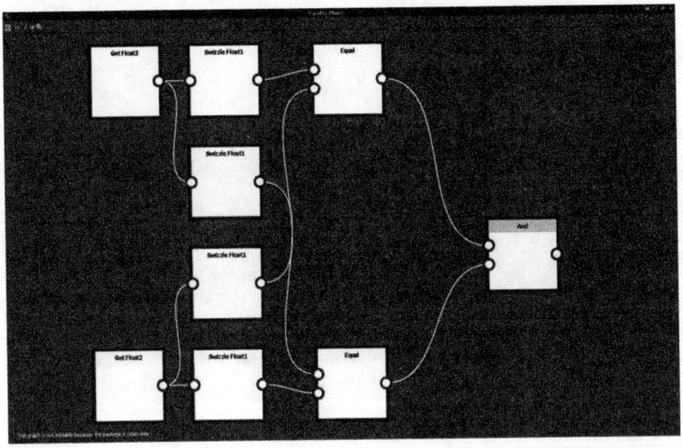

A função utilizada na imagem anterior não permite que seu gráfico seja alterado, pois é uma função do sistema. Em outros casos, a edição de funções é possível.

5.2 Criando e Editando Funções

Para editar uma função, como dito anteriormente, primeiro se faz necessário deixar exposto algum parâmetro de edição, depois, no painel Parameters View, deve-se escolher "Expose", conforme a figura a seguir mostra.

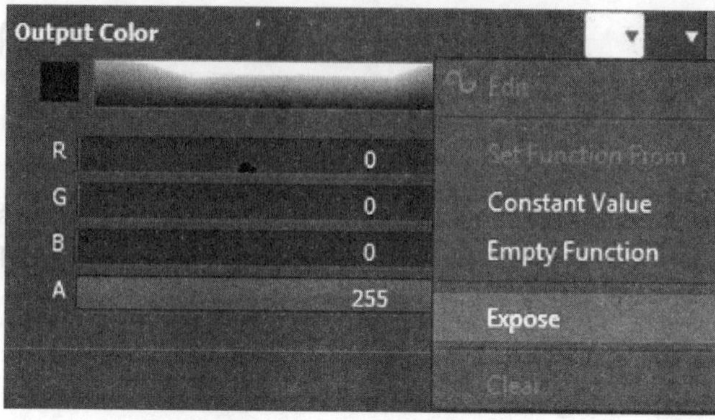

Para se chegar até o parâmetro exposto, foi utilizado um Nodo de exemplo (Uniform Color), selecionando-o em Graph View e escolhendo o grupo de opções Output Color. Neste grupo, foi clicado no ícone "Manage the function" (um ícone com um pequeno gráfico cortado por uma linha horizontal), que dá acesso às configurações de funções de saída do elemento, e a opção "Expose" para expor este parâmetro. Fazendo isto, surge uma nova caixa de diálogo que solicita os parâmetros de exposição do recurso, conforme a figura a seguir mostra.

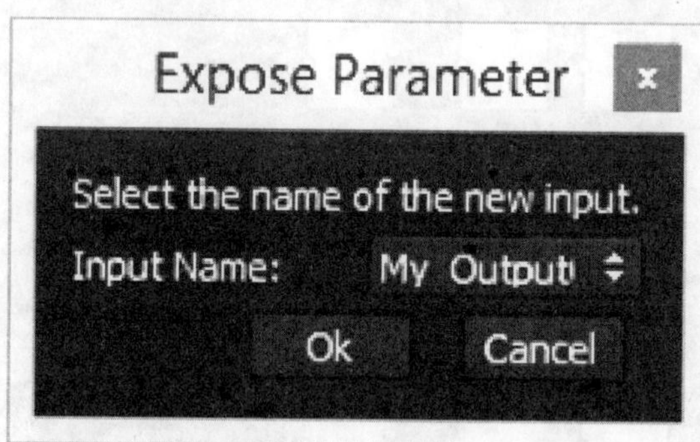

Pode-se utilizar um nome sugerido pelo sistema ou escolher um personalizado no menu estendível Input Name (neste exemplo, foi atribuído um nome personalizado de "My_OutputColor"). Repare que, ao fazer isto, os parâmetros configuráveis de Output Color ficam ocultos. Para que se possa manipulá-los, clique no mesmo ícone de nome "Manage the function", escolhendo Edit para editar os parâmetros.

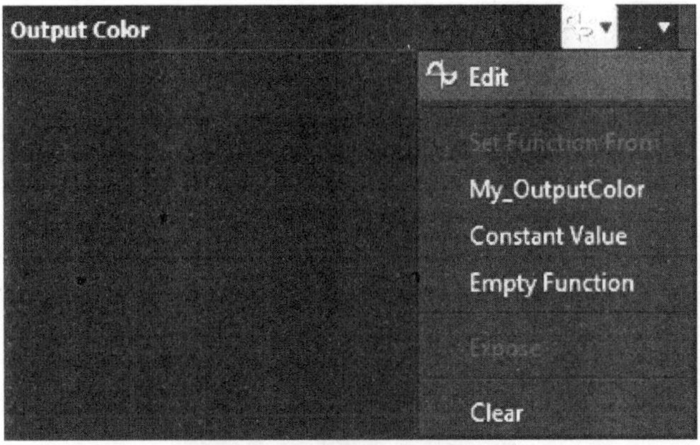

Desta forma, o sistema permite abrir uma nova aba em Graph View, onde vê-se um Nodo (é o Módulo de Função, ou Function Mode). Ao clicar sobre este Nodo, em Parameters View, é exibido o nome dado à função (My_ OutputColor), conforme a figura a seguir mostra.

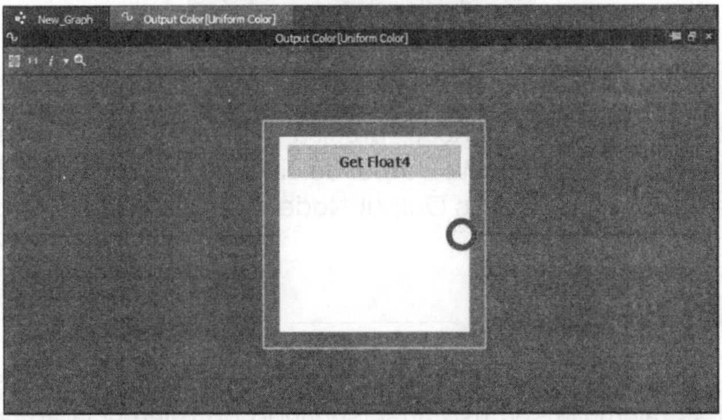

Agora, para se atribuir alguma função ao gráfico, o processo é o mesmo para quando se criam Nodos de materiais (clique com botão direito em uma área vazia de Graph View, escolhendo Add Element > e localizando na lista a função desejada. Pode-se simplesmente pressionar a barra de espaços em uma área vazia de Graph View e escolher a função desejada diretamente.

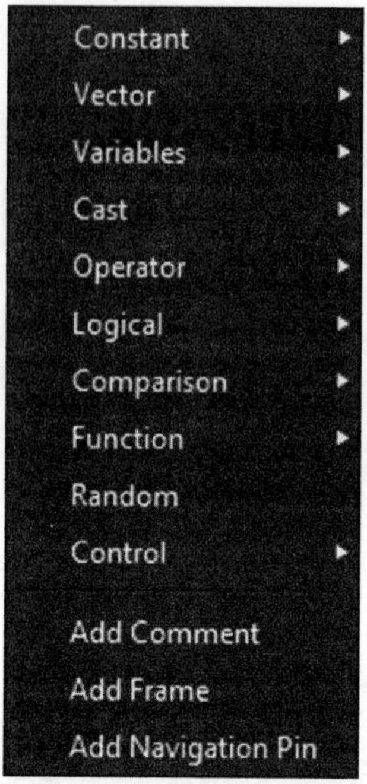

Lembrando que toda função precisa de um Output para funcionar corretamente. Pode-se criar este Output adicionando e selecionando um Nodo no gráfico e escolhendo "Set as Output Node" para definir uma saída gráfica.

5.3 Função dos Nodos

Neste ponto, são apresentadas as classes de funções e suas principais características, além de seu uso final, servindo de referência ao leitor. A lista apresentada a seguir segue a mesma lista de opções de Funções disponibilizadas em Graph View ao se pressionar a barra de espaços em local vazio. Ao selecionar o Nodo criado em Parameters View, suas opções são mostradas. Cada Nodo tem seu próprio painel e seus recursos são constantemente atualizados pela Allegorithmic na página de ajuda da ferramenta de Substance Designer.

5.3.1 Constant

Esta classe de funções permite adicionar ações que seguem valores constantes, divididas conforme a figura a seguir mostra.

Elemento Constant			
Tipo	Input	Output	Descrição
Float	-	Float	Define um valor de flutuação constante.
Float2	-	Float2	Define um vetor constante de 2 valores flutuantes.
Float3	-	Float3	Define um vetor constante de 3 valores flutuantes.
Float4	-	Float4	Define um vetor constante de 4 valores flutuantes.
Integer	-	Integer	Define um valor constante e inteiro.
Integer2	-	Integer2	Define um vetor constante de 2 valores inteiros.
Integer3	-	Integer3	Define um vetor constante de 3 valores inteiros.
Integer4	-	Integer4	Define um vetor constante de 4 valores inteiros.
Boolean	-	Boolean	Define um valor booleano constante.

5.3.2 Vector

Esta classe de funções permite adicionar ações vetoriais, divididas conforme as figuras a seguir mostram.

Elemento Vector			
Tipo	Input	Output	Descrição
Vector Float2	Float1	Float2	Lança 2 valores que flutuam em um vetor com 2 coordenadas.
Vector Float3	Float1/Float2	Float3	Lança 2 valores que flutuam em um vetor com 3 coordenadas.
Vector Float4	Float1/2/3	Float4	Lança 2 valores que flutuam em um vetor com 4 coordenadas.
Swizzle Float1	Vector Float	Float1	Extrai uma flutuação de coordenadas a partir de um vetor.
Swizzle Float2	Vector Float	Float2	Extrai 2 coordenadas flutuantes a partir de um vetor.
Swizzle Float3	Vector Float	Float3	Extrai 3 coordenadas flutuantes a partir de um vetor.
Swizzle Float4	Vector Float	Float4	Extrai 4 coordenadas flutuantes a partir de um vetor.

Elemento Vector			
Tipo	Input	Output	Descrição
Vector Integer2	Integer2	Vector Integer2	Lança 2 valores inteiros em um vetor com 2 coordenadas.
Vector Integer3	Integer3	Integer3	Lança 2 valores inteiros em um vetor com 3 coordenadas.
Vector Integer4	Integer4	Integer4	Lança 2 valores inteiros em um vetor com 4 coordenadas.
Swizzle Integer1	Vector Integer	Integer1	Extrai um número inteiro de coordenadas a partir de um vetor.
Swizzle Integer2	Vector Integer	Integer2	Extrai 2 números inteiros de coordenadas a partir de um vetor.
Swizzle Integer3	Vector Integer	Integer3	Extrai 3 números inteiros de coordenadas a partir de um vetor.
Swizzle Integer4	Vector Integer	Integer4	Extrai 4 números inteiros de coordenadas a partir de um vetor.

5.3.3 Variables

Esta classe de funções permite adicionar ações que recuperam valores de variáveis, divididas conforme a figura a seguir mostra.

Elemento Variables			
Tipo	Input	Output	Descrição
Set	Any	Input Type	Define uma variável.
Get Integer1	-	Integer1	Obtêm uma função ou gráfico Integer1 como valor de entrada.
Get Integer2	-	Integer2	Obtêm uma função ou gráfico Integer2 como valor de entrada.
Get Integer3	-	Integer3	Obtêm uma função ou gráfico Integer3 como valor de entrada.
Get Integer4	-	Integer4	Obtêm uma função ou gráfico Integer4 como valor de entrada.
Get Float1	-	Float1	Obtêm uma função ou gráfico de valor flutuante como entrada.
Get Float2	-	Float2	Obtêm uma função ou gráfico Float2 como valor de entrada.
Get Float3	-	Float3	Obtêm uma função ou gráfico Float3 como valor de entrada.
Get Float4	-	Float4	Obtêm uma unção ou gráfico Float4 como valor de entrada.
Get Boolean	-	Boolean	Obtêm uma função ou gráfico booleano como valor de entrada.

5.3.4 Cast

Esta classe de funções permite adicionar ações do tipo conversoras, divididas conforme a figura a seguir mostra.

Elemento Cast			
Tipo	Input	Output	Descrição
To Float	Integer1	Float1	Converte um valor Integer em um valor Float.
To Float2	Integer2	Float2	Converte um valor Integer2 em um Float2.
To Float3	Integer3	Float3	Converte um valor Integer3 em um Float3.
To Float4	Integer4	Float4	Converte um valor Integer4 em um Float4.
To Integer	Float1	Integer1	Converte um valor Float em um valor Integer.
To Integer2	Float2	Integer2	Converte um valor Float2 em um valor Integer2.
To Integer3	Float3	Integer3	Converte um valor Float3 em um valor Integer3.
To Integer4	Float4	Integer4	Converte um valor Float4 em um valor Integer4.

5.3.5 Operator

Esta classe de funções permite adicionar ações do tipo matemáticas, divididas conforme a figura a seguir mostra.

Elemento Operator			
Tipo	Input	Output	Descrição
Add	Vector Float Integer	Tipo de A & B	Adiciona 2 valores do mesmo tipo: A + B
Subtraction	Vector Float Integer	Tipo de A & B	Subtrai 2 valores do mesmo tipo: A - B
Multiplication	Vector Float Integer	Tipo de A & B	Multiplica 2 valores do mesmo tipo: A * B
Scalar Multiplication	Vector Float	Tipo de A	Multiplica um valor por um valor flutuante: A *scalar
Division	Float1 Integer1	Tipo de A	Divide dois valores do mesmo tipo: A / B
Negation	Float1 Integer1	Tipo de A	Retorna o valor negativo: - A
Modulo	Float1 Integer1	Tipo de A	Retorna o valor do módulo: mod (a, divisor)
Dot Product	vector Float	Tipo de A e B	Retorna o ponto do produto de 2 valores do mesmo tipo: dot (A,B)

5.3.6 Logical

Esta classe de funções permite adicionar ações do tipo lógicas que oferecem retorno de informações, divididas conforme a figura a seguir mostra.

Elemento Logical			
Tipo	Input	Output	Descrição
And	Booleano	Booleano	Retorna verdadeiro se uma das entradas booleanas for verdadeira. Retorna falso se uma das entradas for falsa.
Or	Booleano	Booleano	Retorna verdadeiro se uma das entradas booleanas for verdadeira. Retorna falso se as entradas forem falsas.
Not	Booleano	Booleano	Retorna a negação da entrada booleana: !A

5.3.7 Comparison

Esta classe de funções permite adicionar ações do tipo comparação entre valores, divididas conforme a figura a seguir mostra.

Elemento Comparison			
Tipo	Input	Output	Descrição
Igual	Float1 Integer1	Booleano	Retorna verdadeiro se A = B
N'ao Igual	Float1 Integer1	Booleano	Retorna verdadeiro se A != B
Maior	Float1 Integer1	Booleano	Retorna verdadeiro se A > B
Maior ou Igual	Float1 Integer1	Booleano	Retorna verdadeiro se A >= B
Menor	Float1 Integer1	Booleano	Retorna verdadeiro se A < B
Menor ou Igual	Float1 Integer1	Booleano	Retorna verdadeiro se A <= B

5.3.8 Function

Esta classe de funções permite adicionar ações diversas, divididas conforme as figuras a seguir mostram.

Elemento Functions			
Tipo	Input	Output	Descrição
Absolute	Float1 Integer1	Float1	Retorna o valor absoluto de A: ABS (A).
Floor	Float1 Integer1	Float1	Retorna o maior, menor ou igual valor de A: Floor(A).
Ceil	Float1 Integer1	Float1	Retorna o menor valor superior ou igual A: Ceil(A).
Cosine	Float1 Integer1	Float1	Retorna o valor de coseno de A: Cos(A).
Sine	Float1 Integer1	Float1	Retorna o valor de seno de A: Cos(A).
Tangent	Float1 Integer1	Float1	Retorna o valor de tangent de A: Cos(A).
Arc Tangent	Vector Float 2	Float1	Retorna o valor do arco de 2 valores relativos a Vector2: Arctan2(xa, ya).
Cartesian	Float1	Float2	Converte duas coordenadas polares para coordenadas cartezianas: Carth(rho, theta).

Elemento Functions			
Tipo	Input	Output	Descrição
Square Root	Float1 Integer1	Float1	Retorna a raiz quadrada de um determinado valor.
Logarithmic	Float1 Integer1	Float1	Retorna o valor logarítimo de um determinado valor A: log(a).
Exponential	Float1 Integer1	Float1	Retorna o valor exponcial de um determinado valor A: exp(a).
Pow 2	Float1 Integer1	Float1	Retorna o valor em potência de 2 de um determinado valor.
Linear Interpolation	Float1 Integer1	Float1	Retorna a interpolação linear entre 2 valores, dependendo da flutuação de valor: (1-x)a + x*b.
Minimum	Float1 Integer1	Tipo de A & B	Retorna o valor mínimo entre A e B.
Maximum	Float1 Integer1	Tipo de A & B	Retorna o valor máximo entre A e B.

5.3.9 Random

Esta classe de funções permite adicionar valores aleatórios, divididas conforme a figura a seguir mostra.

Elemento Random			
Tipo	Input	Output	Descrição
-	Float1	Float1	Gera valores flutantes que variam entre 0 (zero) e A.

5.3.10 Control

Esta classe de funções permite adicionar ações de controle, divididas conforme a figura a seguir mostra.

Elemento Control			
Tipo	Input	Output	Descrição
Sequência	Qualquer um	Tipo de Entrada	Permite escolher, entre dois valores, qual será computado primeiro.
If... Else	Booleano A & B	Tipo de A & B	Retorna o valor verdadeiro se a condição em If for verdadeira. Retorna falso se for falso em If.

5.3.11 Samplers

Esta classe de funções permite adicionar ações de amostragem, divididas conforme a figura a seguir mostra.

Elemento Samplers			
Tipo	Input	Output	Descrição
Sample Grey	Vector Float2	Float4	Retorna valores de entrada de uma imagem em escala de cinza, dada as coordenadas UV (Float2).
Sample Color	Vector Float2	Float4	Retorna valores de entrada de uma imagem em escala de cores, dada as coordenadas UV (Float2).

5.3.12 Opções Add

Add Comment – adiciona um comentário no gráfico de funções;

Add Frame - adiciona um frame (quadro) para melhor organizar os elementos;

Add Navigation Pin – em gráficos muito extensos, pode-se adicionar Pins para facilitar a navegação.

5.4 Variáveis

5.4.1 O que são Variáveis

Dentro da lógica de utilização do Substance Designer, no que diz respeito ainda às Funções, é possível definir como utilizar variáveis próprias em funções. Por exemplo:

Use Variables > Get... – permite obter uma variável, sendo possível escolher uma em uma lista;

Use Constants > Set... – permite definir uma variável como constante.

5.4.2 Variáveis Globais

Dentro do Substance Designer, qualquer parâmetro de Input é definido como uma variável do tipo global que pode ser acessada com uma variável de Nodo. Sendo que, para se criar variáveis, deve-se ir ao Input Parameters do Graph Parameter e escolher o ícone "+" para criar uma variável.

5.4.3 Sistema de Variáveis

Um sistema de variáveis é um sistema complexo que pode ajudar a acessar valores específicos dentro de funções, sendo possível a utilização de FX-Maps e funções do sistema. As variáveis são sempre exibidas com o símbolo "$". As figuras a seguir apresentam algumas funções disponíveis em Substance Designer.

Elemento Nodo Functions e FX-Maps			
Nome	Particular	Tipo	Propósito
$pos	-	Float2	Retorna a posição de nascimento oposta ao padrão. O resultado sempre é um valor entre 0 e 1.
$size	-	Float2	Retorna o tamanho do nodo atual em pixeis. Se usado em Output Size (relacionado ao Input), retorna o tamanho do nodo anterior.
$sizelog2	-	Float2	Como explicado acima, mas retorna o tamanho em potência de 2 (PW2) (ex.: para 2048x2048, $sizelog retorna 11).
$time	-	Float1	Esta variável retorna o tempo em segundos desde que a apresentação da engine de Substance seja iniciada.

Estas funções trabalham em conformidade com os FX-Maps e o sistema do Substance Designer, atribuindo maior flexibilidade para a criação de Nodos complexos.

Elemento FX-Maps apenas			
Nome	Particular	Tipo	Propósito
$depth	-	Float1	Retorna o oitavo nível de nodo de FX-Maps.
$depthpow2	-	Float1	Como acima, mas retorna 2 valores elevados a potência do oitavo nível.
$number	Iterate Nodes Only	Float1	Retorna o número de desenho de padronagens.

As funções apresentadas acima atuam apenas com FX-Maps. Tais funções são a base mais profunda de construção dos elementos gráficos dentro do Substance Designer (Nodos), pois com eles se formam os recursos da ferramenta disponibilizados ao usuário.

CAPÍTULO 6

FX-Maps

Nesta seção são apresentados os recursos especiais de FX-Maps. Com eles, podem-se criar efeitos contidos na biblioteca de forma única e customizada. Serão apresentados ainda a forma de manipulação de FX-Maps e sua aplicação final.

6.1 Sobre os FX-Maps

6.1.1 O que são os FX-Maps

Os FX-Maps são Nodos que permitem a criação de arquivos de imagens procedurais, ou seja, com resolução infinita, o que configura umas das grandes vantagens tecnológicas do Substance Designer. Uma de suas tecnologias é o fato de se poder construir arquivos de imagens totalmente procedurais e em nível realista, o que alguns softwares conseguem fazer.

Segundo o arquivo de ajuda online do Substance Designer, um FX-Map é representado por um tipo especial de gráfico denominado como Markov Chain (Corrente de Markov). Isto é representado por um processo simples definido pela repetição, reaplicação e subdivisão de uma imagem em várias interações. Em cada uma, a imagem pode sofrer alterações ou transformações como a mudança de posição, rotação e mesmo mistura entre outros componentes. O resultado no fim desta cadeia de eventos fornece um sistema simples de padronagens com complexas informações incutidas no arquivo de imagem. Aliado a isto, as Funções entram na composição dos Nodos e, a partir disto, os recursos primários do Substance Designer são produzidos.

6.1.2 Para que servem os FX-Mpas

A utilidade mais comum de FX-Maps refere-se à criação de padronagens repetitivas, como ladrilhos, concretos ou tijolos, com a utilização de recursos como Perlin, Browniam e Gaussian Noises. Assim como ocorre em outras ferramentas de manipulação de imagens, como o Adobe Photoshop, a utilização de Noises (Ruídos) contribuem para a construção de arquivos de imagens naturais e realistas, desde que devidamente manipulados.

O gráfico de FX-Maps não trabalha como os gráficos de Substances. Ao passo que este trabalha de forma que cada Nodo é independente e que em geral sua posição independe dos demais Nodos para produzir efeitos no arquivo final, em FX-Maps o trabalho ocorre de modo diferenciado.

Há três operações básicas para se criar Nodos no gráfico de FX-Maps, definidas por:

- Quadrant – divide a imagem do Nodo em quatro quadrantes distintos, sendo este o tipo mais comum de edição. A operação Quadrant representa um nível na árvore gráfica. Os FX-Maps escondem a estrutura de árvore de Nodos por meio da operação Quadrant, de modo que toda vez que se conecta um com outro, está na verdade criando um nível da árvore gráfica. Em verdade, esta operação é feita para reduzir elementos no gráfico, facilitando o entendimento sobre a composição em andamento. Segundo o arquivo de ajuda online do Substance Designer, a razão para esta técnica reside no fato de representar cada Nodo em todos os níveis da árvore gráfica de modo individual. Por exemplo, depois de quatro camadas de profundidade entre os Nodos, é preciso 4 x 4 x 4 x 4 Nodos, que representam 256 Nodos. No lugar desta grande quantidade de dados, utiliza-se um Nodo com operação Quadrant, pois ele "sabe" que se encontra em um nível da árvore gráfica com este volume de informações contidas em si.

- Iterate – é mais utilizada para gráficos de funções dinâmicas, intencionando-se mover ou girar a imagem de entrada em cada iteração. Esta operação repete a imagem passada para o conector do lado direito sobre a imagem para o conector do lado esquerdo pelo número definido em iterações.

- Switch – pega dois valores de entrada e alterna entre eles, sendo definida esta ação pelo Selector. Assim como em uma operação de Iterate, o Selector permite alterar para uma Função Dinâmica, necessária para a operação.

6.1.3 Criando Gráficos de FX-Maps

Para criar um gráfico do tipo FX-Maps, primeiro deve-se criar um Nodo do tipo FX-Maps (pressione e mantenha pressionada a Barra de Espaços em um local vazio da Graph View, escolhendo o Nodo FX-Maps). O conteúdo do Nodo FX-Maps é discutido no Capítulo 4 – Nodos, Bakers e a Library.

Uma vez criado o Nodo, para acessar o editor gráfico de FX-Maps, selecione o respectivo Nodo, em ambiente Windows, pressione CTRL + E para habilitar o editor gráfico, ou, se estiver em ambiente MacOS, pressione CMD + E. O editor gráfico ficará disponível em outra aba dentro do Graph View, assim como ocorre com as Funções, discutidas anteriormente. O conteúdo em Parameters View, quando clicado em uma área vazia do gráfico de FX-Maps, segue o mesmo apresentado no gráfico de construção de Substances.

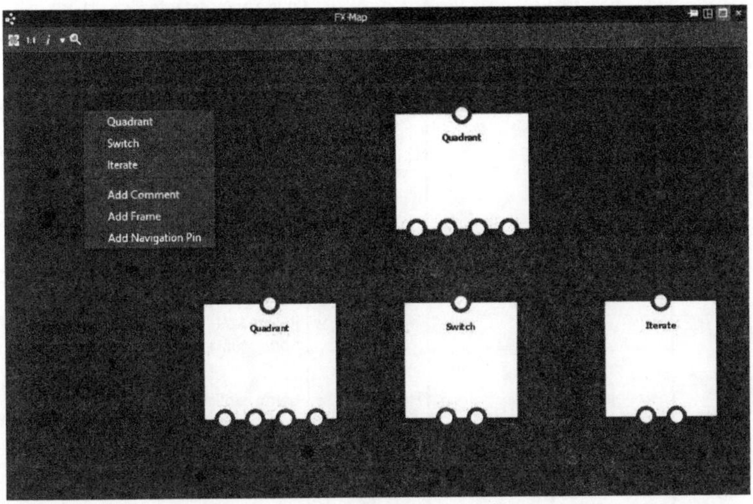

Uma vez dentro do gráfico de FX-Maps, pressione o botão direito do mouse e escolha Add Element >, optando entre Quadrant, Switch ou Iterate. Desta forma, cria-se a estrutura em árvore de Nodos para FX-Maps.

6.1. 4 FX-Maps e Sistemas de Variáveis

Os FX-Maps suportam sistemas de variáveis, sendo que estas são precedidas pelo símbolo “$”, conforme a figura a seguir mostra.

Elemento Nodo Functions e FX-Maps			
Nome	Particular	Tipo	Propósito
$time	-	Float1	Esta variável retorna o tempo em segundos desde que a apresentação da engine de Substance seja iniciada.
$depth	-	Float1	Retorna o oitavo nível de nodo de FX-Maps.
$depthpow2	-	Float1	Como acima, mas retorna 2 valores elevados a potência do oitavo nível.
$number	Iterate Nodes Only	Float1	Retorna o número de desenho de padronagens.
$size	-	Float2	Retorna o tamanho do nodo atual em pixeis.
$sizelog2	-	Float2	Como explicado acima, mas retorna o tamanho em potência de 2 (PW2) (ex.: para 2048x2048, $sizelog retorna 11).
$pos	-	Float2	Retorna a posição de nascimento oposta ao padrão. O resultado sempre é um valor entre 0 e 1.

Estas variáveis podem ser utilizadas para tornar os gráficos mais complexos. As variáveis contribuem para a construção dos códigos de programação, tanto textual quanto visual.

6.2 Como Funcionam os FX-Maps

Entender como um gráfico de FX-Maps funciona é a chave para o bom uso do recurso dentro do Substance Designer. Lembrando que um gráfico do tipo FX-Maps pode conter uma ou mais árvores de FX-Maps com diferentes tipos de Nodos, definidos por Quadrant, Iterate e Switch. Importante salientar que o mais usado é o tipo Quadrant e que o Iterate é o segundo mais usado na grande maioria das situações.

O Nodo Parameter Set é o que se pode chamar de "motor" que faz os FX-Maps funcionarem, pois ele permite criar uma região de árvore de gráficos, mas mostrando apenas uma para facilitar o trabalho. Quando um FX-Maps é apresentado dentro do sistema do Substance Designer, ele "desembrulha" o conteúdo para então apresentar a árvore de gráficos. Este "motor" percorre toda a árvore de cima para baixo e da esquerda para a direita.

Os FX-Maps não copiam e colam simplesmente os arquivos de imagens quando um arquivo é processado: todas as informações e funções dinâmicas são executadas. Tais funções afetam o processamento resultante das interações em cada Nodo.

6.3 Operações

Nesta seção, são apresentadas as operações mais comuns com FX-Maps. A forma de manipulação e seus controles também são discutidos aqui.

6.3.1 Nodo Iterate

O Nodo Iterate permite realizar a multiplicação de uma imagem com Nodo Quadrant definido, sendo, essencialmente, um Nodo de repetição. Por exemplo, um Nodo Quadrant geralmente permite a saída de até 4 informações, mas utilizando o Nodo Iterate estas saídas ocorrem na quantidade de vezes que o usuário precisar. O Iterate não dispõe de maiores recursos além de definir quantas repetições se deseja atribuir a um determinado parâmetro. O resultado da utilização do Nodo Iterate são arquivos de imagens produzidos pelo Nodo Quadrant, que são repetidos, misturados e sobrepostos, conforme a decisão do usuário.

Segundo a ajuda online do Substance Designer, a chave para entender e usar o Nodo Iterate refere-se ao fato do entendimento de que este anexa funções dinâmicas em cada imagem repetida e que também é processada, sendo que, nesta técnica, cada repetição pode ter seu próprio melhor ajuste. É possível utilizar o parâmetro Random Seed para modificar o comportamento do Nodo Iteration, assim como é possível acessar o sistema de variáveis ($number) dentro de funções dinâmicas para determinar que repetição será apresentada ou modificada.

O Nodo Iterate possui dois conectores inferiores de saída, sendo o conector da esquerda do tipo que fornece passagem para as informações e o da direita o que oferece a mistura de quaisquer informações das imagens repetidas. O conector superior dá entrada de dados.

Ao clicar sobre o conector Iterate, suas opções de configuração surgem em Parameters View, conforme a figura a seguir mostra.

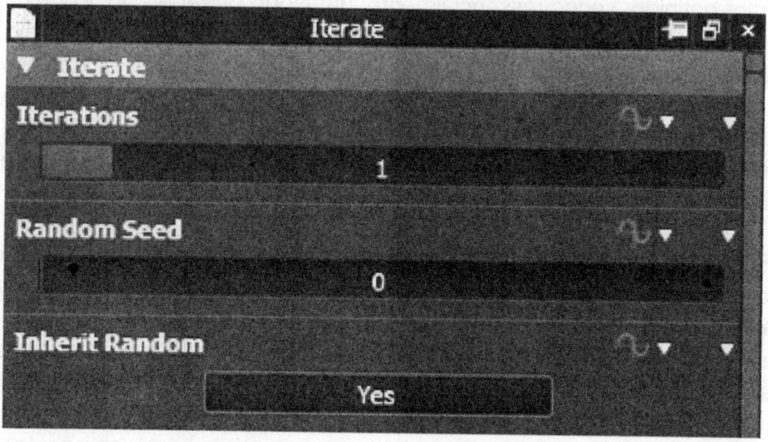

Grupo Iterate

É um conjunto que une os recursos deste Nodo.

Iterations – define a quantidade de iterações que o input de dados do Nodo conterá.

Random Seed – define uma velocidade de atuação aleatória.

Inherit Random – herda as configurações de aleatoriedade definidas em Random Seed, fazendo que seus valores sejam relativos à hierarquia do gráfico de aleatoriedade.

Clicando no ícone de gráfico ("Manage the function"), é possível editar os campos por meio de controle de funções.

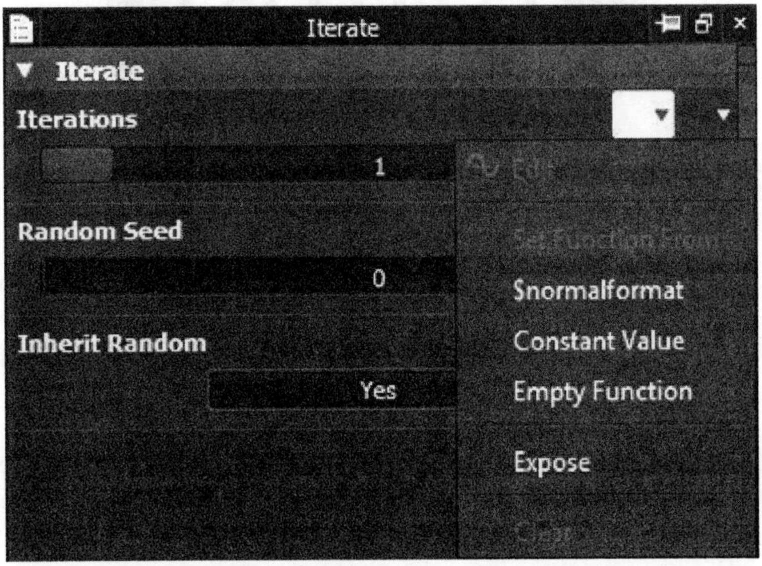

Esta opção permite também expor qualquer parâmetro.

6.3.2 Nodo Quadrant

Muitas composições com FX-Maps são compostas de árvores de Nodos do tipo Quadrant, sendo que, com elas, se apresentam contendo o maior poder de construção destes tipos de Nodos. O mais importante sobre os Nodos do tipo Quadrant, refere-se ao fato de que, dentro dos FX-Maps, é o único Nodo capaz de definir a profundidade de um efeito. Cada Nodo deste tipo dispõe de quatro saídas inferiores, que podem definir uma entrada de forma concomitante a outro Nodo também do tipo Quadrant.

O Nodo Quadrant possui um painel com várias opções, conforme a figura a seguir mostra.

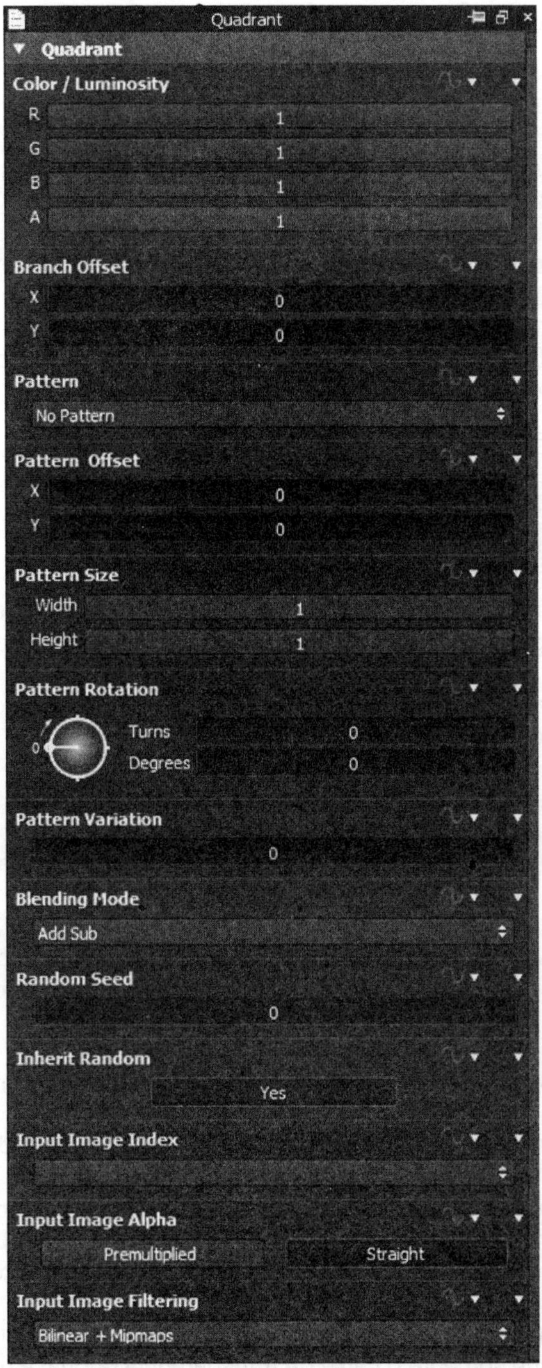
Quadrant
Quadrant
Color / Luminosity
R 1
G 1
B 1
A 1
Branch Offset
X 0
Y 0
Pattern
No Pattern
Pattern Offset
X 0
Y 0
Pattern Size
Width 1
Height 1
Pattern Rotation
Turns 0
Degrees 0
Pattern Variation
0
Blending Mode
Add Sub
Random Seed
0
Inherit Random
Yes
Input Image Index
Input Image Alpha
Premultiplied
Straight
Input Image Filtering
Bilinear + Mipmaps

Grupo Quadrant

Aqui se define como o conjunto que une os recursos deste Nodo e a forma como devem se comportar.

Color / Luminosity – define como os canais de cor se misturarão com outras imagens na árvore de Nodos. A maioria dos Nodos FX-Maps trabalha com cor em formato Grayscale (tons de cinza), sendo possível que seja apresentado apenas o controle de opacidade (Alpha). No exemplo da imagem anterior, é possível ver slides de configuração para RGBA.

Branch Offset – aplica um movimento de translação ao Nodo Quadrant atual e todos os Nodos abaixo dele recebem a mesma configuração em Branch Offset.

Pattern – permite adicionar uma imagem ao Nodo, sendo que este parâmetro não pode ser controlado como função dinâmica em arquivos salvos em formatos "*.SBSAR". Na lista do tipo Dropdown constam vários tipos de imagens que podem ser associados ao Nodo.

Pattern Offset – controla o efeito de deslocamento de Pattern (em X ou Y), podendo este parâmetro ser controlado por Funções Dinâmicas.

Pattern Size – define o tamanho da imagem a ser adicionada ao Nodo FX-Maps, podendo ser controlada por Funções Dinâmicas.

Pattern Variation – permite escolher a variação a ser usada no Nodo, podendo ser controlada por Funções Dinâmicas. Para esta opção, é possível ajustar Turns (voltas) e Degrees (graus). O disco ao lado também permite realizar ajustes nesta opção.

Blending Mode – permite definir especificamente o modo de mistura entre os Nodos (pode-se escolher entre Add Sub, Max e Alpha Blend), podendo ser controlado por Funções Dinâmicas.

Random Seed – define uma mudança de atuação aleatória na composição.

Inherit Random – herda as configurações de aleatoriedade definidas em Random Seed, fazendo com que seus valores sejam relativos à hierarquia do gráfico de aleatoriedade. Esta opção pode ser controlada por Funções Dinâmicas.

Input Image Index – permite adicionar uma imagem à padronagem do Nodo.

Input Image Alpha – permite adicionar uma entrada de cor na padronagem do Nodo, em que somente o canal de transparência (Alpha) é utilizado.

Input Image Filtering – permite adicionar um filtro na informação de entrada deste Nodo, podendo ser Nearest, Bilinear ou Bilinear + Mipmaps.

6.3.3 Nodo Switch

Este tipo de Nodo, como descrito anteriormente, permite utilizar dois valores de entrada e alternar entre eles, gerando assim uma operação de troca na entrada de dados. A figura a seguir apresenta o Nodo e suas entradas e saídas de dados.

A figura a seguir apresenta os seus parâmetros configuráveis, disponíveis em Parameters View quando o Nodo é selecionado no modo de visualização de FX-Maps.

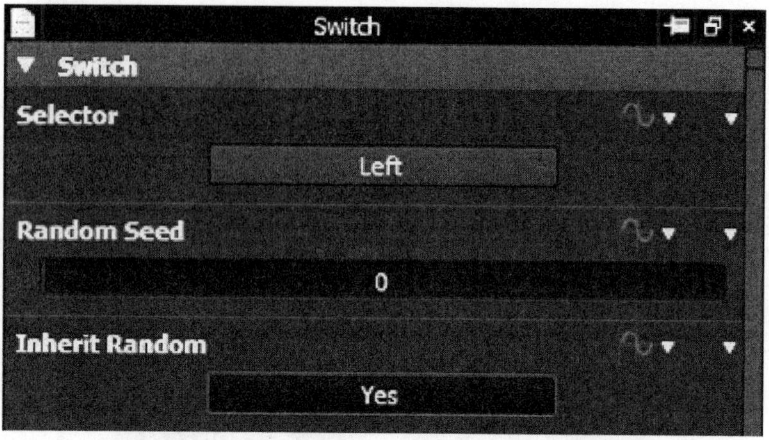

Grupo Switch

Este é o conjunto que une os recursos deste Nodo.

Selector – permite selecionar a saída de dados a ser trocada (alterna entre Left e Right).

Random Seed – define uma mudança de atuação aleatória na composição.

Inherit Random – herda as configurações de aleatoriedade definidas em Random Seed, fazendo que seus valores sejam relativos à hierarquia do gráfico de aleatoriedade.

CAPÍTULO 7

Salvando, Publicando e Exportando Substances

Aqui são apresentadas as formas de salvamento de arquivos de substances. Também são apresentados os meios de exportação de arquivos para carregamento interno e externo ao Substance Designer.

7.1 Salvamento de Arquivos

Para o correto salvamento de arquivos dentro do Substance Designer, faz-se necessário criar um pacote de substances no Explorer View, e que se tenha criado um gráfico de Nodos em Graph View, para que assim se possa salvar um projeto completo do Substance Designer. Uma vez que se tenha esta estrutura, pode-se ir ao menu File e escolher Save All, para salvar tudo.

Primeiramente, o Substance Designer solicitará para salvar o arquivo em formato "*.SBS", que é o formato de arquivo com o qual se criam e editam as árvores de nodos. Deve-se escolher um local e nome para salvamento. Uma vez feito isto, o sistema está pronto para arquivos de substances.

7.2 Publicando Substances

Uma vez salvo o arquivo com pacotes de substances, pode-se proceder à publicação de arquivos em formato "*.SBSAR". Este tópico já foi abordado anteriormente no Capítulo 2 – Substances, mas ele é reforçado novamente aqui.

É muito simples publicar um arquivo de Substance Designer, basta apenas criar um arquivo do tipo "*.SBSAR" pela janela de Explorer. Nesta interface, têm-se acesso ao botão Publish, que faz a publicação do gráfico de substance em um arquivo fechado ("*.SBS"), que pode ser lido em qualquer software compatível para leitura.

Os procedimentos para exportação de arquivos de substance são descritos a seguir.

01 – Para exportar um arquivo de substance, se faz necessário dispor de um pacote (Package) na janela Explorer View, clicando no ícone Publish.

02 – O pacote deve ser salvo ao menos uma vez. Caso não o tenha feito, faça-o agora, aplicando um nome ao pacote.

03 – Quando o sistema liberar para a próxima etapa, uma janela de escolha de exportação com as opções listadas a seguir aparecerá.

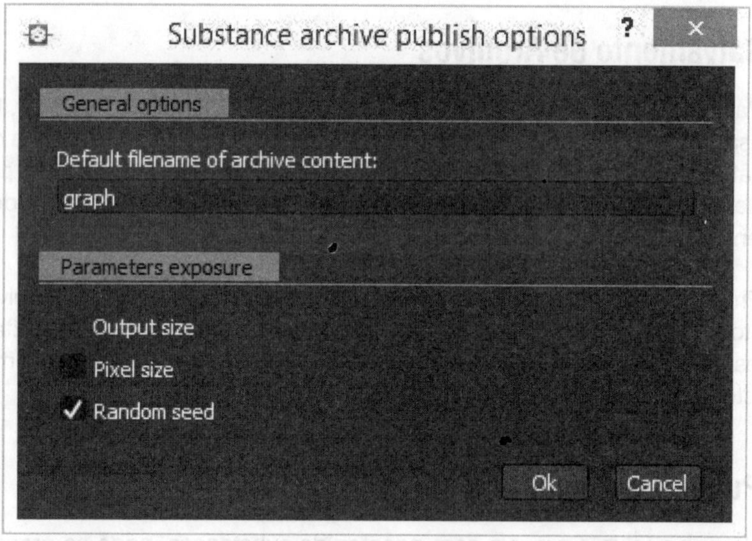

A partir desta imagem podem-se ver as opções definidas por:

Grupo General Options

Este grupo possui opções gerais de salvamento.

Grupo Default filename of archive content – define o nome do arquivo exportado.

Grupo Parameters Exposure

Este grupo define parâmetros de exportação.

- Output size – define o tamanho do gráfico gerado, discutido mais adiante;
- Pixel size – define o formato em dimensões para a publicação de substances.
- Random seed – define uma mudança de atuação aleatória na composição.

04 – Clicando em OK, cria-se o arquivo de substance para ser usado em outros programas.

7.3 Exportando Arquivos

Para a exportação de arquivos do tipo "*.SBS", deve-se conferir se as dependências do arquivo foram exportadas adequadamente. Eventualmente, durante a exportação de arquivos, pode ser que estes sejam exportados de maneira que propicie erros ao abrir em outro computador que não aquele que gerou a exportação.

Para exportar um arquivo e suas dependências dentro de um arquivo em formato "*.SBS", deve-se escolher a opção "Export with dependencies" no Explorer View.

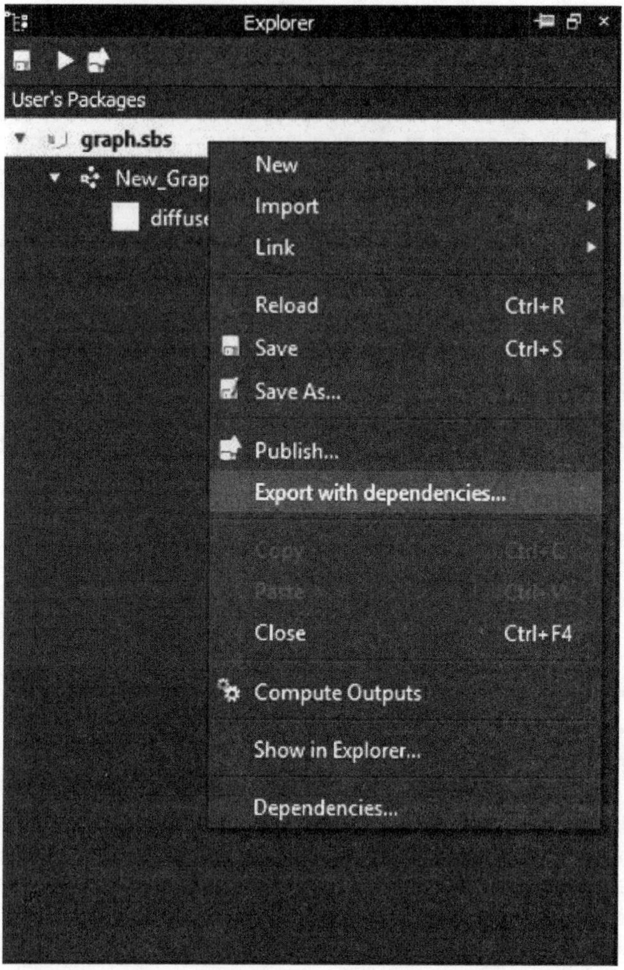

Escolhendo esta opção, em seguida surge a caixa de diálogo para exportação de arquivos e suas dependências. Suas opções são descritas a seguir.

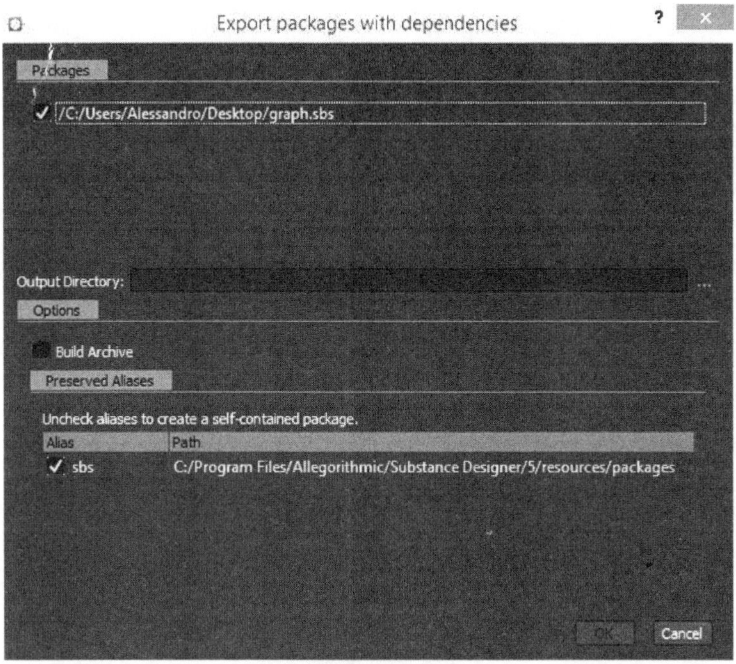

Grupo Packages

Neste grupo, pode-se escolher quais pacotes de substance serão exportados.

Path (Caminho) – é o caminho apontado para onde serão exportados os arquivos "*.SBS". Desmarcando esta opção, o campo Output Directory passa a informar o local de exportação.

Output Directory – permite escolher um local específico para a exportação de arquivos.

Grupo Options

Este grupo permite configurar parâmetros específicos de exportação.

Build Archive – deixando esta opção habilitada, o sistema criará um pacote de substances arquivado como cópia de segurança.

Subgrupo Preserved Aliases – grupo de opções para conteúdo de exportação.

Uncheck aliases to create a self-contained package – desmarque esta opção para criar um pacote que funcionará em qualquer biblioteca de substances.

CAPÍTULO 8

Otimização de Desempenho

Nesta seção são apresentados conceitos sobre a otimização do uso do Substance Designer. Esta otimização visa o melhor funcionamento de arquivos de substance dentro e fora do Substance Designer.

8.1 Sobre Otimização e Desempenho

Todo software, por melhor que seu algoritmo seja construído e por mais bem estruturada a exportação e comunicação de arquivos, precisa ser otimizado para que dele se possa extrair o máximo de eficiência. O Substance Designer, mesmo criado com foco na otimização de arquivos, ainda permite trabalhar questões de otimização. A maior complexidade do sistema encontra-se na necessidade de apresentação de imagens, pois os pacotes de substances constantemente estão em uma balança para equilibrar a complexidade dos arquivos e a velocidade de apresentação resultante. Este é um quesito essencial para certas áreas, como a de Jogos Digitais, em que a performance muitas vezes é dependente do tamanho de arquivos salvos no computador.

De um modo geral, o Substance Designer permite, por exemplo, expor parâmetros para que o usuário final possa manipular a seu gosto. Deve-se, neste caso, deixar o parâmetro exposto o mais longe do fim da árvore de nodos dos filtros e efeitos que geram as imagens, quanto possível. Se um parâmetro for exposto muito antes de seu fim na estrutura de árvore de Nodos, o sistema terá toda uma cadeia de Nodos para processar, o que fará com que utilize mais tempo com estas operações.

Um exemplo bem prático desta situação, e que a ajuda online do Substance Designer apresenta, refere-se ao ajuste de cor por meio de um Nodo HSV, devendo este ser utilizado no final da árvore de Nodos, e não no meio. Se colocá-lo no meio, ele força o sistema a calcular a alteração de cor em cada Nodo após ele na hierarquia. Para o sistema utilizar menos processamento, seria mais eficaz dispô-lo ao fim.

8.2 Otimizações de Modo Geral

Um dos indicadores de otimização é o valor de processamento (Graph View > Information > Display Timings) informado abaixo dos Nodos na Graph View (quanto menor o número, mais rapidamente o sistema é capaz de processar a composição). Para otimizações de modo geral com Substance Designer, o arquivo de ajuda online da ferramenta sugere que se tenham os cuidados descritos a seguir.

Resolution e Relative to Parent - valores altos afetam drasticamente a performance do sistema, portanto, analise muito bem quais materiais deve utilizar e como configurar com qualidade alta, bem como o tamanho em pixeis de arquivos envolvidos na composição.

Sistema Grayscale x Sistema Colors – sempre que não for necessário utilizar sistema de cores, procure utilizar sistema Grayscale (tons de cinza). Isto deve-se ao fato de que as informações de cores podem utilizar até quatro vezes mais tempo de processamento frente às informações em Grayscale. Também procure minimizar as conversões de sistemas de cores como as conversões para Grayscale, Gradient e outros sistemas de conversão.

Sistema de 8 bit no lugar de 16 bit – sempre que possível, utilize sistema de cores das imagens definidos como 8 bit no lugar de 16 bit.

Output Size – minimize sempre que possível o tamanho de informações de saída dos Nodos, pois, em algumas situações, reduzir o tamanho destas informações não afeta o resultado gráfico final, mas afeta o desempenho de processamento de arquivo. Como exemplo, utilizar um Nodo do tipo Uniform Color com saída de informações definida com mesmo tamanho de saída do documento é inútil, pois este Nodo precisa ser definido como Absolute (16px X 16px). O Nodo subsequente a ele deve ser definido como Relative to Parent (de modo que herda as características do Nodo pai).

Tamanho de Arquivos de Imagens - procure não utilizar arquivos de imagens com tamanho de resolução inferior a 16 x 16 pixels, pois isto afeta o desempenho de processamento.

Blend Mode – sempre que utilizar Blend Mode, desligue a mistura de Alpha (Alpha Blending) quando não for necessária sua utilização.

Blurs e Warps – os Nodos do tipo Blurs e Warps geralmente consomem muito processamento.

Noises e as Patterns (padronagens) – alguns recursos que trabalham com Noises (geradores de ruídos) são afetados pela quantidade de padronagens desenhadas para constituir o efeito: quanto mais efeito de repetição das padronagens, mais o sistema tende a se sobrecarregar.

Noises e o fator de Zoom – alguns recursos de Noises são afetados pelo fator de Zoom ao desenhar a repetição de padrões, por exemplo, Noise_Zoom, Cells_Zoom, etc.

White Noise – se desejar criar uma padronagem com tons brancos, então procure utilizar o White_Noise e não Noise_Zoom.

8.3 Otimização para uso em Dispositivos Móveis e Mobile

Para os dispositivos móveis e mobile (celulares), existem algumas recomendações de otimização que podem ser vistas conforme a seguir.

Warps e FX-Maps – não é recomendado seu uso com mobile, pois ocupam alto processamento e isto acaba afetando o desempenho do equipamento.

Nodos Blur – evite utilizar este tipo de Nodo, pois o desempenho cai bastante com seu uso.

Sistema Grayscale x Sistema Colors – trabalhe o máximo possível com sistema de Grayscale no lugar do sistema de cores. Utilize sistema de cores apenas no final da árvore de Nodos do gráfico.

Compartilhe Nodos – faça o máximo possível para compartilhar os Nodos entre as entradas e saídas de informações. Ou seja, reaproveite, sempre que possível, um Nodo a uma entrada ou saída de informação de outro Nodo.

8.4 Otimização para Imagens em Formato Bitmap

O uso de imagens do tipo Bitmap pode ser crucial para definir o desempenho adequado ou não do sistema. Saber como configurar este tipo de arquivo pode ajudar e muito a melhorar o desempenho do sistema. Algumas sugestões de otimização focadas no desempenho dentro do Substance Designer são descritas a seguir.

Bitmaps incorporados nos arquivos – os arquivos de imagens do tipo Bitmap incorporados no sistema de Substance Designer aumentarão o tamanho do arquivo final para a publicação em formato "*.SBSAR". Os arquivos de imagem Bitmap geralmente são adicionados de modo vinculado, incorporados ou baked (cozidos) ao pacote de Substance. Tente utilizar arquivos de imagens Bitmap com a resolução mais baixa possível. Como exemplo, não utilize arquivos de imagens Bitmap demasiadamente grandes como 2048 x 2048 pixels ou 4096 x 4096 pixels para constituir uma textura, se esta objetivar ser criada com tamanho final de 1024 x 1024 pixels.

Resolução Dinâmica – caso o arquivo de Substance seja definido com Resolução Dinâmica, é possível alterar o parâmetro de Output Size de modo a incorporar o arquivo de Bitmap pelo método Relative to Parent. Desta forma, o tamanho do Bitmap será alterado com base na herança de características do gráfico ao longo da cadeia de Nodos, o que assegura que o sistema não processará a resolução do Bitmap além do necessário.

Compressão de arquivos - todo arquivo de imagem Bitmap incorporado ou ligado (linked) deve receber a correta configuração de compressão de arquivo, definido no painel Parameters View. Sendo o tipo de arquivo de Bitmap definido por Normal Mapping a única exceção, pois deve ser configurado com formato RAW (ou seja, sem compressão aplicada a ele). Para definir a correta compressão do arquivo de Bitmap, selecione o arquivo no Explorer View, como mostra a figura a seguir, habilitando na direita em Parameters View o painel deste arquivo. Escolha em Bitmap Format se deve ser RAW ou JPG. Em Bitmap Compression Quality, pode-se definir um valor de compressão da qualidade do arquivo.

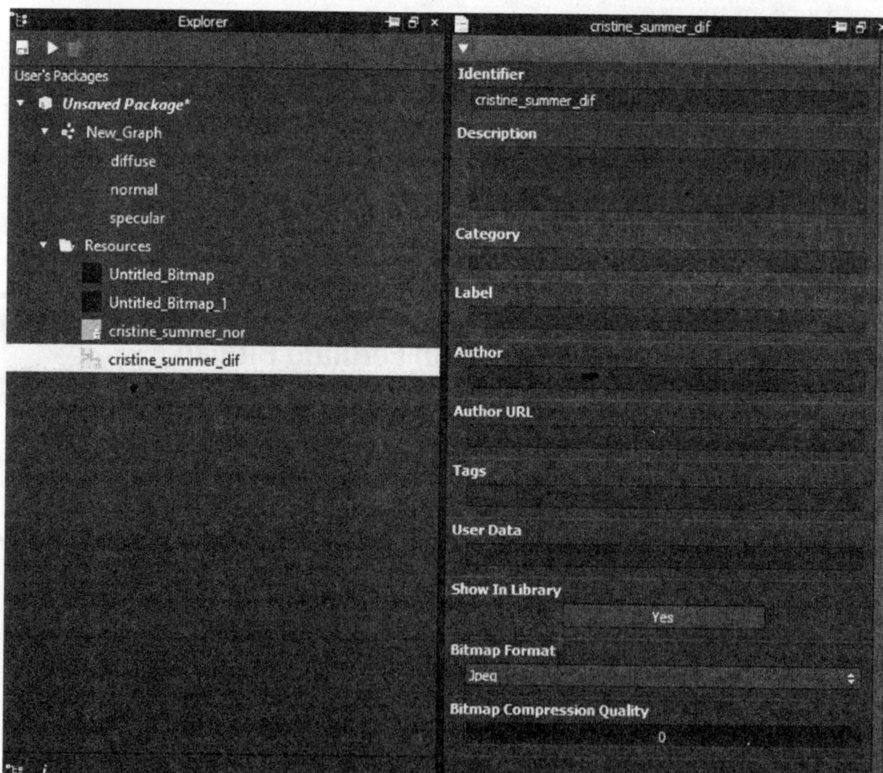

Output Size de Bitmap – os arquivos de imagem em formato Bitmap têm seu Output Size definido como Absolute por padrão, fazendo com que o mapa de bits fique ligado na cadeia de Nodos de modo que ele force a saída final a assumir o tamanho do arquivo de Bitmap utilizado. Um Nodo incorporado no meio desta cadeia altera as resoluções definidas no Nodo pai da hierarquia (Relative to Input). Para alterar esta situação, deve-se adicionar um Nodo subsequente com Output Size definido como Relative to Parent. O exemplo a seguir apresenta esta situação na prática.

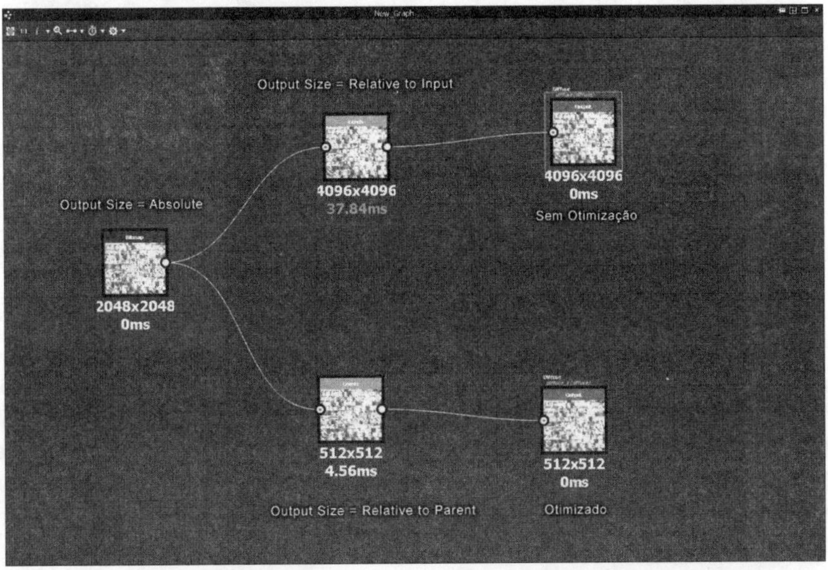

O Nodo inicial tem resolução definida de 2048 x 2048 pixels e seu método de herança de informações é definido como Absolute (a figura a seguir mostra no painel Parameters View o local para alterar o Output Size, podendo ser Relative to Input, Relative to Parent ou Absolut).

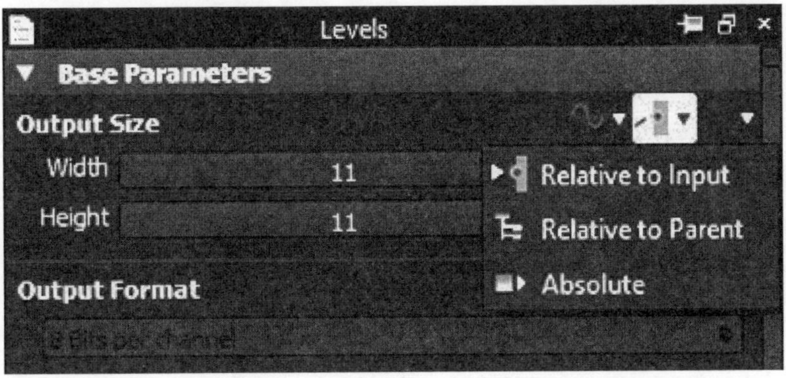

O Nodo superior e subsequente (Levels) tem método de herança de informações definido como Relative to Input e seu Output Size é definido para apresentar a resolução de 2048 x 2048 pixels (a figura a seguir mostra os Sliders em Output Size que permitem configurar a resolução adequadamente). Esta configuração dos Nodos gera um Output com resolução não otimizada.

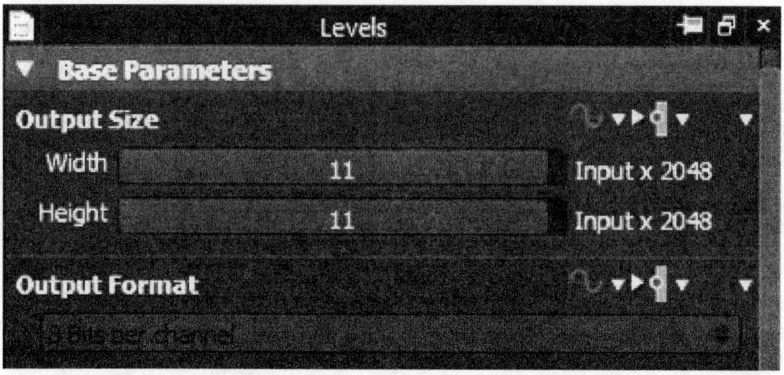

Por fim, voltando à figura com os Nodos analisados neste ponto, o Nodo inferior e subsequente (Levels também), recebe uma herança de informações definida como Relative do Parent e seu Output Size é definido como 512 x 512 pixels, o que gera um Nodo Output com resolução otimizada de 512 x 512 pixels também. Esta última forma de se gerar o gráfico de composição apresenta um bom método para se otimizar os gráficos.

CAPÍTULO 9

Substance Player

Nesta seção, é apresentado o Substance Player, dispositivo utilizado para ver em tempo real os resultados obtidos com as composições no Substance Designer. Esta é uma ótima ferramenta para se verificar o resultado das composições antes de enviar para as Aplicações Fim.

9.1 Sobre o Substance Player

O Substance Player é um visualizador de arquivos de substances que permite analisar arquivos fora do Substance Designer. Ele é um produto que deve ser instalado em separado com relação a este software, devendo ser baixado diretamente do site da Allegorithmic pelo seguinte endereço eletrônico (eventualmente, o fabricante pode apontar o download para outro endereço eletrônico em seu site):

www.allegorithmic.com/download

O Substance Player possui seu próprio arquivo de ajuda online, sendo que neste é apresentado o "Substance Player Bridge", um recurso usado para testar fora do Substance Designer os pacotes de substances. O ícone do Substance Player Bridge se localiza na toolbar dos Pacotes do Substance Designer, no painel Explorer View e dá acesso ao Substance Player. Na primeira vez que se clica em seu ícone, o sistema pede para localizar onde está instalado o Substance Player, devendo-se indicar o aplicativo que inicia o Substance Player, em sua pasta de instalação.

A localização do aplicativo que inicia o Substance Player não será mais necessária nas próximas vezes que seu ícone for acionado dentro do Substance

Designer pois ele memorizará a configuração. É então iniciado o Substance Player e o arquivo de substance em edição no Substance Designer é apresentado dentro da interface do Substance Player, conforme a figura a seguir mostra.

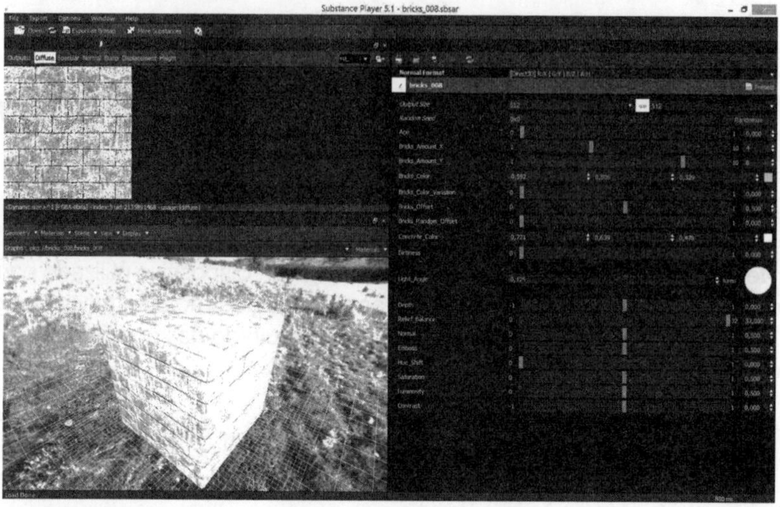

Sua inicialização também pode ser feita pelo ícone de sua aplicação diretamente no Sistema Operacional. Neste capítulo, sua interface será analisada e seu funcionamento explicado. Deve-se ressaltar que este se assemelha com o software Substance Bitmap2Material (B2M), também da Allegorithmic, mas o Substance Player possui algumas características próprias.

9.2 Como o Substance Player Funciona

O Substance Player pode ser acionado diretamente a partir do seu ícone no Substance Designer, ou a partir do Sistema Operacional ao abrir algum arquivo em formato "*.SBSAR". O Substance Player não tem recursos para abrir arquivos em formato "*.SBS", pois é uma aplicação específica para visualização.

9.2.1 Trabalhando com Arquivos

Para carregar um arquivo, existem três modos:

- A partir do ícone do Substance Player dentro do Substance Designer, como discutido anteriormente.
- A partir do Substance Player, no menu File > opção Open, localizando no computador o arquivo "*.SBSAR" a ser aberto.

- E arrastando o arquivo "*.SBSAR" para dentro do Substance Player em 2D View (sua interface será discutida ainda neste capítulo).

Uma vez que se tenha carregado o arquivo "*.SBSAR", ele é apresentado na 3D View e seus parâmetros estarão disponibilizados à direita, no painel Parameters View. É possível alterar alguns parâmetros e fazer com que sejam atualizados em tempo real tanto na 2D View como na 3D View. Com relação a alguns filtros que eventualmente possam se fazer necessários para edição (por exemplo, caso se utilize o Bitmap2Material), estes podem ser dispostos por meio do arraste de arquivos de imagens para a 2D View.

Sobre arquivos do tipo Preset File, estes são arquivos salvos em formato "*.SBSPR" e podem ser salvos alguns valores de parâmetros pelo Substance Player, podendo ser utilizado e visto em outros programas com compatibilidade com os pacotes de substances. Para salvar um Preset File, deve-se realizar alguma alteração de configuração de parâmetros e então acionar o botão "Preset Button".

Com relação à exportação de arquivos, o Substance Player permite que sejam exportadas versões de imagens como Bitmaps pelo botão "Export as Bitmap" disponível em sua interface, na sua Main Toolbar.

Após acionar o botão "Export as Bitmap", a caixa de diálogo de exportação é apresentada conforme a figura a seguir mostra.

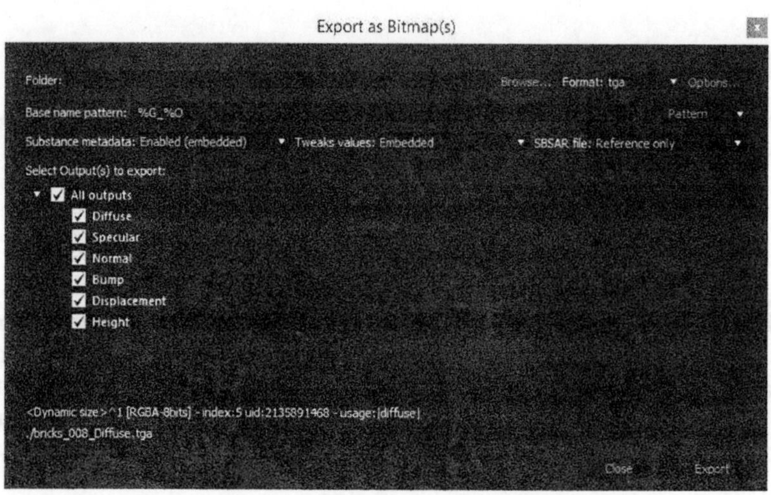

Os parâmetros que podem ser editados nesta caixa de diálogo apresentam-se a seguir.

Folder – permite escolher pelo botão "Browse" o local para exportar o arquivo de imagem.

Format – permite escolher o formato de arquivo a ser salvo.

Options – são apresentados os parâmetros de configuração de compressão para o arquivo escolhido a ser exportado.

Base Name Pattern – gera um padrão de nomenclatura para os arquivos exportados, devendo ser escolhido pelo botão ao lado, definido por "Pattern" o padrão que está mais de acordo com o que está sendo exportado. Se for um gráfico, utiliza-se %G Graph name, se for um pacote, utiliza-se %P Package name, etc.

Substance Metadata – inclui informações em padrão de metadados, podendo ser escolhidos entre Enable (embedded), Enable (.sbsmeta file) ou Disable (escolhendo este, os campos seguintes de Tweaks Values e SBSAR File são desligados).

Tweaks Values – permite alternar entre valores pelos seguintes formatos disponíveis: Embedded, Embedded (only once) e External (.sbsprs) file.

SBSAR file – permite referenciar aos arquivos "*.SBSAR" nas seguintes opções: Reference Only, Embedded e Embedded (only once).

Select Otput(s) to Export – permite escolher quais saídas de arquivos serão exportadas, sendo estas opções disponíveis pelos itens de saída previamente ajustados na construção do arquivo de substance.

9.3 Interface de Usuário

Neste ponto, a interface do software será apresentada. Todos os principais recursos para sua correta manipulação são apresentados aqui.

9.3.1 Interface Geral

Ao iniciar o Substance Player, ele se apresenta conforme a figura a seguir mostra. Ele é um composto de painéis, assim como o Substance Designer e Bitmap2Material. Basicamente, ele apresenta um painel 2D View juntamente com o painel 3D View, exibindo um objeto primitivo com a textura aplicada a um objeto de exemplo. É possível redimensionar qualquer painel, bastando posicionar o mouse em sua divisão, clicando, segurando e arrastando com o botão esquerdo do mouse.

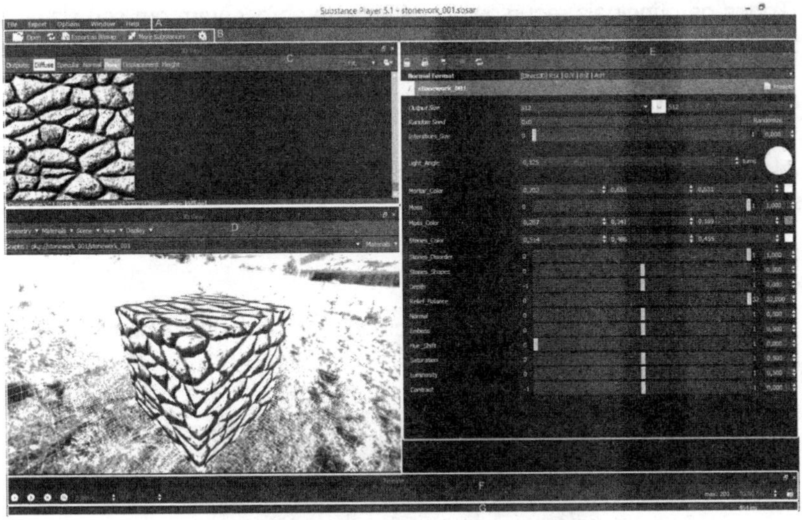

Seus recursos e painéis são apresentados a seguir.

Main Menu (A) - encontram-se os recursos do sistema.

Main Toolbar (B) - localizam-se os comandos mais usados no sistema.

2D View Painel (C) - refere-se ao painel 2D View e por ele pode-se ver a textura planificada a ser aplicada no modelo. É possível alterar seu tamanho por meio dos divisores de painel.

3D View Painel (D) – possibilita ver um modelo tridimensional primitivo, mas com a chance de se carregar um modelo personalizado.

Parameters Painel (E) – possibilita o acesso às configurações gerais do material de Substance.

Timeline (F) – possibilita o acesso a uma linha do tempo para animação dentro do programa.

Status Bar (G) – a barra de Status informa o estado atual do programa.

9.3.2 Recursos de Sistema

Todos os principais recursos do sistema se apresentam em seu sistema de menus. Todavia, muito mais pode ser acessado por sua interface.

9.3.2.1 Main Menu

Neste menu, encontram-se os recursos básicos do sistema. As opções constantes aqui são descritas a seguir.

File

Nesta opção, encontram-se os recursos de abertura e carregamento de arquivos.

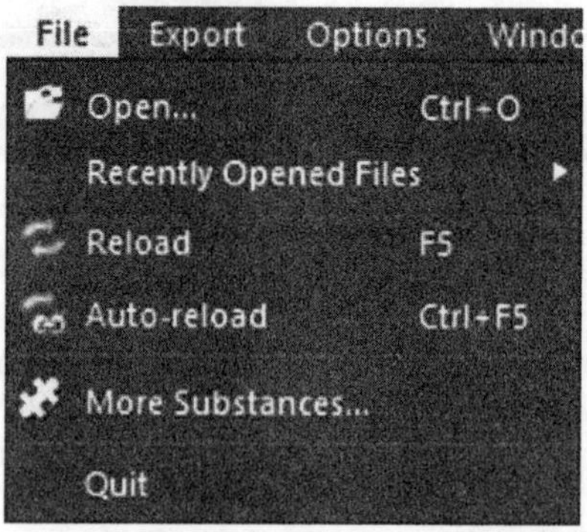

Open (CTRL + O) – permite abrir qualquer arquivo de leitura em formato "*.SBSAR".

Recently Opened Files – exibe a lista dos últimos arquivos abertos pelo sistema.

Reload (F5) – recarrega o arquivo de Substance em uso no sistema.

Auto-reload (CTRL + F5) – define que o sistema recarregará o arquivo de Substance automaticamente.

More Substances – direciona o usuário a uma página de internet na qual se pode obter mais arquivos de substances. Atualmente, esta opção está disponível para o Substance Database, a base de dados de arquivos do Substance Designer. O endereço de internet disponível pelo site do fabricante para se ter acesso a esta base de dados é https://www.allegorithmic.com/products/substance-database. Lembrando que ela é um produto comercial da Allegorithmic.

Quit – fecha a aplicação.

Export

Esta opção de menu fornece acesso à exportação de arquivos do sistema.

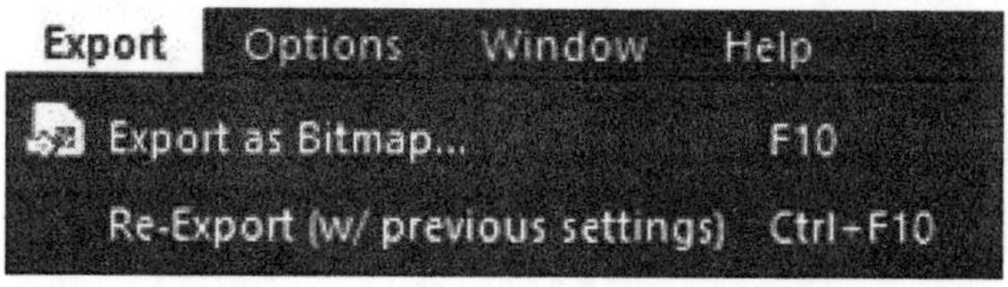

Export as Bitmap – é possível exportar um arquivo de imagem por esta opção.

Re-export (w/previous settings) – permite exportar novamente imagens a partir da última configuração feita.

Options

Nesta opção de menu são disponibilizados recursos que permitem melhor configurar o sistema.

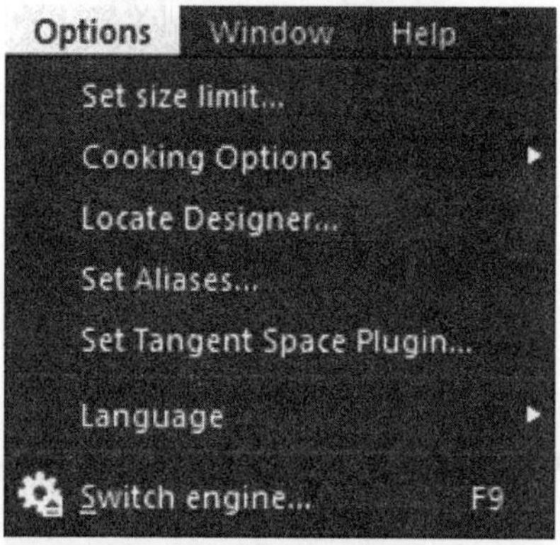

Set Size Limit – permite limitar um tamanho em resolução (largura e altura) para os Nodos de composição.

Cooking Options – dinamiza as opções de Output Size, Pixel Size e Random Seed.

Locate Designer – permite localizar a aplicação que dá início ao Substance Designer, realizando a comunicação entre ambos.

Set Aliases – permite adicionar informações ao arquivo.

Set Tangent Space Plugin – configura o sistema de exibição de Normal Mapping como Tangente Space.

Language – permite escolher um idioma para o programa, a partir de uma lista.

Switch Engine (F9) – permite alterar o sistema de apresentação de arquivos na interface. Na caixa de diálogo que surge, as opções são Direct3D 10 e SSE2.

Window

Esta opção de menu permite definir quais painéis ficam habilitados ou não para o usuário. As opções de painéis aqui são 2D View, 3D View, Timeline e Parameters, discutidos ainda neste capítulo.

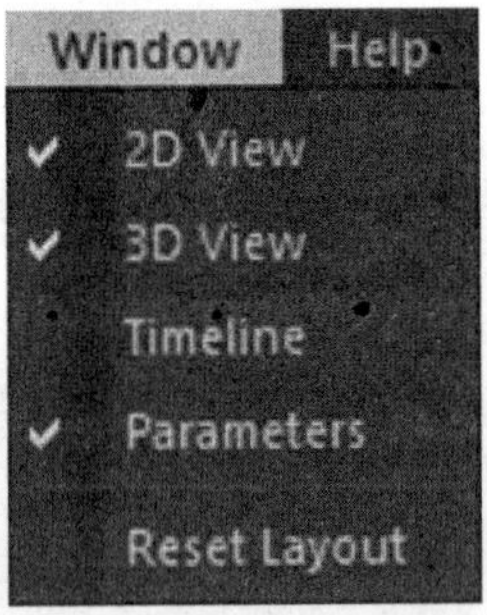

O recurso Reset Layout força o sistema a voltar à exibição padrão.

Help

Nesta opção de menu, constam as ajudas do sistema.

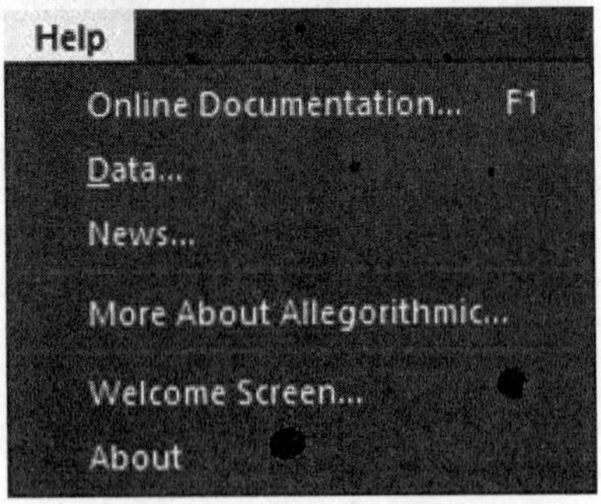

Online Documentation (F1) – apresenta a ajuda online do sistema.

Data – direciona o usuário para a pasta padrão de arquivos de exemplo de Substance para ser usado no Substance Player.

News – fornece acesso às novidades do programa, caso existam.

More About Allegorithmic – exibe informações sobre o fabricante do software.

Welcome Screen – habilita a janela de boas-vindas e o carregamento dos últimos arquivos do sistema.

About – exibe informações sobre a versão de Substance Player.

9.3.2.2 Main Toolbar

Nesta barra de ferramentas, localizam-se os comandos mais usados no sistema.

Open – assim como Open no meu File, esta opção carrega arquivos de substances.

Export as Bitmap – exporta arquivos de imagens.

More Substances – é possível adquirir de forma comercial novos arquivos de substances pela Substance Data Base, conforme descrito anteriormente.

Switch Substance Engine (F9) – alterna o motor de apresentação do sistema, também como descrito anteriormente.

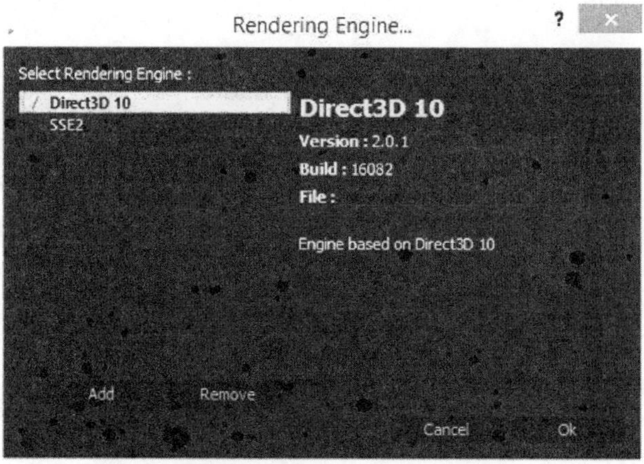

Ao trocar o sistema de renderização, o sistema passa a trabalhar de modo diferenciado.

9.3.2.3 2D View Painel

Esta opção de interface refere-se ao painel 2D View e por ele pode-se ver a textura planificada a ser aplicada no modelo. É possível alterar o tamanho deste painel pelos divisores. Este painel é composto dos recursos descritos a seguir.

2D View Toolbar

Nesta barra de ferramentas do painel, alguns recursos interessantes são disponibilizados no que se refere à visualização.

Outputs – permite exibir diferentes canais da textura, baseados nos Outputs definidos quando na criação do arquivo de substance.

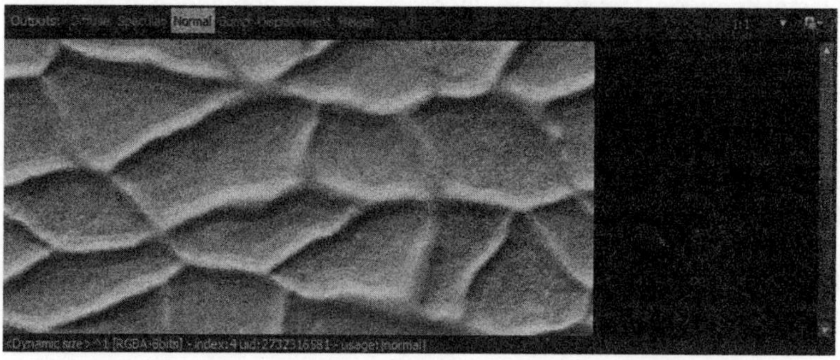

Zoom Level – permite escolher um nível de aproximação da visualização do arquivo de textura.

View Options Menu – permite ajustar como o painel é visto.

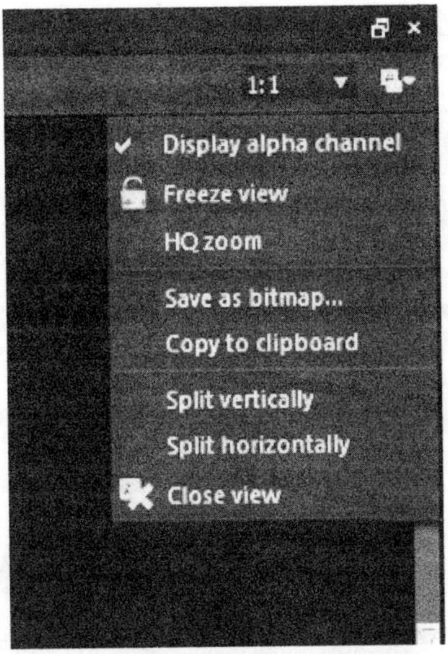

As opções constantes neste recurso são:

Display Alpha Channel – exibe o canal de transparência do arquivo de textura.

Freeze View – congela o painel.

HQ Zoom – exibe a visualização em alta qualidade.

Save as Bitmap – salva um arquivo em formato de Bitmap a partir do arquivo de Substance.

Copy to Clipboard – copia para a área de transferência informações coletadas em 2D View para que possam ser usadas em outras aplicações.

Split Vertically – divide o painel na vertical, podendo ser fechados os novos painéis 2D View pela opção Close View.

Split Horizontally – divide o painel na horizontal, podendo ser fechados os novos painéis 2D View pela opção Close View.

Close view – fecha o painel.

Canvas

Canvas – é nesta área que se vê o arquivo de substance de fato. Clicando com o botão direito sobre ela, é exibido o View Options Menu.

Status Bar de 2D View – fornece informações sobre o arquivo atualmente aberto no painel.

9.3.2.4 3D View Painel

Este painel é muito semelhante ao 3D View de Substance Designer, sendo composto dos elementos de interface descritos a seguir.

3D View Toolbar

Nesta Toolbar encontram-se os recursos de carregamento de geometrias primitivas, materiais e afins, conforme descrito a seguir pelas sessões de menu do painel. A figura a seguir apresenta a interface do programa com a Toolbar de visualização 3D.

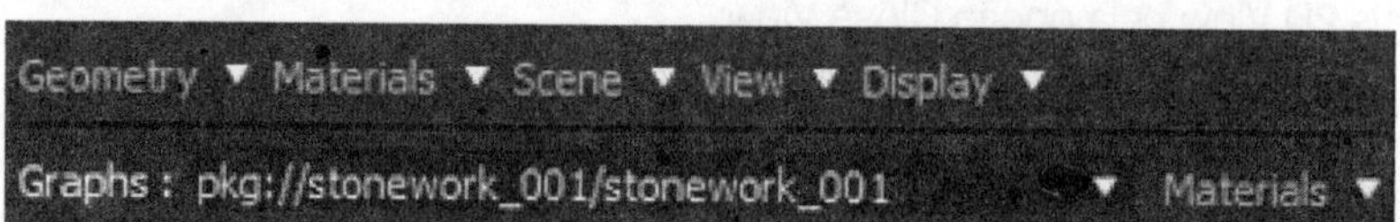

Geometry – nesta opção, encontram-se as geometrias que podem ser carregadas para visualização. O menu se divide em:

- Primitive List - a qual contém Cube, Cyllinder, Hollow Box, Inner Box, Plane, Plane (hi-res), Sphere e Rounded Cube).

- Load Mesh - permite carregar um modelo personalizado.

- Reload Mesh - permite recarregar o mesmo modelo.

- Materials – possibilita a troca de mapas dos materiais nos modelos.

- Default - permite escolher a edição por Edit (para editar os mapas do material, sendo que as opções variam de um para outro).

- Shader - permite escolher o tipo de comportamento de sombreamento de materiais a partir de mapas, que é listado por Blinn, Lambert e Mesh_Info. Esta opção exibe o modelo conforme a informação de material definido por Normal, Tangent, Binormal, UV e Vertex Color, Phsysically_Metallic_Roughness, Physically_Specular_Glossiness, Relief e Tesselation_Parallax (com as opções de Tesselation e Paralalx).

- Load e Reload - permitem o carregamento e atualização dos mapas dos materiais.

- Reload all Shaders - permite a atualização de todos os mapas dos materiais.

- Remove all - para remover os mapas dos materiais.

- Rebuild all - para reconstruir os mapas dos materiais.

Scene – nesta opção do menu podem ser configurados os parâmetros de visualização da cena de modo geral. Clicando em Edit o painel de configuração de refino é exibido ao lado. Seguindo no menu, as opções disponíveis são:

- Reset All - limpa tudo.

- Reset Lights - limpa as configurações de luzes.

- Reset Environment - limpa o fundo.

- Load State - carrega uma configuração salva previamente.

- Save State - salva uma cena e seu estado atual para uso posterior.

View – esta opção do menu permite orientar a visualização do modelo na cena. Pode-se salvar uma imagem do 3D View (Save image) ou copiar para a área de transferência para uso posterior (Copy Image to Clipboard). Seguindo o menu, pode-se escolher uma vista definida para trabalhar com o modelo (Perspective, Front, Right, Back, Left, Top, Bottom ou Orthographic Mode). A opção Reset (R) limpa as configurações e a opção Focus (F) aplica foco no modelo.

Display – as opções de display aqui referem-se à visualização do modelo na cena. São possíveis as opções de:

- Wireframe (aramado).
- Grid, que liga a grade tridimensional.
- Axis, que habilita o eixo tridimensional.
- Light, que habilita o trabalho com as luzes.
- Bounding Box, que exibe o modelo em uma representação de caixa resumida de sua forma.

Canvas

O Canvas é o local onde se pode ver o modelo escolhido com a aplicação de mapas por sobre ele, conforme a figura a seguir apresenta.

É no Canvas que se pode checar todas as configurações dos mapas finalizados no modelo, bem como decidir sobre seus resultados.

9.3.2.5 Parameters Painel

Este painel é totalmente dependente das configurações feitas para cada mapa de material carregado na interface. Cada um pode liberar consigo diferentes opções, dificultando qualquer estabelecimento de parâmetro de conteúdo neste painel. Define-se aqui que a exploração de "composição de mapas para cada material" fornecerá a melhor base de aprendizado com relação a sua interface.

O painel Parameters possui uma Toolbar com os seguintes recursos:

Freeze Tweakes Switch – congela todos os parâmetros, impedindo qualquer mudança acidental.

Slider Tracking – permite, quando ativa, continuamente atualizar a apresentação dos mapas de material no modelo.

Show 'Cache Hint' Pins – habilita o sistema de Pins da interface.

Make/Unmake all Tweakes to be Cached – configura ou limpa o sistema de "Cache Pins" da interface.

Reset Tweaks – limpa os parâmetros, voltando ao estado padrão de configuração.

Abaixo da Toolbar, existe um campo em que se pode definir o comportamento de exibição dos mapas de materiais do modelo em 3D View (Normal Format), devendo-se escolher algum formato. Por padrão, a opção que é utilizada com o sistema é a [Direct3D] R:X | G:Y | B:Z | A:H. Todas as alterações feitas no painel Parameters afetarão os painéis 2D e 3D View.

9.3.2.6 Timeline

O Substance Player possui em seu sistema uma Timeline (linha do tempo) para animação dos mapas de materiais que é carregada sempre que os mapas possuírem informações animadas em si. A Timeline aparece sempre que um sistema de variáveis ($time) que possibilite a animação de mapas for configurado nos mapas.

A figura a seguir apresenta a interface da Timeline do Substance Player.

Seus controles são bastante típicos de tocadores convencionais de vídeos, tais como:

Play (All Frames, Using Current FPS) – executa a linha do tempo em todos os quadros de animação utilizando o atual FPS (Frames per Second, ou Quadros por Segundo).

Play (Skip Frames) – executa a linha do tempo pulando certos quadros.

Stop – força a parada de execução de animação da linha de tempo.

Rewind – volta quadros-chave na linha de tempo.

Current Time – define um tempo a ser escolhido para ver seu respectivo conteúdo.

Current Frame – define um quadro-chave a ser escolhido para ver seu conteúdo.

Cursor de Timeline – permite arrastar um cursor que define o tempo da linha do tempo para exibir algo.

Maximum Range of the Timeline – define o tamanho máximo da linha do tempo.

Play Rate (Frames per Second) – define o FPS a ser utilizado pelo sistema.

Slider tracking – permite ativar uma área animável somente quando o cursor é liberado.

9.3.2.7 Status Bar

A barra de Status informa o estado atual do sistema. Sendo uma área da interface essencialmente informativa, seus dados podem oscilar conforme as ações do usuário.

A figura anterior mostra a barra de Status quando no carregamento de mapas de Substance. Ela informa, à esquerda, por exemplo, que o carregamento de um arquivo de mapa de material foi concluído (Load Done).

9.4 Substance Player na Prática

Neste ponto, o Substance Player é apresentado na prática. Uma vez que os principais comandos da ferramenta foram apresentados, pode-se verificar como é seu funcionamento na prática.

9.4.1 Carregamento de Materiais

Para carregar um arquivo de substances dentro do Substance Player, basta seguir os passos descritos a seguir.

01 – Abrindo o programa substance Player, sua interface é carregada e a tela de boas-vindas e últimos arquivos é apresentada.

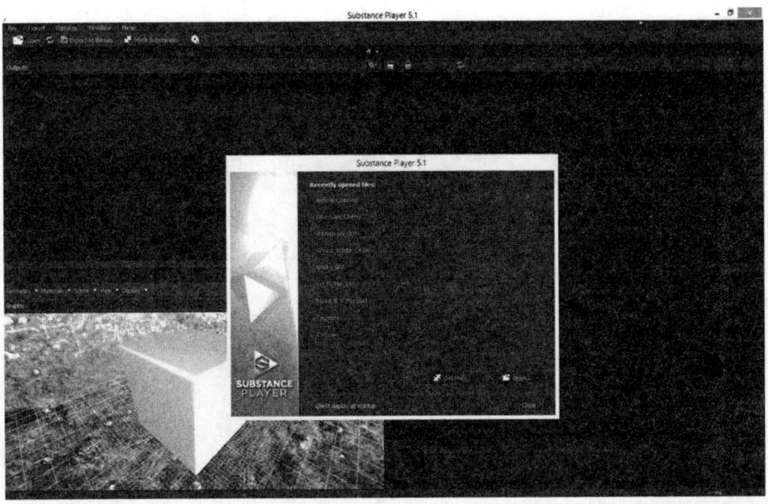

02 – Pode-se escolher qualquer arquivo desta lista de arquivos já abertos, ou pode-se clicar em Open desta janela para localizar algum arquivo de substance. Também é possível fazer o carregamento pela interface do programa, pelo Menu File > opção Open. Em ambos os casos, basta localizar onde o arquivo de substance está salvo no computador.

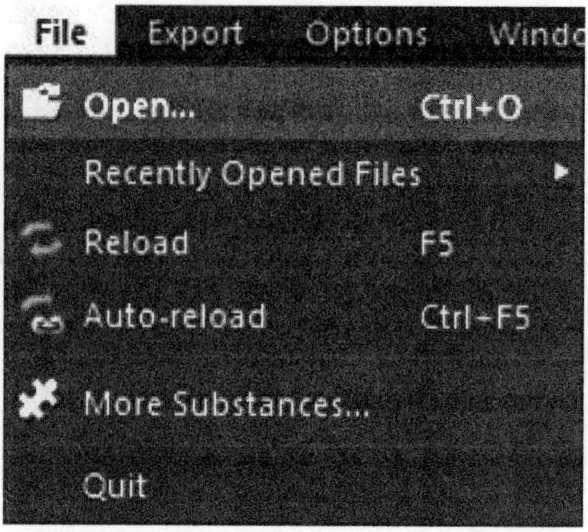

03 – A interface do programa se adapta ao arquivo automaticamente e em Parameters View são exibidos os parâmetros pertinentes a ele.

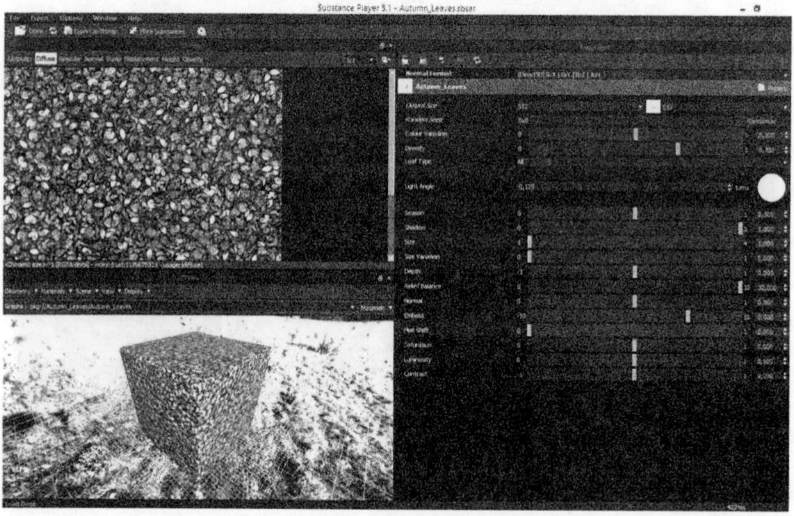

04 - Caso seja aberto outro arquivo de substance, é possível que as configurações disponíveis em Parameters View se modifiquem em função do mapa carregado.

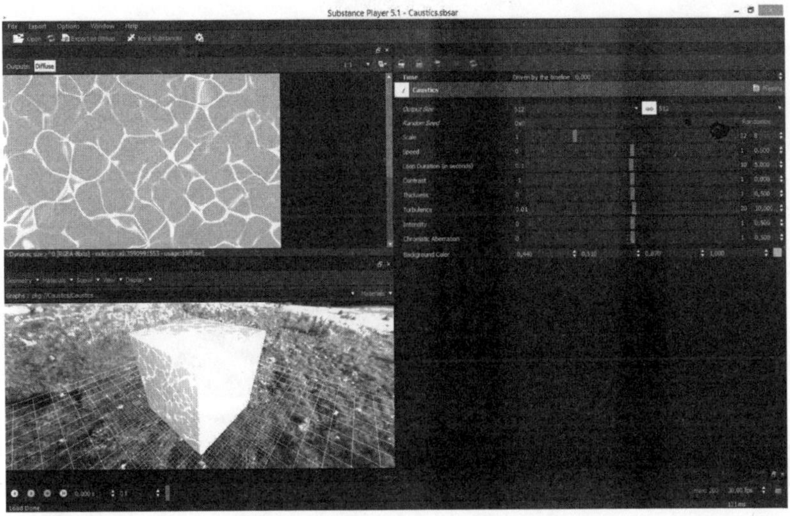

05 – É possível explorar e exportar as saídas (Outputs) do arquivo de substance em exposição no Substance Player conforme sua predefinição. Para tanto, acione na interface do programa o recurso Export as Bitmap, fazendo com que a caixa de exportação de imagens fique disponível.

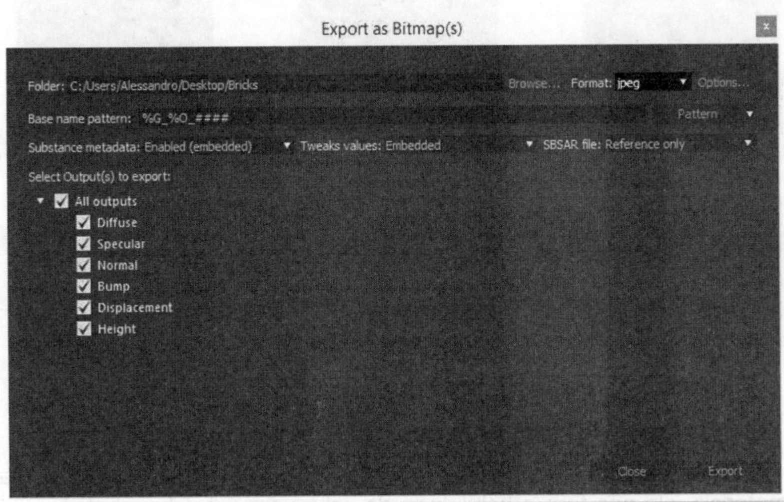

06 - Uma vez configurada a exportação (por exemplo, a definição do local de exportação, tipo de arquivo, itens de saída, etc.), ao clicar em Export, o sistema realiza a progressão de exportação e informa o término desta.

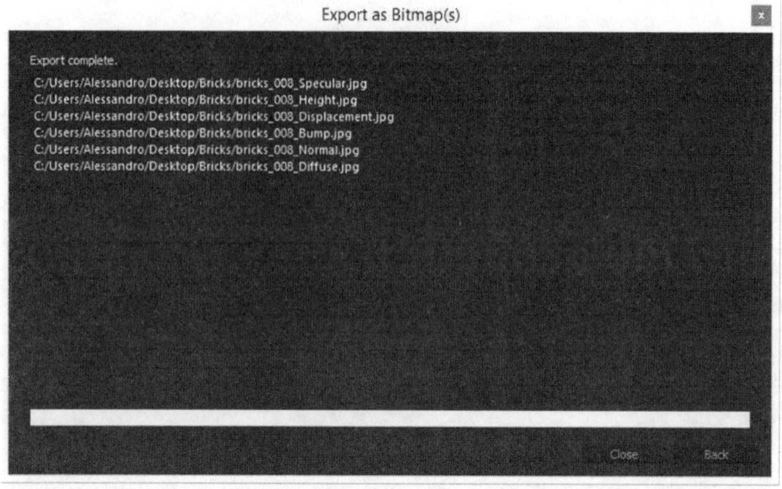

07 – Os arquivos exportados podem ser vistos no computador conforme a figura a seguir demonstra.

Apesar de o Substance Player permitir modificar as configurações de mapas dos materiais, ele não tem a habilidade de salvar arquivos de substances. Mas permite exportar arquivos de imagem em formato Bitmap para uso externo. Mesmo assim, é uma excelente ferramenta de análise de arquivos de substance.

CAPÍTULO 10

Projetos com Substance Designer

Neste capítulo são apresentados alguns recursos para se trabalhar com projetos envolvendo arquivos de subtances. Também são apresentadas algumas formas de construção prática e composições de mapas com Substance Designer.

10.1 Pipeline de Produção

Conforme explicado anteriormente, os produtos da Allegorithmic podem ser utilizados em fluxos de produção conhecidos da indústria de Computação Gráfica (CG). Por conta da conexão com diversas outras ferramentas, estes fluxos são chamados aqui de Pipeline de Produção (LIMA, 2011). Cabe ao profissional escolher as melhores ferramentas para desenvolver seu trabalho com primazia.

10.1.1 Versionamento de Arquivos

O trabalho com versionamento de arquivos é uma prática bastante popular no desenvolvimento de projetos de Computação Gráfica (CG). Uma de suas vantagens refere-se ao fato de que são gerados arquivos de backup em servidores dedicados de todos os artefatos produzidos. É possível elencar para versionamento de arquivos tanto elementos de arte como de programação. Em alguns casos, pode-se acionar o versionamento de arquivos dentro de softwares de produção, em outros, deve-se acionar o versionamento externamente.

Para o caso do Substance Designer, o software Helix da Perforce é capaz de criar o ambiente de versionamento de arquivos (repositórios) dentro do próprio Substance Designer. Com ele, é possível adicionar e atualizar os arquivos versionados sem a necessidade de sair do ambiente de produção de mapas. Importante observar que as configurações prévias referentes ao funcionamento de softwares de versionamentos de arquivos não estão no escopo deste livro. Para conhecer o software Helix, da Perforce, e estudá-lo da melhor maneira possível, aconselha-se visitar o site do fabricante, disponível em www.perforce.com.

Para preparar o ambiente de versionamento de arquivos com o Helix da Perforce concomitante com o Substance Designer, deve-se proceder conforme descrito a seguir:

01 - Escolha um local do seu computador para alojar os arquivos a serem versionados, criando para isto uma pasta. A partir do Software Helix (imagem a seguir), vá ao menu Connection>New Workspace. A partir desta opção será criado um novo ambiente de trabalho. Por exemplo, neste caso, criou-se o ambiente "alessandro_projetos" e, no computador, foi criada uma pasta de nome "livro_substance_designer" para alocar os arquivos a serem versionados.

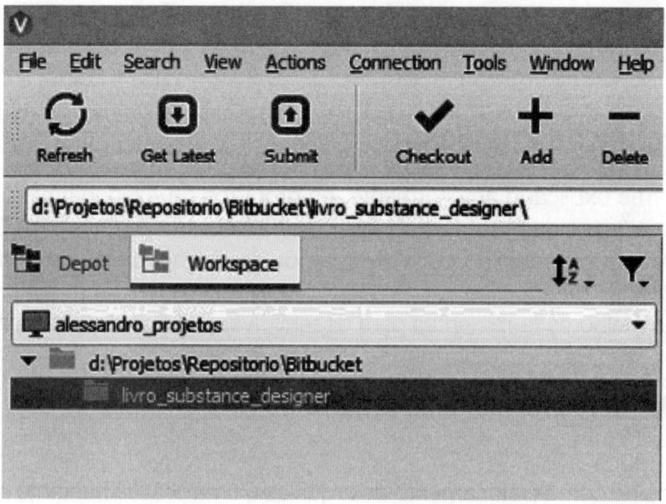

02 - A partir disto, deve-se ir ao Substance Designer, no menu Tools>Preferences indo até a aba de nome Projects. Deve-se localizar a subseção Version Control de Project.

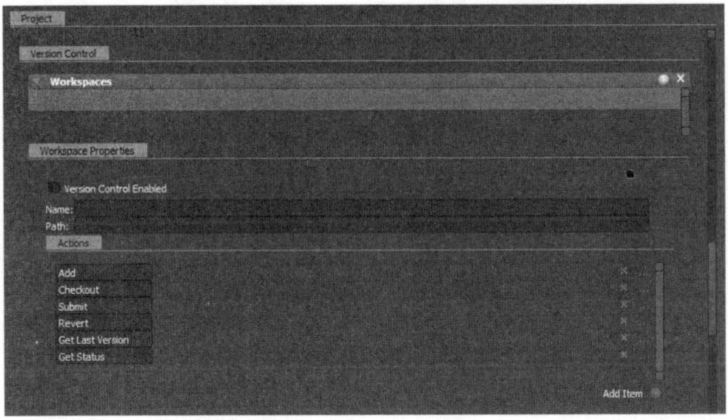

03 - Deve-se habilitar Version Control Enabled para habilitar no Substance Designer o versionamento de arquivos com Helix da Perforce. Em Name, deve-se atribuir o nome da pasta que será usada para versionar os arquivos e, em Path, coloca-se o endereço no computador da pasta.

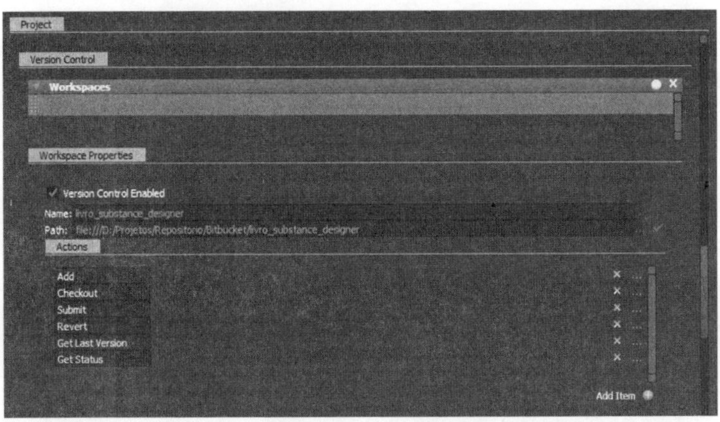

04 - O Substance Designer precisa carregar arquivos de ações para melhor trabalhar com os versionamentos. Para tanto, deve-se carregar o arquivo perforce.py, que fica acessível em: C:\Program Files\Allegorithmic\Substance Designer\5\tools\version_control. Ao se apontar e carregar o arquivo no Substance Designer, ele preenche os demais campos de ações.

05 - Deve-se editar o endereçamento de “perforce.py” para que o Substance Designer possa melhor localizar o p4.exe. Basta abrir o arquivo “perforce.py” com o bloco de notas ou o editor de programação que preferir, e na linha 8:

cPerforceP4AbsPath = os.path.abspath(“c:/Program Files/Perforce/p4.exe”)

Deve-se editar o endereço para o local que é apontado no computador do usuário para localizar a aplicação p4.exe.

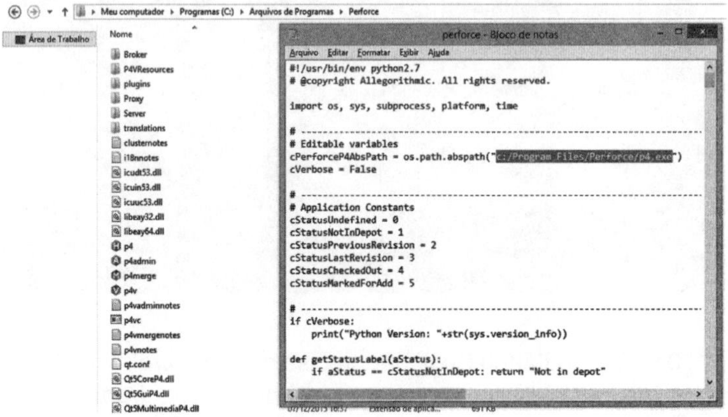

06 - Em alguns casos, deve-se carregar o arquivo de Interpreter para certos scripts de programação funcionarem adequadamente. Segundo a documentação da ferramenta Helix da Perforce, deve-se apontar o aplicativo python.exe devidamente instalado. Tipicamente, o “*.exe” a que se refere aqui é encontrado em:

C:\Users\NomeUsuario\AppData\Local\Programs\Python\Python35-32\python.exe

Para que os arquivos entrem neste sistema de versionamento de arquivos, todo e qualquer arquivo de mapa deve ser salvo dentro da pasta versionada.

07 - Dentro do Substance Designer, para ativar as ações de versionamento de arquivos, deve-se clicar com o botão direito sobre o pacote de substances e escolher Version Control. As demais ações surgirão neste menu de contexto, sendo ações corriqueiras para versionamento de arquivos. Tais ações constam de Add (para adicionar arquivos ao repositório), Refresh Status (para atualizar o estado do versionamento) e MyAction (sendo esta uma ação definida pelo usuário).

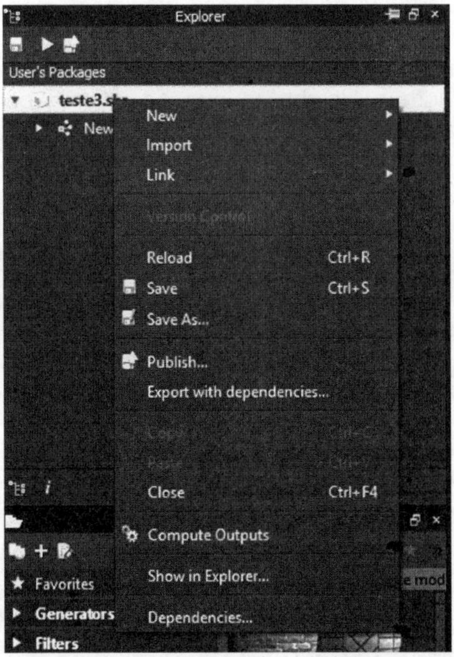

08 - Desta forma, fica mais fácil trabalhar com versionamento de arquivos, sem precisar sair da aplicação de Substance Designer. Alternativamente, pode-se utilizar outras soluções de versionamentos de arquivos, ativadas através do Sistema Operacional, por exemplo, o sistema de SVN (sistema Tortoise SVN).

10.2 Criando Mapas com Substance Designer

Nesta seção, são produzidos arquivos de mapas de Substance Designer na prática. Uma vez que todos os conceitos e ferramentas necessárias às composições de arquivos de mapas foram apresentados, pode-se agora efetivamente produzir composições de mapas mais bem acabados.

10.2.1 Meu Primeiro Substance

Para construir seu primeiro arquivo de Substance Designer, proceda conforme descrito a seguir.

01 - Na interface do Substance Designer, vá ao menu File>New Substance (CTRL + N) e, ao surgir a caixa de diálogo New Graph, escolha a opção Standard como Graph Template, o que fará com que o arquivo de Substance gere três saídas (Diffuse, Normal e Specular). Em Graph Properties, atribua um nome em Graph Name (MeuPrimeiroSubstance). Em Size Mode, deixe Absolute e, em Width e Height, atribua os valores para arquivo final de substances (neste caso, deixe 512 x 512 px). Em Format, deixe Relative to Parent.

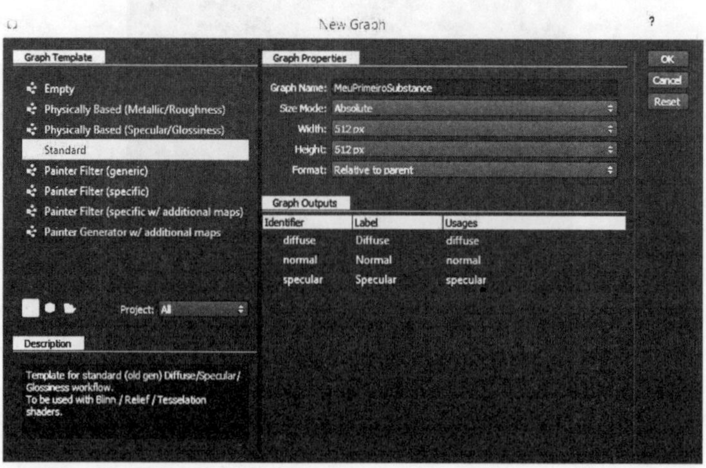

02 - O sistema preparará a interface e em seguida disponibilizará em Graph View os Nodos de saída. No Explorer View será disponibilizado um novo pacote de substances (Unsaved Package) e, dentro, o gráfico MeuPrimeiroSubstance. Salve este pacote com mesmo nome do gráfico para fins de manter a organização (menu File>Save All).

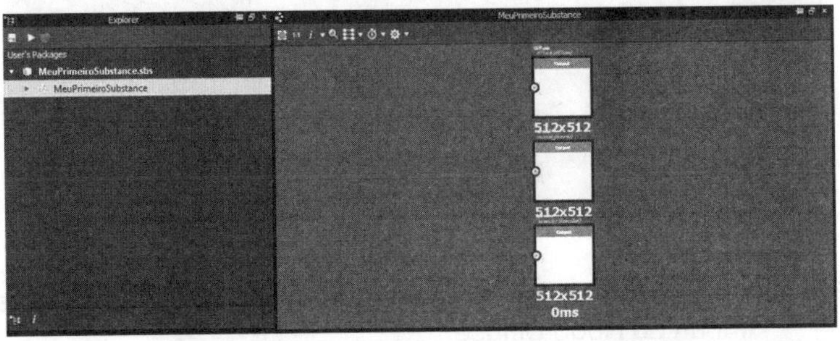

03 - Arraste uma imagem de rocha para cima do pacote “MeuPrimeiroSubstance.sbs” no Explorer View do Substance Designer, escolhendo a opção Linked Resource(s), fazendo com que a imagem fique apenas atrelada ao arquivo, mas não incorporada.

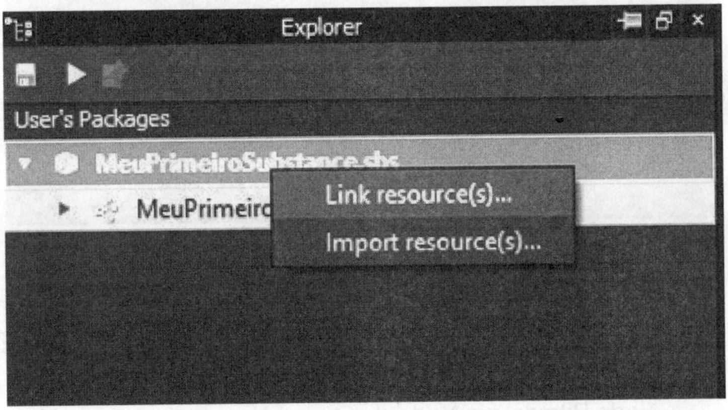

04 - A seguir, arraste o arquivo de imagem de Explorer View (a imagem estará dentro da pasta Resources) para a Graph View.

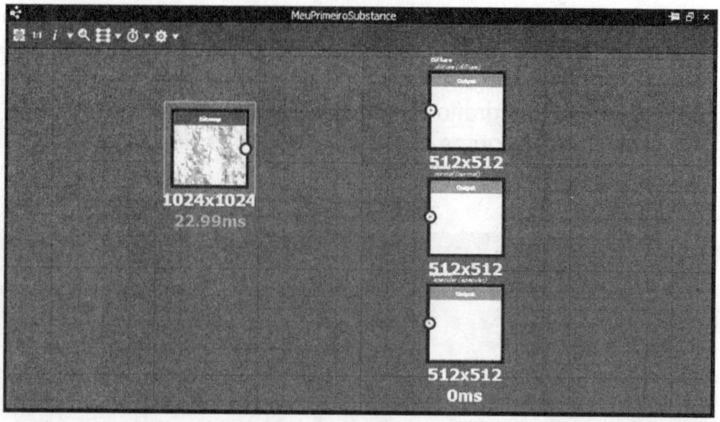

05 - A seguir, ligue a saída (Output) do Nodo Bitmap na entrada (Input) do Nodo Diffuse.

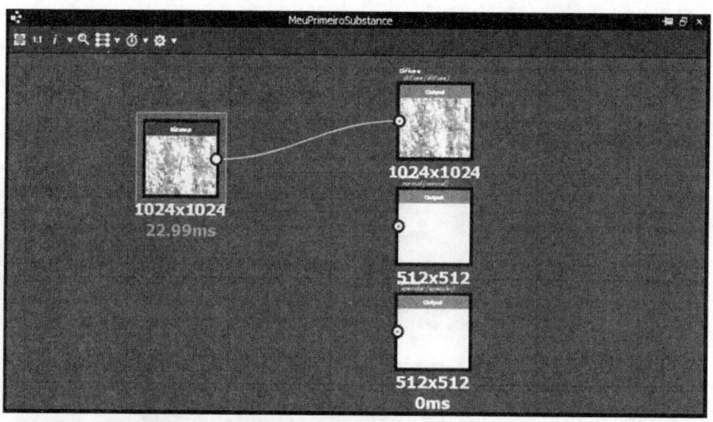

06 - Para realizar corretamente a ligação na saída Normal, deve-se criar um Nodo que altere o comportamento da imagem de colorida para Normal Map. Para tanto, pressione a barra de espaços e, no menu que surge, escolha o Nodo Normal. Posicione-o entre o Nodo Bitmap e o Nodo de Output Normal. Ligue a saída do Nodo Bitmap na entrada de Normal. Ligue também sua saída na entrada do Nodo de Output Normal. Observe que o Nodo conversor de Nome Normal possui uma entrada que, ao se conectar ao arquivo de imagem em cores, converte-o em tons de cinza (Grayscale) para então entrar no Nodo de conversão para Normal Map. Caso não seja feita esta conversão automática, deve-se aplicar um Nodo conversor de cores para Grayscale (Grayscale Conversion) antes do Nodo Normal.

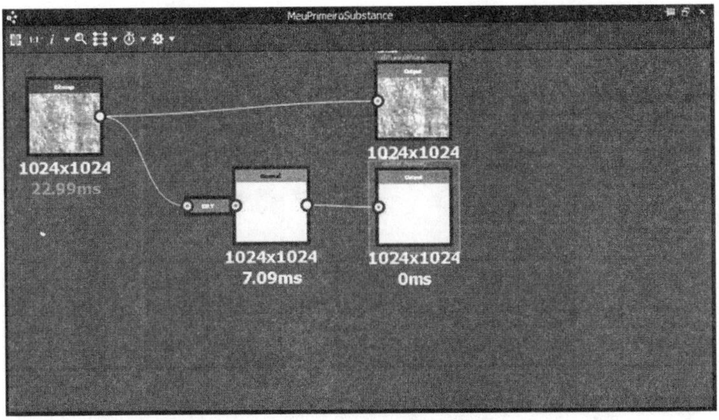

07 - Para realizar corretamente a ligação na saída Specular, deve-se criar um Nodo que altere o comportamento da imagem de colorida para tons de cinza. Para tanto, pressione a barra de espaços e, no menu que surge, escolha o Nodo Grayscale Conversion. Posicione-o entre o Nodo Bitmap e o Nodo Specular. Ligue a saída do Nodo Bitmap na entrada de Grayscale Conversion. Ligue também sua saída na entrada do Nodo Specular.

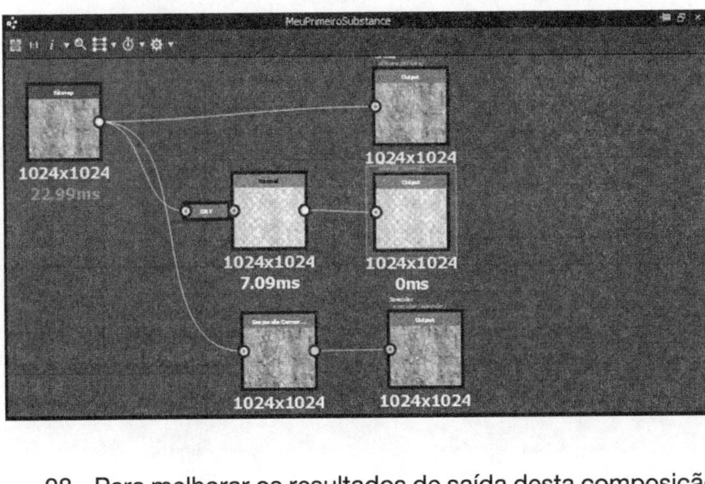

08 - Para melhorar os resultados de saída desta composição, pode-se atribuir um Nodo que saliente os detalhes da imagem (Nodo Sharpen), que pode ser criado e posicionado entre o Nodo Bitmap e Diffuse. Após isto, apaga-se a conexão existente e se refaz a saída de Bitmap para a entrada do Nodo Sharpen, conforme a figura a seguir mostra.

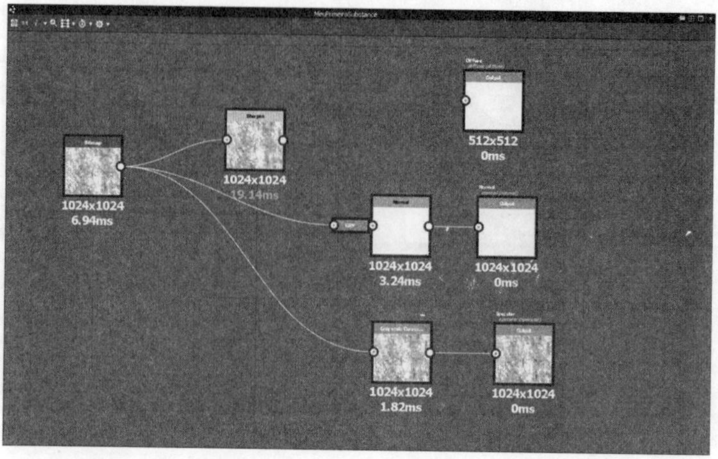

09 - Na saída do Nodo Sharpen pode-se atribuir o Nodo Levels e controlar o nível de exposição do detalhamento da imagem. Importante lembrar que, ao selecionar cada um dos Nodos, em Parameters View, se acionam os controles individuais de cada um, podendo-se aumentar a personalização do efeito. Ao fim, conecta-se a saída do Nodo Levels na entrada de Diffuse.

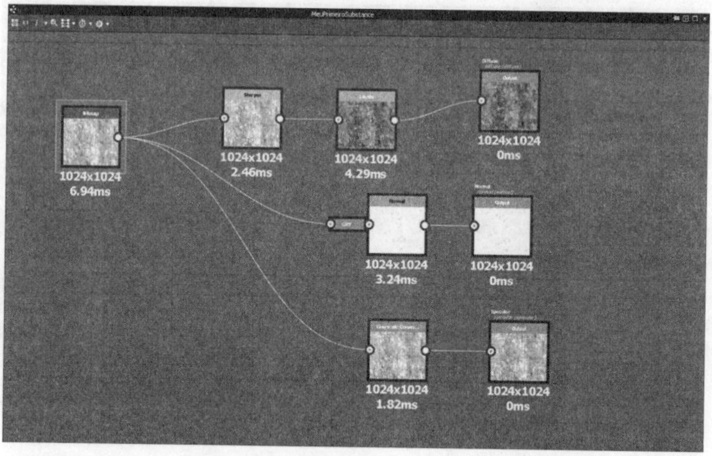

10 - Para finalizar a composição, atribui-se a saída do Nodo Levels à entrada dos demais nodos de Normal e de Grayscale Conversion. Sempre é recomendado reutilizar as saídas já existentes nas composições com Substance Designer, a fim de otimizar o processamento das composições. Neste caso, pode-se utilizar o Nodo Grayscale Conversion para dar entrada no Nodo de conversão de Normal Map e no Nodo de Output Specular.

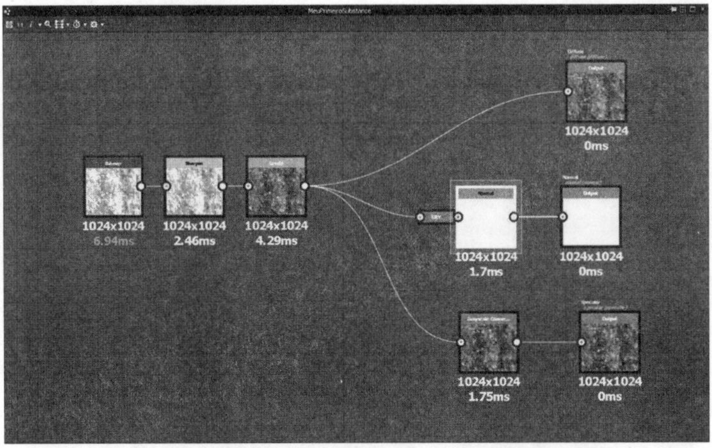

11 - Por fim, deve-se salvar a composição de substances. Para visualizar o mapa criado no Substance Player, selecione o pacote "MeuPrimeiroSubstance", depois clique no ícone de Player no Explorer View. Para publicar o arquivo, de modo a gerar o arquivo "*.SBSAR" para ser utilizado em outros softwares compatíveis com Substances, selecione o pacote a ser exportado, clique no ícone de Publish (ou clique com o botão direito na Explorer View e escolha Publish) . Tanto o Player como o Publish se ativam na interface ficando na cor verde.

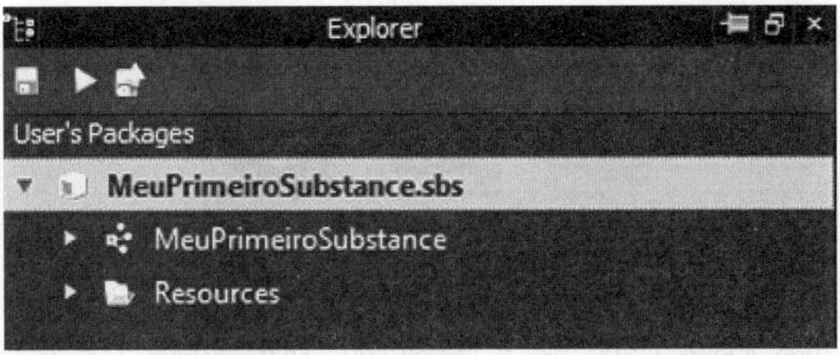

12 - Ao clicar no botão Publish, o sistema pede para que o usuário defina um local para salvamento, sendo logo após isto apresentada uma nova caixa de diálogo, em que o usuário pode definir o nome do arquivo e parâmetros de exposição. Deixe as configurações padrões e clique em Ok.

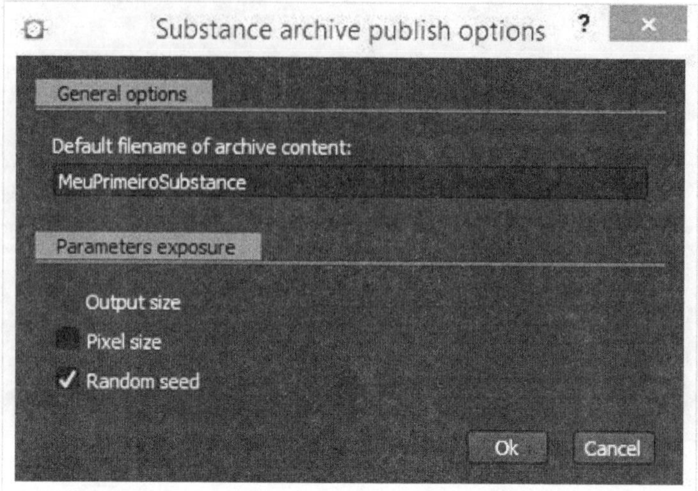

13 - Após a publicação, verifique a pasta em que exportou o "*.SBSAR", junto da qual estará o arquivo "*.SBS", lembrando que o arquivo "*.SBSAR" é aquele que serve apenas para visualizar e que, conforme os parâmetros expostos pelo criador da composição de Substance, alguns campos do mapa podem ser editados na Aplicação Fim. Já o arquivo "*.SBS" é de fato o arquivo nativo do Substance Designer e é ele que contém os gráficos das composições dos mapas.

Este é um fluxo de desenvolvimento de arquivos de substances bastante básico, mas ilustra como ele é construído. Vale lembrar que o fluxo de desenvolvimento de arquivos de substances permite também a utilização de arquivos de Bitmap ou vetores.

10.2.2 Concreto

Pode-se desenvolver um mapa do tipo concreto no Substance Designer, com mais de uma maneira viável. Pode-se realizar o trabalho envolvendo apenas informações vetoriais, bem como arquivos de Bitmap, ou a mescla entre ambos.

Para desenvolver o arquivo de mapa de concreto, proceda conforme descrito a seguir.

01 - Crie um arquivo de Substance (CTRL + N) conforme a figura a seguir: Graph Template é definido como Physically Based (Metallic/Roughness), Graph Properties é definido Name como "concreto", Size Mode é Absolute, Width e Height é 512 x 512 px e Format é definido como Relative to parent.

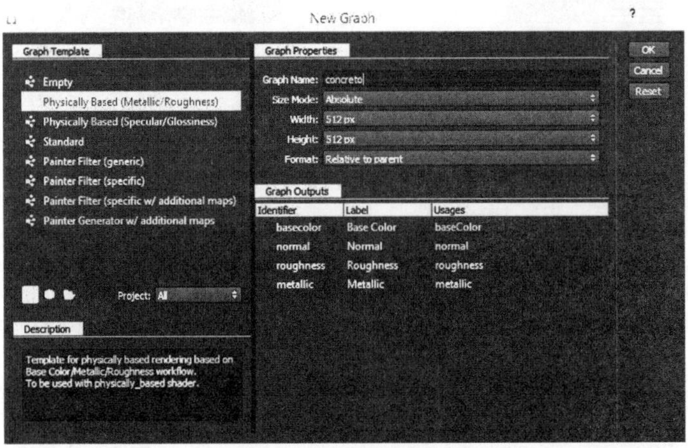

02 - Antes de iniciar as construções dos Nodos, deve-se preparar o ambiente de trabalho da melhor forma. Para tanto, deve-se escolher a melhor figura de fundo para criar a composição dos mapas. Neste exemplo, vá ao grupo 3D View da Library, escolha o mapa "bonifacio street" e arraste para cima da 3D View do Substance Designer. Automaticamente, ele altera o fundo pelo mapa escolhido. Vá ao menu Display de 3D View e desligue a opção Grid para facilitar a visualização do cenário.

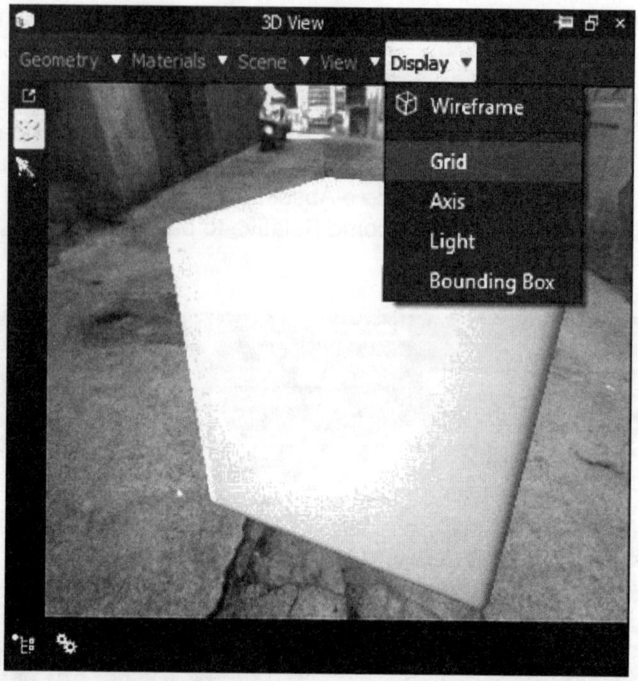

03 - Crie um Nodo do tipo Uniform Color e a ele atribua as cores R (145), G (135) e B (130). Ligue a saída deste Nodo na entrada do Nodo Base Color.

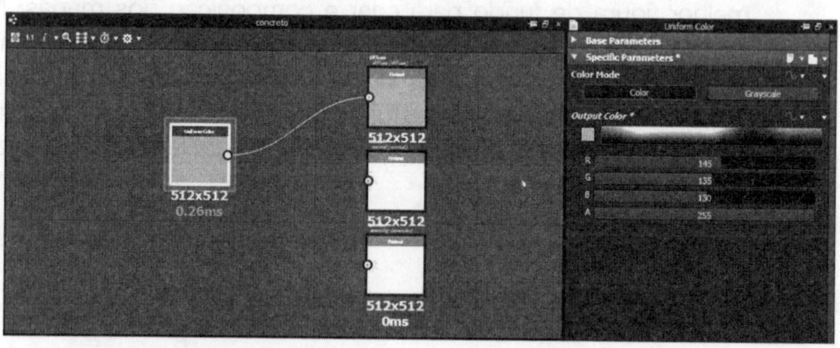

04 - É possível capturar uma cor da interface do programa, bastando para isto clicar duas vezes sobre a cor em Output Color de Parameters View para o Nodo Uniform. A caixa de diálogo Color Editor surge, e nela existe a opção Pick, que serve justamente para capturar cores, bastando apontar para o local desejado e clicar com o botão esquerdo do mouse ou caneta ótica para capturar a cor escolhida.

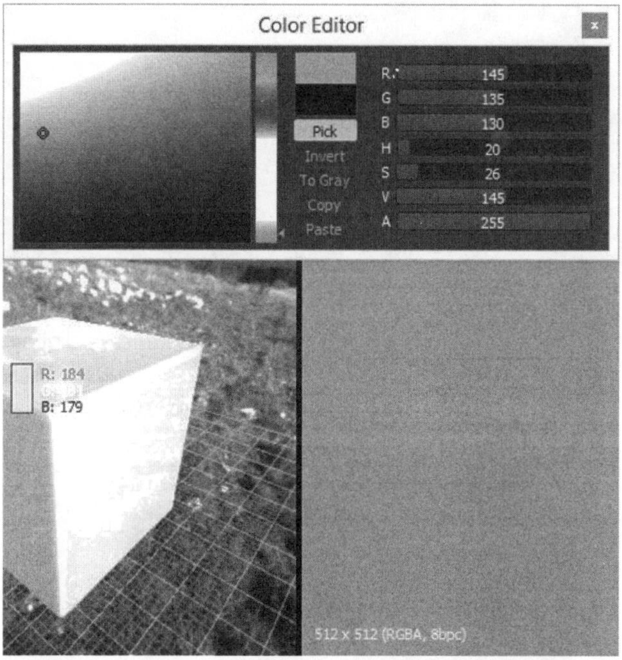

05 - Crie outro Nodo Uniform e atribua sua saída na entrada de Roughness. Mude seu modo de Color para Grayscale e em Output Color atribua uma cor em L de 190, ou R (190), G (190) e B (190).

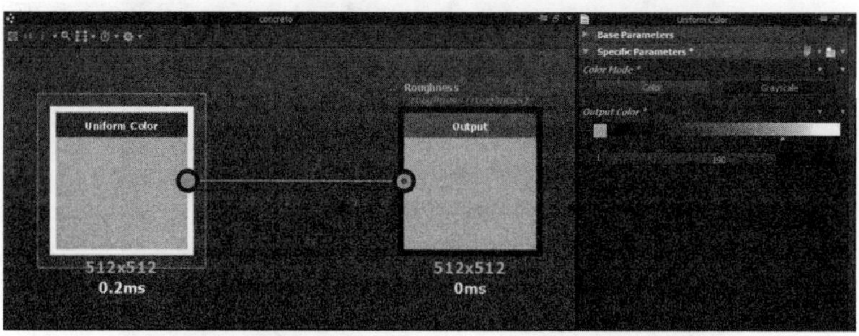

06 - Crie outro Nodo Uniform, deixe-o na cor preta, mas altere seu comportamento também para Grayscale e ligue sua saída na entrada do Nodo Metallic.

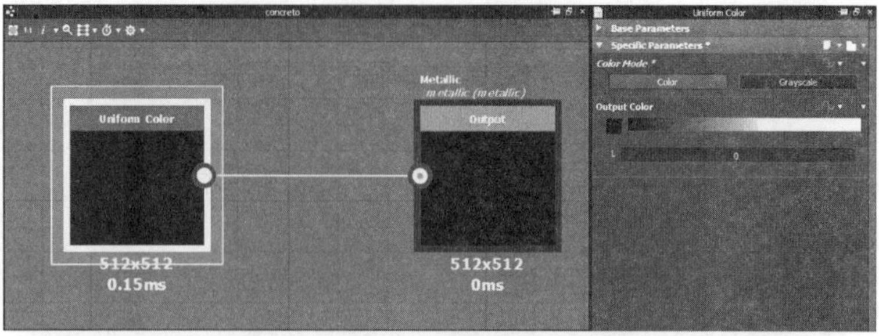

07 - Na Library, clique no campo de pesquisa e digite “grunge” para buscar efeitos de sujeira e ranhuras. Escolha o efeito de nome “grunge map 011” e arraste-o para o Graph View.

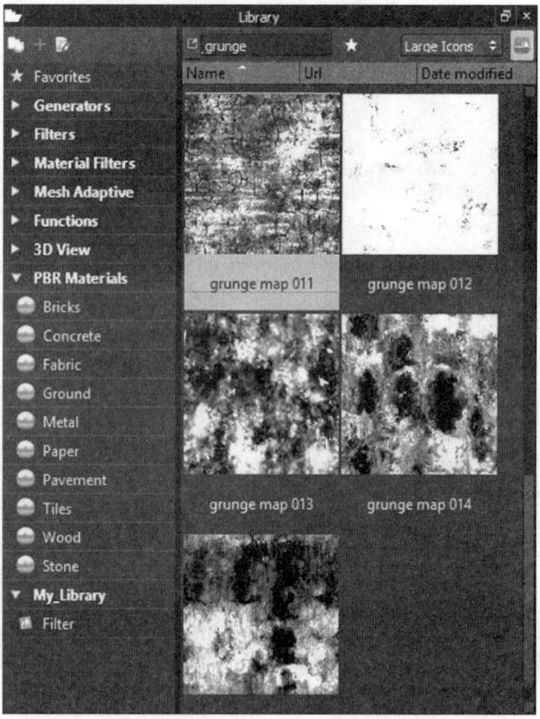

08 - Após isto, crie um Nodo do tipo Gradient Map, a qual atribui cor aos Nodos. Com este selecionado, acione o botão Gradient Editor. Clique no botão Pick Gradient para escolher uma cor da interface do programa. Posicione a ponta do mouse ou caneta ótica sobre a figura de fundo de 3D View e “risque” a interface até localizar um gradiente de tons interessante para a composição deste mapa.

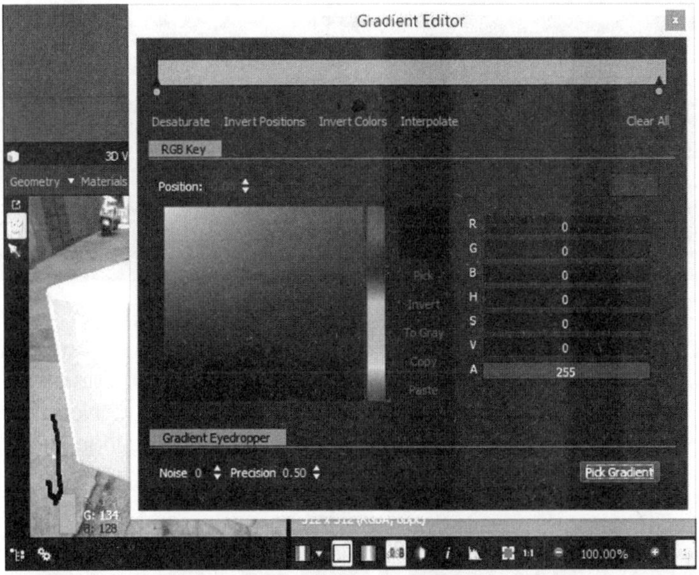

09 - Ligue a saída do Nodo Grunge Map 011 na entrada do Nodo Gradient Map. Ligue sua saída na entrada de Base Color (substitua o Uniform Color que ali estava conectado por esta nova estrutura). Lembre-se que sempre é possível editar as características dos Nodos por meio de sua seleção na Graph View e modificação de parâmetros em Parameters View.

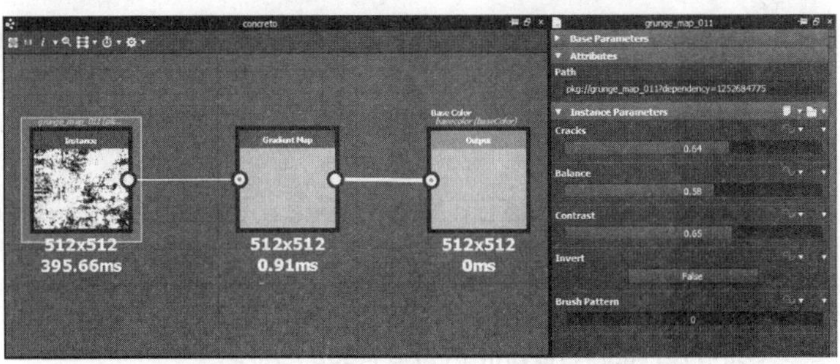

10 - Crie agora um Nodo Normal para transformar imagens em arquivos de Normal Map e ligue a saída de Grounge Map 011 na entrada deste Nodo Normal (mude seu Normal Format para OpenGL e regule sua intensidade). Em seguida, ligue sua saída a entrada do Nodo final de nome Normal também. Para melhor visualizar o efeito do mapa na 2D View, desligue a opção de Alpha desta janela.

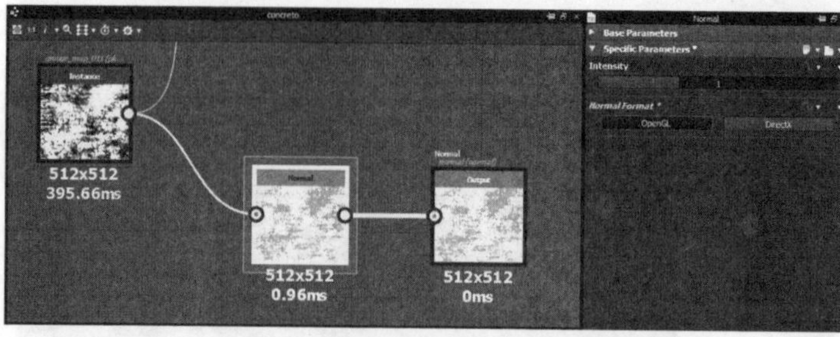

11 - Para melhorar o efeito das cores difusas, selecione o Nodo Gradient Map que altera a cor de Grounge Map 011 e realize as ações de CTRL + C seguido de CTRL + V. Isto gerará uma cópia do Nodo já com a sua ligação. Crie um Nodo HSL e, na saída do segundo Nodo Gradient Map, ligue este Nodo HSL.

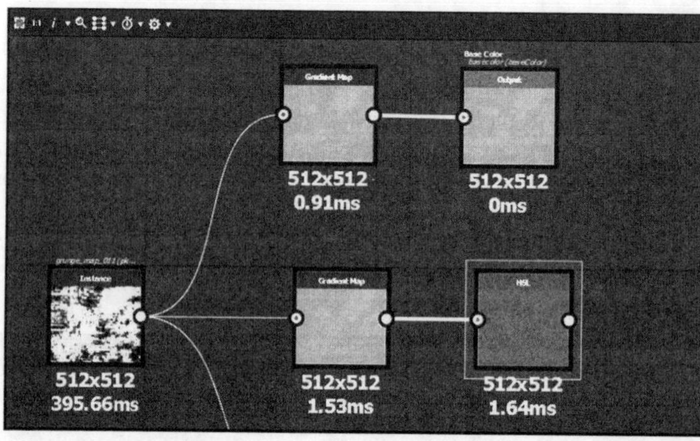

12 - Em seguida, crie um Nodo Blend e, em sua entrada Foreground, ligue a saída do primeiro Gradient Map. A saída de HSL é ligada na entrada de nome Background e a entrada Opacity também do Nodo Blend, recebe a saída direta do mapa Grounge Map 011. Ligue a saída de Blend na entrada de Base Color.

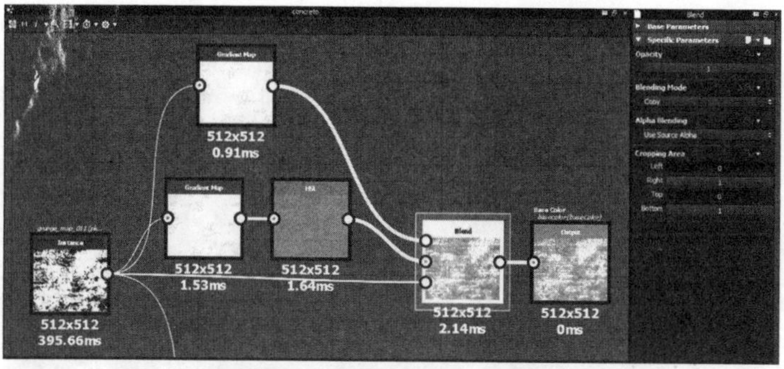

13 - Agora será criado outro Nodo Blend, em cuja entrada Foreground entra a saída do Nodo Grounge Map 011. Na entrada Background deste Blend entra o Nodo Uniform Color que se liga à saída do Nodo Roughness. Este Blend deve receber em seu Blending Mode (Parameters View > Specific Parameters) a opção Subtract. Este Nodo Blend ainda é o que fornece informações para a entrada do Nodo Roughness. Lembrando que, para o melhor efeito, deve-se selecionar o Nodo Blend usado neste momento e, em Opacity (Parameters View > Specific Paramters), regular de modo a obter o melhor resultado (neste exemplo, fixou-se o valor 0.30).

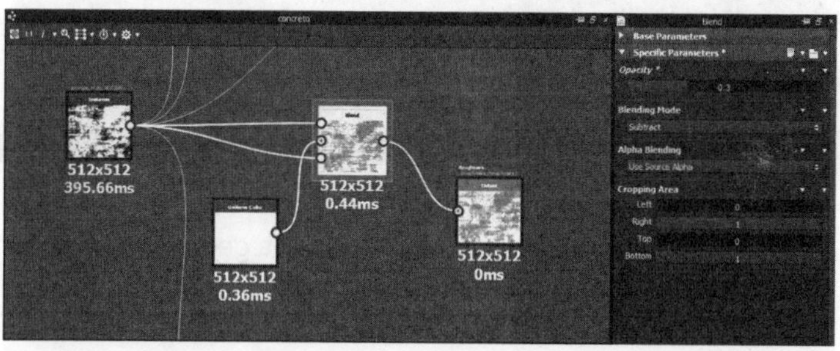

14 - Por fim, o gráfico gerado para esta composição pode ser visto na figura a seguir.

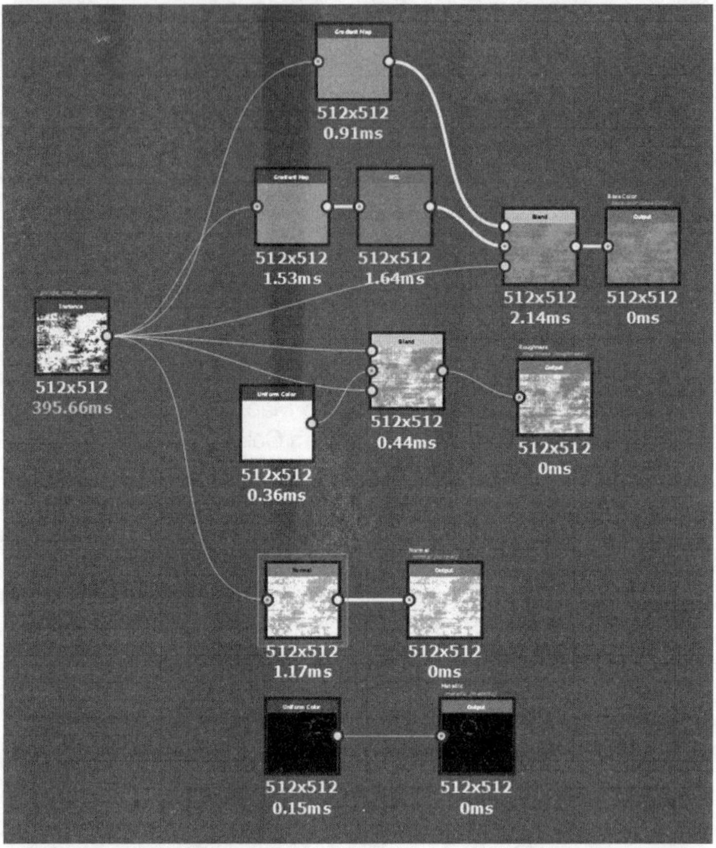

15 - E a imagem do mapa aplicada a uma geometria pode ser vista na figura a seguir.

16 - Salve o pacote de Substance e publique (selecione o pacote de nome "concrete" e clique com o botão direito do mouse ou caneta ótica sobre este, escolhendo Publish) o arquivo "*.SBSAR" para utilização em outros aplicativos.

10.2.3 Tijolos

Para desenvolver arquivos de tijolos ou similares, proceda do seguinte modo:

01 - Para desenvolver um material que simule tijolos, proceda como descrito aqui, iniciando pela criação do arquivo de Substance (Menu File > New Substance). Na janela que se abre (New Graph), defina Graph Template como Physically Based (Metallic/Roughness). Em Graph Properties, defina Graph Name como "tijolos", Size Mode como Absolute, Width e Height defina com 512 X 512 px. Deixe format como Relative to parent.

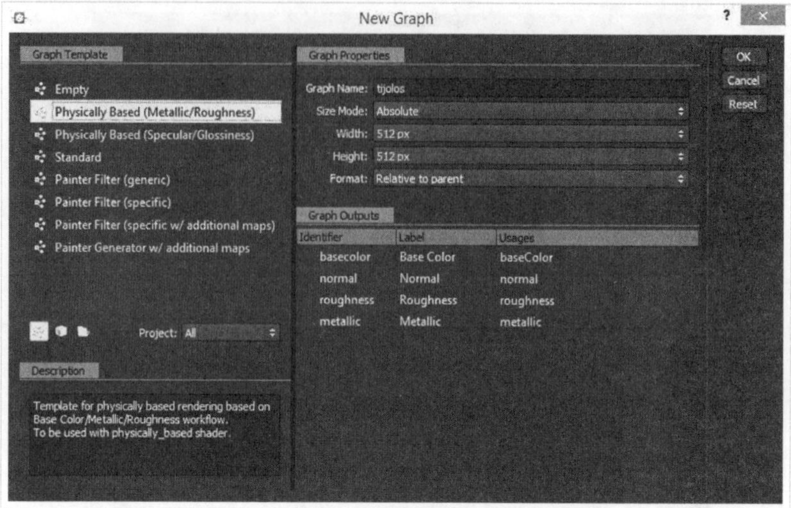

02 - Após isto, salve o arquivo de Substance com o mesmo nome do gráfico ("tijolos"). Crie um Nodo do tipo Shape (que pode ser localizado pela pesquisa da Library). Modifique seu Pattern para Brick em instanced Parameters na Parameters View.

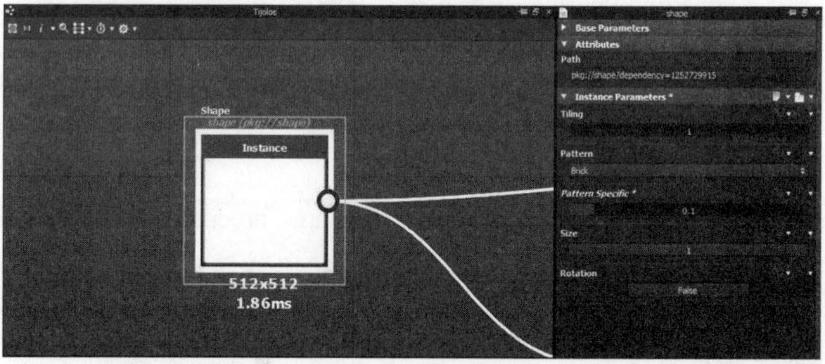

03 - Após isto, crie um Nodo Transformation 2D e modifique, em Parameters View > Transform Matriz, o campo Width em Stretch (atribua o valor de 50%). Em Offset, atribua o valor 0.5 em X. Ligue a saída do Nodo Shape na entrada do Nodo Transformation 2D.

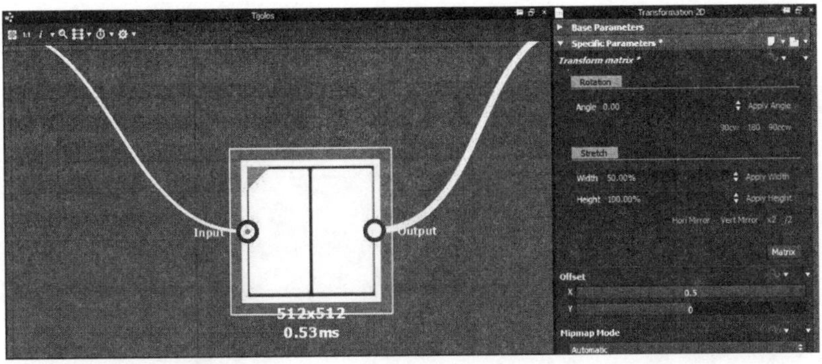

04 - Crie agora um Nodo do tipo Blend e, em seu Blending Mode, defina como Max (Lighten). Ligue em sua entrada Foreground a saída do Nodo Shape. Ligue a saída do Nodo Transformation 2D na entrada Background deste Nodo Blend.

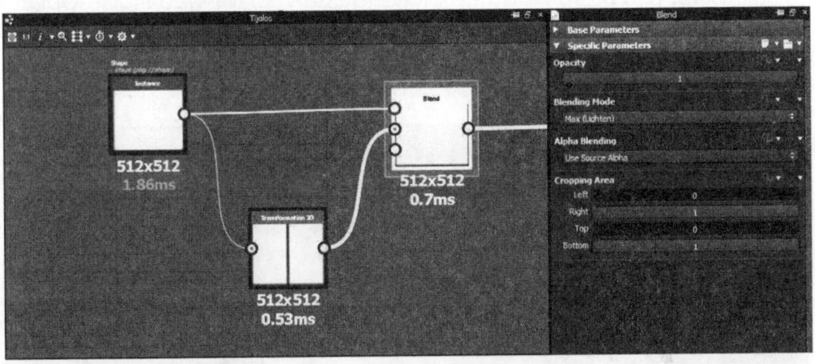

05 - Crie um Nodo do tipo Tile Generator (que pode ser localizado na pesquisa da Library). Com este Nodo selecionado, em Parameters View, vá ao conjunto de opções de nome Number X e atribua o valor 4 e, em Number Y, o valor 7. Após isto, vá ao grupo de opções Pattern Type para alterar o tipo de padrão do tijolo. Escolha Image Input e, após isto, ligue a saída do Nodo Blend na entrada deste Nodo Tile Generator.

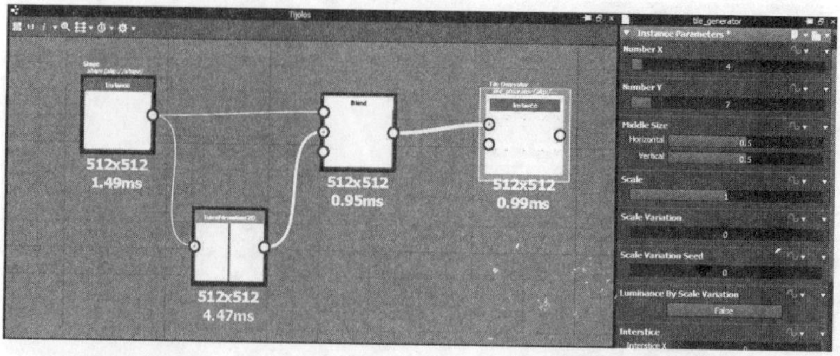

06 - Por enquanto, deixe de lado este conjunto da composição, pois ele compreende o conjunto que determina o tipo de tijolo. Agora deve-se seguir para outras informações compositivas do mapa, como as informações de cor, ruído e sujeira do tijolo. Crie para isto um novo Nodo de efeito de ruído, como um Noise (Noise BnW Spots 3). Após isto, crie outro Nodo de efeito (desta vez, o Nodo Noise Upscale 1). Ligue a saída de Noise BnW Spots 3 na entrada de Noise Upscale 1 e altere seus parâmetros como julgar adequado.

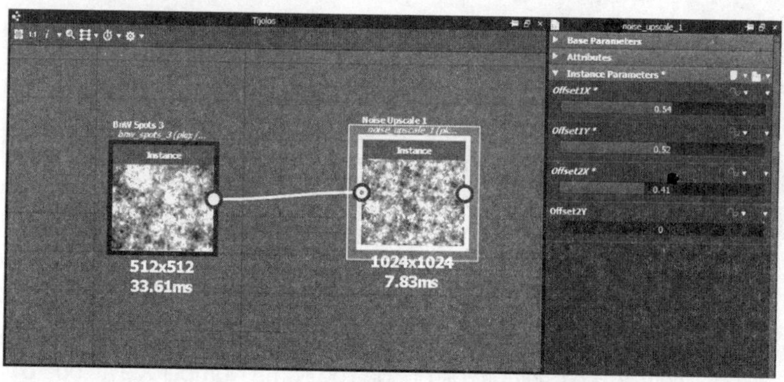

07 - Crie dois Nodos do tipo Gradient Map e ligue a saída de Noise Upscale 1 nas entradas destes dois Nodos Gradient Map.

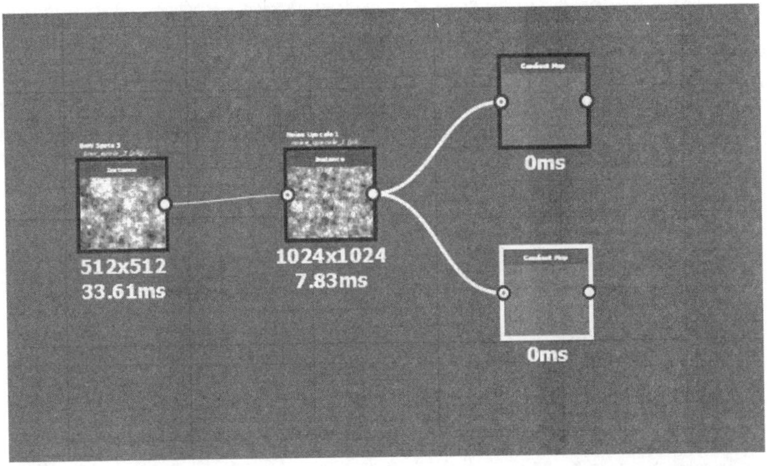

08 - Carregue algum arquivo de imagem no Substance Designer, apenas como referência (pode-se criar um Nodo Bitmap para isto, ou simplesmente selecione o arquivo em Explorer View para que ele seja exibido na 2D View). Clique no primeiro Nodo Gradient Map uma vez e, em Parameters View, clique em Gradient Editor para abrir o editor de tons. Clique em Pick Gradient e escolha alguns tons na imagem vista em 2D View. Modifique o parâmetro Noise em 2 ou 3 níveis positivos também. Repita o processo para o segundo Nodo Gradient Map, mas não altere o campo Noise de Gradient Editor. Verifique que as imagens de saída nos dois Nodos Gradient Map são diferentes.

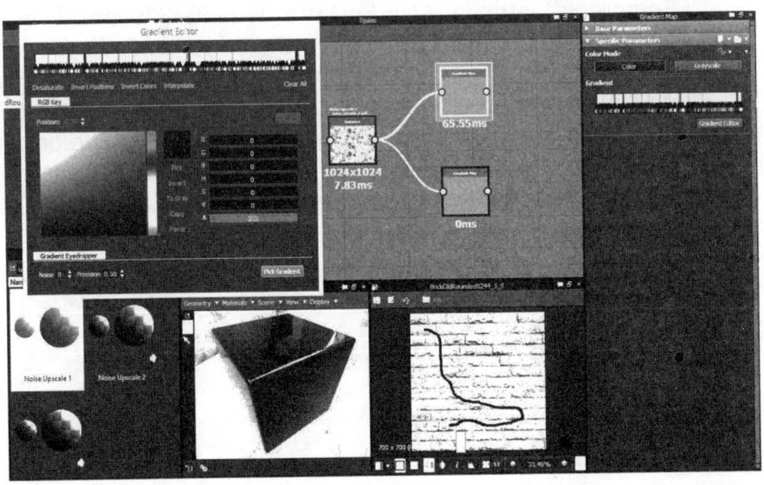

09 – Agora, ligue as saídas dos dois Nodos Gradient Map nas entradas de um Nodo Blend (note que em Foreground deste Nodo Blend entra o Primeiro Gradient Map desta estrutura e, em Background, entra o segundo). Como máscara, crie um Nodo Clouds 2 e ligue sua saída em um Nodo Levels, ajustando-o para que tenha mais contraste. Ligue a saída deste Levels no Opacity do Nodo Blend com os dois Nodos Gradient Map.

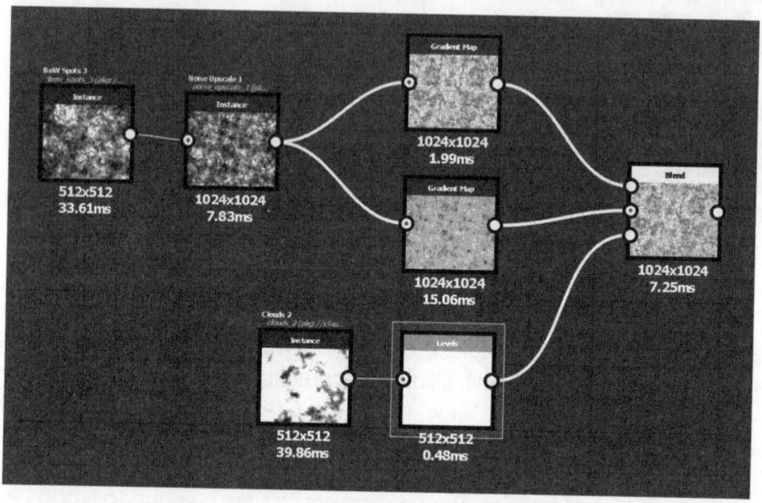

10 - A texturização básica de cor do tijolo está quase finalizada. Falta agora sujar um pouco a textura. Adicione um Nodo Blend na saída do Blend já existente (coloque-o na entrada Background). Na entrada Foreground, atribua o Nodo Dirt 3 da Library, sendo que, como sugestão, entre o Nodo Dirt 3 e o Blend, adicione um Nodo Level para melhor controlar o comportamento do Dirt 3. Ainda na saída de Level, aplique um Nodo Gradient Map apenas para tornar o modo colorido ativo na composição ao entrar no Foreground do Nodo Blend. Altere também o comportamento do último Nodo Blend, e, em seu Blending Mode use o modo Subtract.

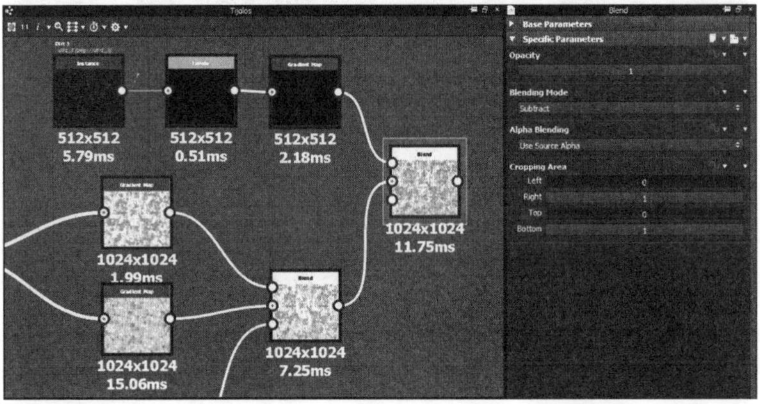

11 - Agora deve-se criar a composição que define a textura do rejunte dos tijolos. Para isto, crie um Nodo do tipo Dirt 6, adicionando a sua saída, a entrada de um Gradient Map. Sua saída entra em um Nodo Emboss (em seu Input e Intensity Input, adicione a saída do Dirt 6). A saída deste Nodo Emboss vai na entrada de um Nodo HSL, sendo o objetivo final desta composição ter uma textura escura com informações de volume. Modifique os parâmetros como julgar adequado.

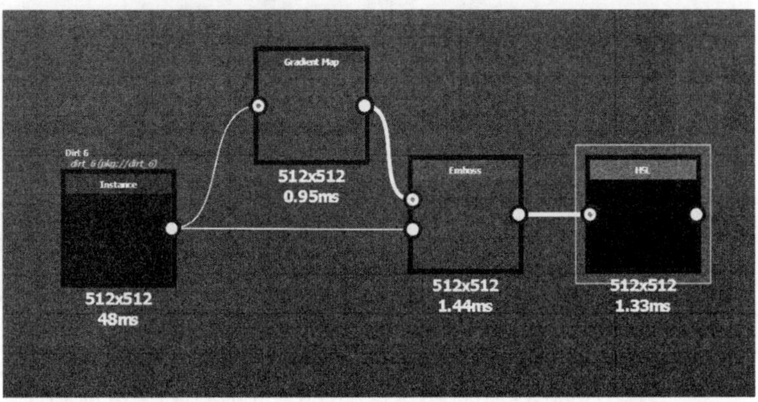

12 - Crie um Nodo Blend para realizar a composição entre os rejuntes do tijolo (e sua máscara) com sua textura. Na entrada Foreground deste Nodo, adicione a composição de textura do tijolo. Na entrada Background, adicione a composição da textura do rejunte. Em Opacity, adicione a saída de composição da máscara do rejunte (pode-se adicionar um Nodo Level para deixar a marcação do rejunte do tijolo mais em contraste).

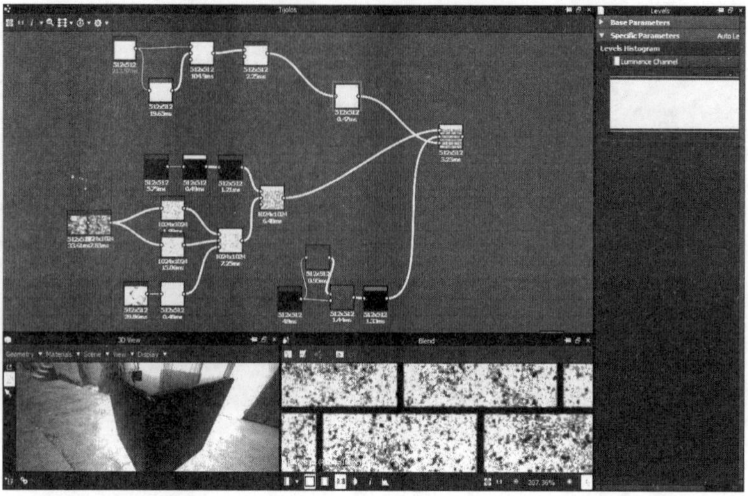

13 - Agora, efetivamente, ligue a saída deste último Nodo de Blend da composição visual do tijolo, no Output de nome Base Color.

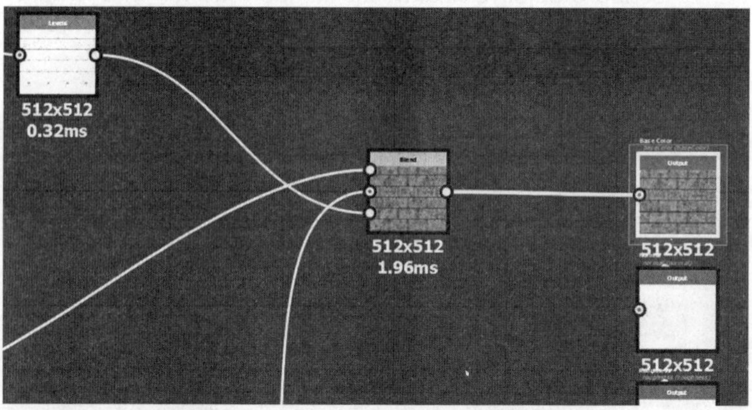

14 - Crie agora dois Nodos Uniform Color com a cor preto puro em cada. Ligue a saída de cada um na entrada de cada Nodo de nome Roughness e Metallic, sendo que o Nodo Uniform Color de Roughness deve ser convertido seu modo de cor para Grayscale, alterando seu L para algo em torno do valor 113.

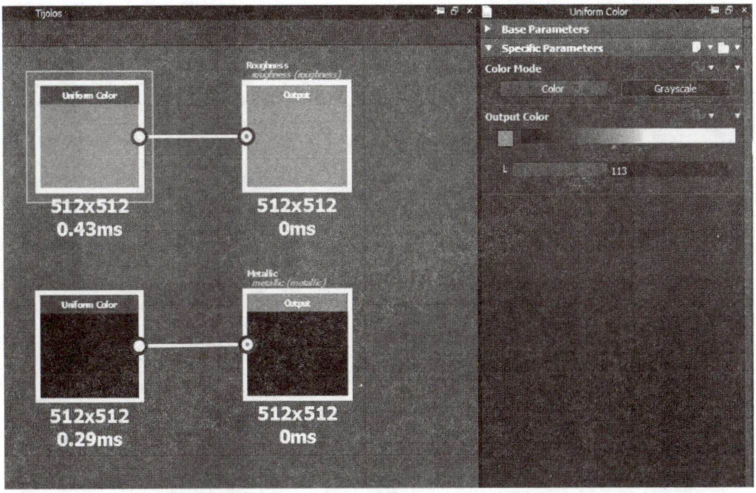

15 - Agora deve-se preparar a composição para Normal Map. Crie um Nodo Levels e, em sua entrada, ligue a saída do Levels da composição do rejunte (opacidade) do tijolo. A seguir, atribua um Nodo Normal configurando seu campo Intensity para algo em torno de 2.68. Ligue a saída deste Nodo na entrada do Nodo Output Normal.

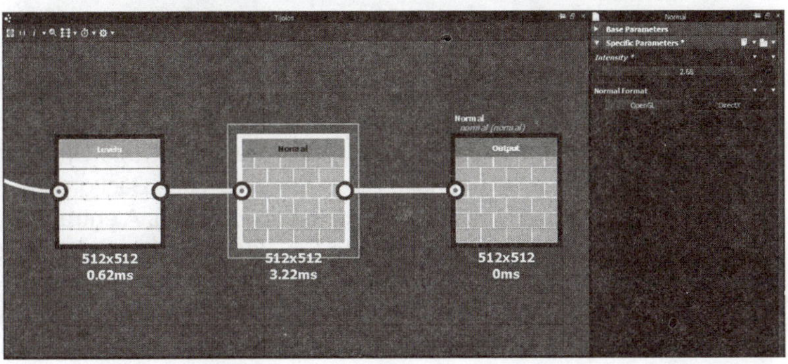

16 - Agora deve-se criar o sistema de Normal para as ranhuras do tijolo. Ligue a saída do Nodo Upscale 1 que deu início à composição de cor da textura do tijolo a um novo Nodo Levels. Ligue a saída deste Levels no Background de um novo Nodo Blend. A entrada Foreground deste Nodo Blend deve receber a saída do Nodo Levels que sai de Dirt 1. Ajuste os controles dos Nodos como julgar mais adequado.

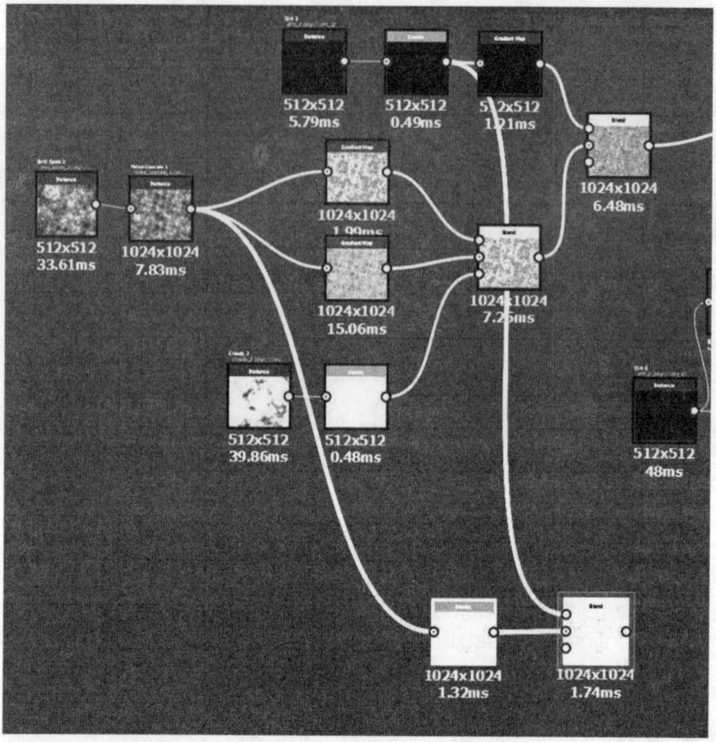

17 - Agora deve-se criar a composição para o Normal Map do rejunte do tijolo. A partir do Blend anterior, crie um Nodo Gradient Map e, em sua entrada, ligue a saída do Blend. Na saída deste Nodo Gradient Map, ligue a entrada de um novo Nodo Blend (em seu Background, pois o seu Foreground recebe a saída do Nodo Emboss). A entrada Opacity recebe a saída do último Nodo Levels da composição de rejunte do tijolo. Ligue a saída deste Nodo Blend na entrada de um Nodo Grayscale Conversion. A saída do Nodo Grayscale Conversion entra em um Nodo Normal.

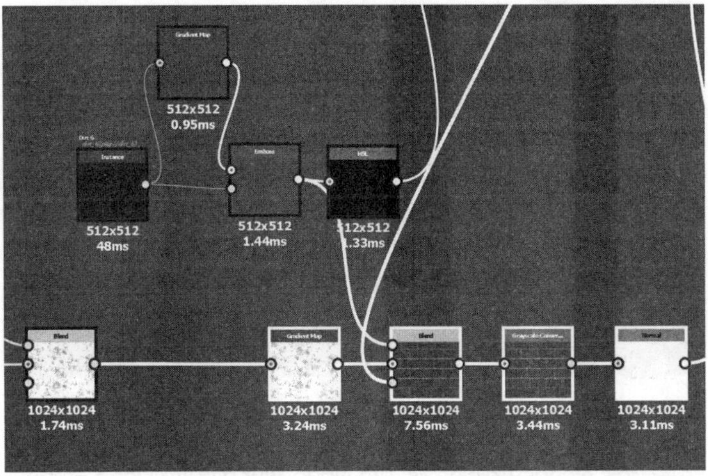

18 - Por fim, para finalizar a composição com Nodo de Normal Map, crie um Nodo do tipo Normal Combine da Library e combine os dois Nodos Normais (o Normal que vem da composição da textura entra na entrada Normal 2 e o Normal que vem da composição de rejunte entra em Normal 1). A saída deste Nodo Normal Combine vai na entrada do Output Normal.

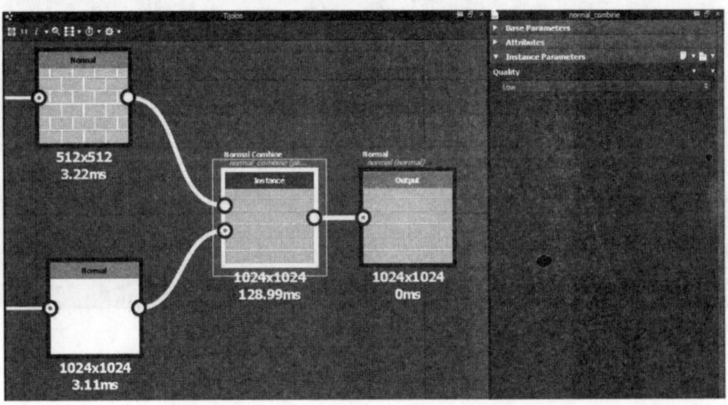

19 - Observe que o Nodo Normal Combine usa bastante processamento do computador para poder disponibilizar os resultados da composição, portanto, use-o com cuidado, bem como todo e qualquer Nodo ou efeito que utilize muito processamento. Para deixar a saída Roughness mais interessante, ligue a saída do Nodo Noise Upscale 1 na entrada de um novo Levels que se ligará ao Output Roughness.

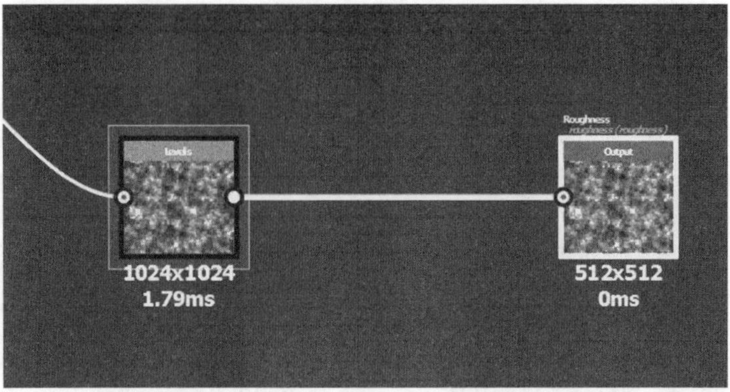

20 - Para finalizar a texturização, antes da saída Base Color, faça mais dois Nodos Adicionais: um Nodo Blur e outro Nodo Emboss. Ligue a saída de Levels dos tijolos na entrada do Blur (configure-o de modo a deixar pouco borradas as informações que por ele passam). Depois ligue sua saída na entrada do Nodo Emboss e configure como desejar. Ligue sua saída na entrada do Output Base Color.

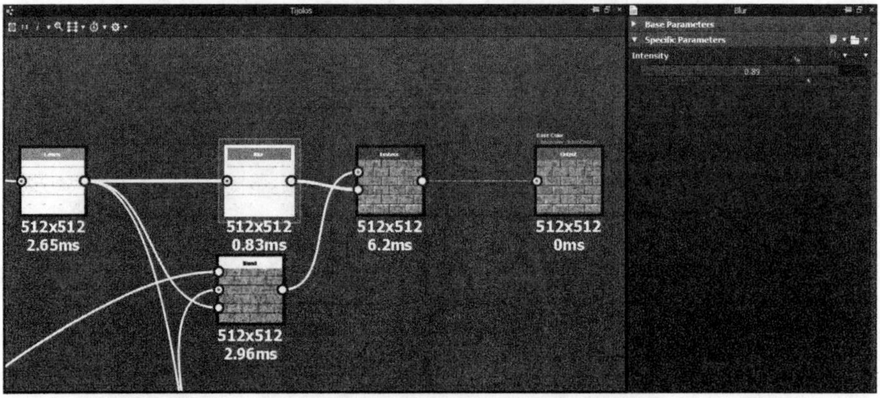

21 - Ao fim, tem-se um gráfico similar ao visto na figura a seguir.

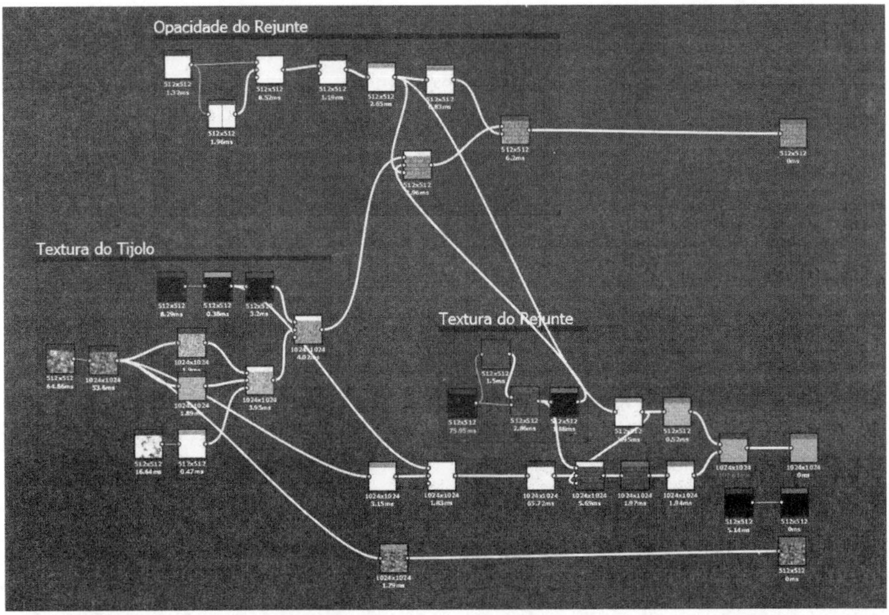

Após a finalização do gráfico, pode-se realizar a exposição de parâmetros que aperfeiçoam o trabalho até aqui, ou mesmo melhoram o trabalho com o Substance Designer. Cabe ao leitor buscar o conhecimento para explorar a exposição de informações no software da melhor forma.

10.2.4 Rocha

O seguinte artigo foi escrito por Juliano Silveira (www.julianosilveira.com), que, na data de publicação deste livro, atua na indústria de jogos digitais no Brasil, pelo estúdio Aquiris Game Studio. Ele é responsável pela produção de arquivos de texturas de jogos como o Ballistic e outros. A seguir, ele explica como constrói os arquivos de texturas procedurais com o Substance Designer.

Um jogo pode ser desmembrado em diversos tipos de arquivos. Dentro deste existem sons, animações, modelos 3D, código, materiais, e, o que será abordado aqui, texturas. As texturas de um jogo, dependendo de sua compressão, podem ser uma grande dor de cabeça quando se é preciso manter o jogo com um tamanho de arquivo reduzido. Para solucionar esse problema, é possível utilizar o Substance Designer, criando uma textura de pedras completamente procedural.

Criar uma textura procedural é utilizar diversos conceitos de arte com um embasamento técnico forte. É traduzir diversos elementos que compõe uma textura que podem ser completamente baseados em abstrações do que é bonito e bem polido em equações e algoritmos. Partindo deste raciocínio, desenvolve-se uma base para criação de arquivos de texturas.

Partindo do pressuposto de que já existe um mundo bem estabelecido e que é conhecido o visual que será obtido no cenário ao qual o arquivo de textura será utilizado, parte-se para o processo de criação de uma textura. Para estabelecer o que é preciso executar no arquivo, antes, é necessário cumprir uma etapa conceitual.

Essa etapa se baseia na busca de referências do que é desejado alcançar. É importante salientar que tudo isso é possível quando já está bem estabelecido o visual do mundo do jogo. A textura que será desenvolvida neste tutorial será nomeada aqui como Rocks_Ceiling. Com essa base, é possível então passar para a etapa de pesquisa, na qual será visto quais texturas são semelhantes e o que pode ser utilizado como referência.

Este tipo de textura é facilmente encontrado em sites como www.textures.com, mais conhecido como CGTextures. Mas não é possível ser utilizada diretamente como fonte para a textura a ser fabricada, pois é uma imagem em formato Bitmap, e é preciso desenvolver um algoritmo procedural que tenha aspecto semelhante. Ainda antes de se partir para técnica, é feita uma desconstrução da textura.

Esta desconstrução serve para se compreender a Anatomia da Textura como forma de melhor representá-la digitalmente. Com a desconstrução da textura, é possível analisar seus diversos aspectos, os quais referem-se à sua composição, quantidade de módulos, uso de cores, contrastes, quantidade de informação, volumetria, e vários outros fatores relativos à composição da textura. A seguir, o trabalho de desconstrução da referência e a construção digital da textura são explicadas.

01 - Pode ser afirmado que uma das características mais visíveis nas imagens da figura a seguir, é a presença de grandes módulos robustos (nível macro) de pedra que as atravessam.

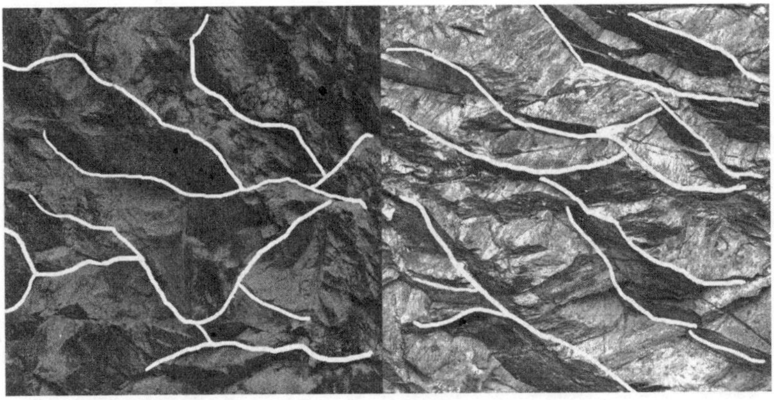

02 - Ambas imagens da figura anterior foram passadas para escala de cinza, escurecidas e pintadas por cima com linhas brancas para explicitar a marcação destes módulos. Várias informações já podem ser extraídas desse estudo. Essas linhas são um dos elementos mais fortes, pois indicam direção, deformação e apresentam ramificações. A primeira imagem da figura anterior, mostra uma dispersão de sentidos bem grande se comparado com a outra imagem a seu lado, que apresenta uma direção diagonal, mas ainda assim, ambas com composições bastante orgânicas sem nenhuma apresentação de direção estritamente horizontal ou vertical. Ainda desconstruindo as linhas implícitas na textura, é possível ir mais a fundo, traçando o que será chamado aqui de Sublinhas.

03 - Com uma análise da figura anterior, é possível identificar uma segunda camada de informações (nível micro). Essa segunda camada, composta por Sublinhas, mostra como cada referência é diferente. A seguir, na imagem à esquerda, quase não existe uma presença de direção, pois todas as Sublinhas são curtas e se dispersam bem rápido. Enquanto na imagem da direita da figura a seguir possuí Sublinhas que indicam fortemente as direções de cada módulo, para onde cada parte está apontada, e inclusive, em alguns casos essas Sublinhas conectam uma grande linha à outra. Esse tipo de desconstrução pode ir tão fundo quanto for preciso.

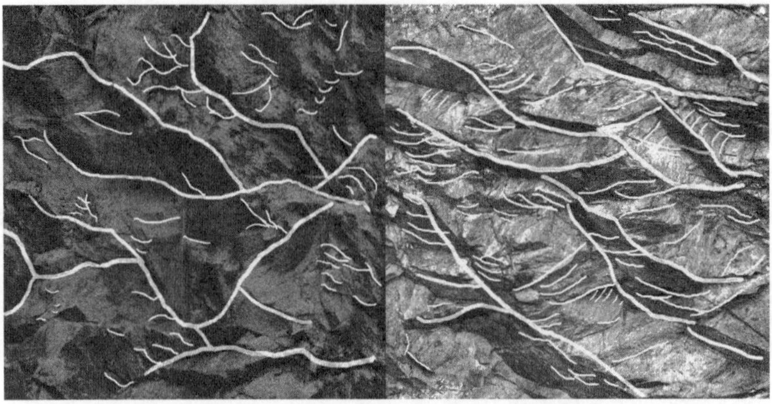

04 – É o momento para se estabelecer um modelo de cores para estudo, que nesse caso é o HSB, composto por Hue, Saturation e Black, ou HSL, que é referente ao mesmo modelo, mas, em vez de usar Black como termo, se utiliza Lightness. Existem vários modelos para estudo, como o clássico RGB.

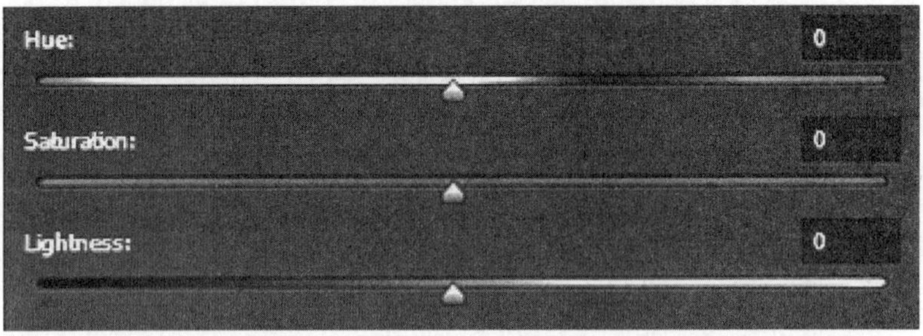

05 - Hue é a variação de cor dessa textura, podendo variar de -180 até +180, utilizando o modelo teórico de um círculo de 360° em que cada ângulo representa uma variação cromática. Saturation é a saturação dessa cor, podendo variar de -100 até +100, sendo que, quanto menos saturação possuir uma cor, mais próxima do cinza ela é. Lightness é referente à quantidade de preto que existe no tom, alcançando escala de -100 até +100.

06 - Para a próxima etapa de análise, pode ser feito um estudo com as cores da textura. Essa fase também pode ser separada em macro e micro, e, assim como na etapa anterior, começa pela extração das cores presentes de forma macro em ambos os casos.

07 - Ambas texturas em sua forma macro são bastante monocromáticas, com pouca variação de Hue, mas com bastante variação de luminosidade, nesse caso, indicando muito volume. Aqui é possível extrair, por exemplo, que nas sombras é encontrado o tom mais saturado. Como é normal acontecer em formas expostas à luz, com os raios de luminosidade preenchendo com cores mais claras e cinzas, mas com seu rebatimento carregando a saturação da superfície. Indo bastante no micro, é possível identificar que a imagem que aparenta ser toda monocromática, na verdade, é composta por grande variação de Hue no menor módulo possível: o pixel.

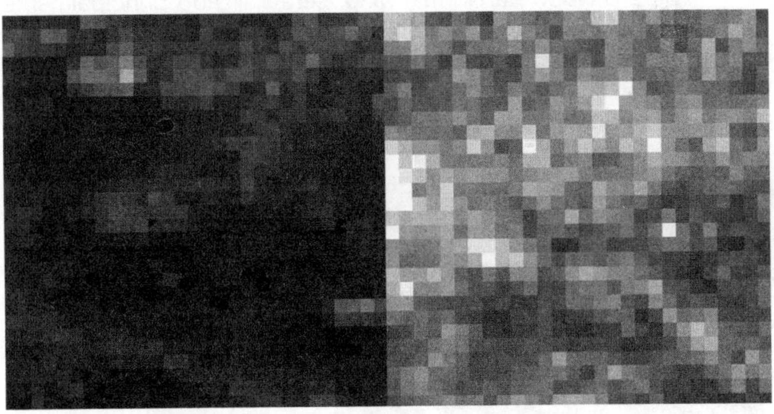

08 - Analisando ambas imagens da figura anterior, pode ser observado que as texturas, que aparentam não ter grande variação de cor, na verdade em seu nível micro possuem vários tons diferentes, os quais, quando vistos em conjunto, dão a ilusão

de um tom só. Esses aspectos são importantes quando se está tentando reproduzir uma textura foto realista.

09 - Com a análise de uma figura de referência bem efetuada, já pode ser iniciado o processo de produção desta textura. Embora se esteja abordando aqui o processo de forma linear, ele de fato não precisa ser assim. Dependendo da experiência do profissional ou do resultado que se pretende atingir, o estudo das referências pode ser mais ou menos profundo.

10 - A vantagem de se realizar uma etapa de desconstrução de textura existente refere-se ao fato de ser possível trazer os elementos que foram analisados e transformá-los individualmente em algoritmos na textura digital. Essa técnica, aplicada à textura de pedras desenvolvida aqui, significa que primeiro precisam ser executados os maiores módulos das pedras: a maior volumetria da pedra.

11 - Para executar esse primeiro algoritmo, é importante pensar em como este volume vai ser feito. Aqui, será utilizado o Nodo de Normal Map para criá-lo. O Nodo de Normal Map utiliza um Input (entrada de dados) do tipo Grayscale, sendo interpretado que todas as informações na cor branco estão mais alto no mapa de volume e o que é preto está mais fundo.

12 - Para estabelecer esse mapa Grayscale que servirá de Input para o Nodo de Normal Map, será utilizado principalmente dois Inputs de Noises diferentes, um para criar o volume macro, as maiores pedras, e um Noise menor, para distorcer o Noise grande e dar uma aparência de grandes pedras com linhas orgânicas, como visto na figura abaixo.

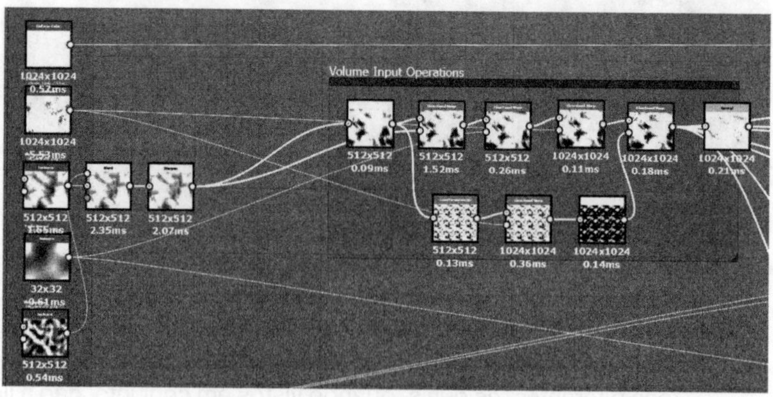

13 - É interessante organizar o processo de produção dentro do Substance Designer enquanto está desenvolvendo, assim é mais fácil se manter com uma quantidade de Inputs limitada, manter uma quantidade de operações pequena, e, principalmente, saber qual parte do algoritmo é responsável por qual aspecto visual. Na figura a seguir, estão classificados três grupos de informações.

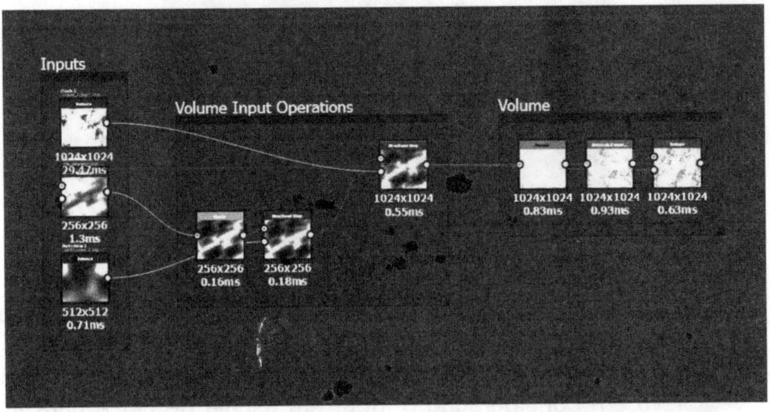

14 - Com essas poucas operações, já é possível conseguir resultados bem próximos da referência original. Uma das técnicas do desenvolvimento procedural mais interessante é que é possível alterar parâmetros bem primários visualizando o resultado. Ou seja, é ver a pedra com o seu resultado final com todas operações aplicadas e alterar o tamanho dos módulos nos Inputs, no início do algoritmo.

15 - Com uma base das operações de volume bem estabelecida e avançando no desenvolvimento da textura em escala de cinza, é possível começar a visualizar as pedras antes de passar para a aplicação de cor.

16 - Para avançar para a aplicação de cor, é aplicado um mapa de gradiente nesta imagem. Bastante semelhante ao Gradient Map do Adobe Photoshop, esta operação no Substance Designer leva em consideração o Input em escala de cinza para aplicar cores utilizando o valor do pixel como referência. Com esta ferramenta, é aplicada uma tonalização para a pedra, e variando os Inputs e com maior quantidade desta mesma operação, como pode ser vista na figura abaixo, é aproximado mais ainda do resultado esperado.

17 - Outras iterações são feitas também em outras etapas do processo. Um exemplo dessas iterações é a adição de uma operação de Levels nas últimas etapas para aumentar o contraste

da textura e também a rotação para tentar equalizar a luminosidade com a referência e a orientação dessa luz. O gráfico que representa a composição da figura anterior é visto a seguir.

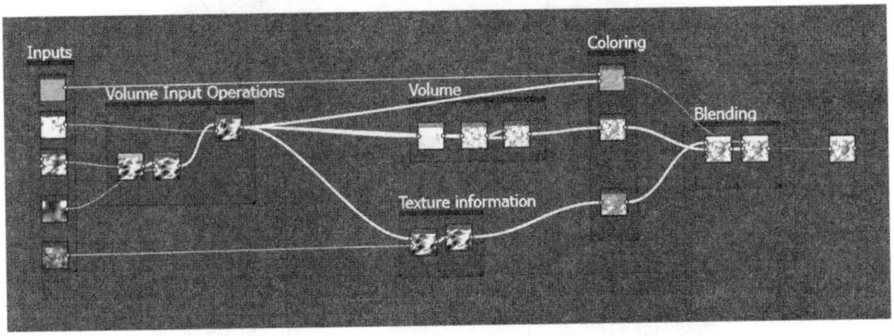

18 - Com a necessidade de adicionar camadas na textura para ter mais variedade de luminosidade e cor, começa-se a trabalhar com a variação de volume menor nas pedras. Para isto, uma segunda ramificação de pedras é criada, utilizando o mesmo Input, porém com deformações diversas e um Tilling (repetição) menor também. Ao mesmo tempo que acontece estas modificações, a textura base também é alterada para dar espaço a esta maior quantidade de detalhes.

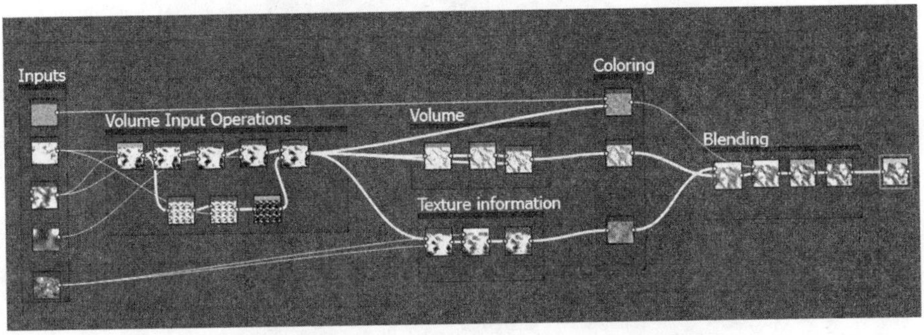

19 - Para explicitar o que está se buscando atingir nesta etapa, podem ser visualizadas, na imagem abaixo, as partes marcadas as quais representam uma segunda variação de volume, mais sutil e em menor tamanho. Observando essa referência, pode-se observar como elas estão sendo distorcidas, e assim é aplicada a mesma distorção no Input principal.

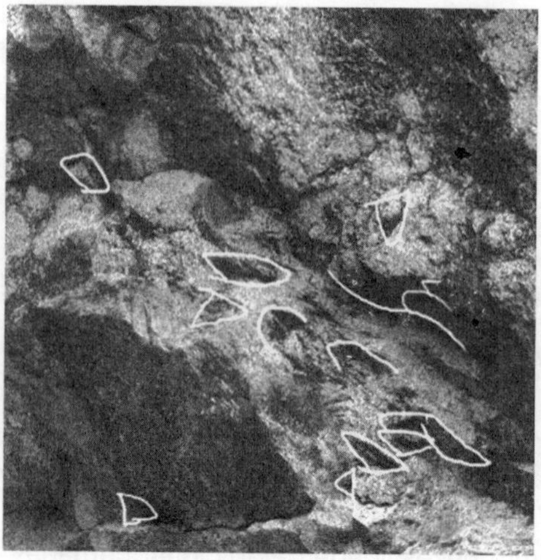

20 - Modificando o Input de volume, pode-se começar a enxergar o volume final aproximando-se da referência. Com essas novas iterações, o resultado fica como mostrado na figura a seguir.

21 - Conforme a textura vai se aproximando do visual final, é possível voltar um pouco nos Inputs e começar a considerar o uso de mais operações. Um único Input Grayscale não fornece tudo que é preciso para o resultado final ser alcançado juntamente com um Nodo de Gradient map. Avaliada o quão importante é esta textura para o produto de jogo digital e o quanto de processamento ela pode ocupar, é decidido se mais operações compensam ou não para o resultado final.

22 - Para continuar evoluindo esta textura, supõe-se que são necessárias mais operações para o resultado final, pois o uso destes únicos Inputs e cálculos não serão o suficiente. Por mais que seja possível adicionar aleatoriedade no mesmo parâmetro, é difícil criar texturas diferentes usando um mesmo Nodo.

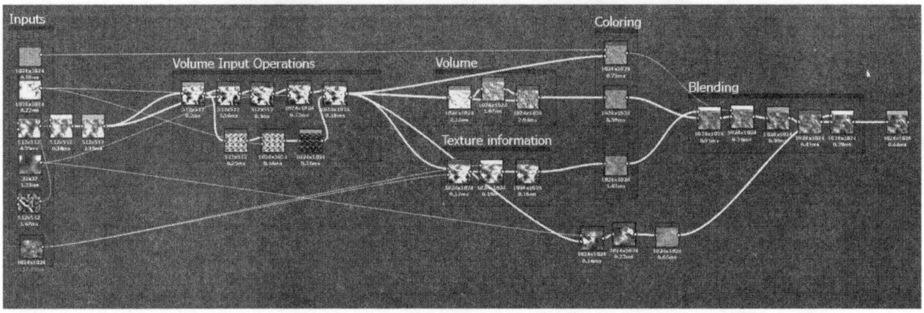

23 – Portanto, para adicionar mais informações ao Input básico, são acumulados outros Nodos para contribuir com essa textura. Já é viável começar a adicionar os Outputs que foram identificados como necessários para esta textura, como o mapa de Diffuse, Normal, Specular e até um mapa de Height se for considerado necessário.

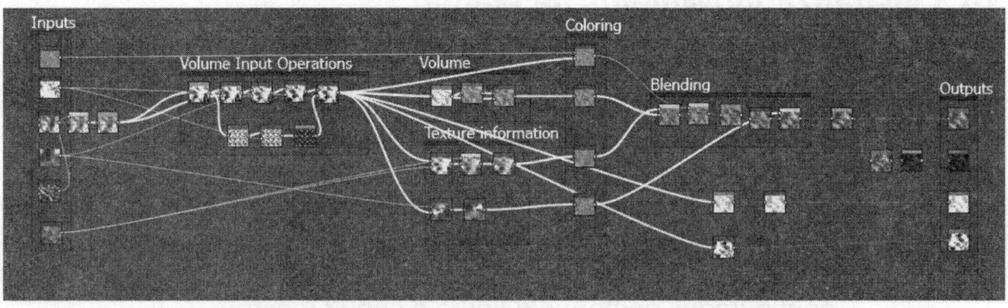

24 - O resultado final do algoritmo desta textura de rocha pode ser visualizado na figura a seguir.

A construção de arquivos de texturas procedurais com o uso de Substance Designer requer muita observação. Aliado a um conjunto mínimo de conhecimentos, muitos efeitos e simulações podem ser feitas e cabe ao profissional buscar novos conhecimentos ou algoritmos que permitam a simulação de arquivos com ainda mais efeitos para atingir seus objetivos.

10.3 Visualizando Objetos de Malha

O Substance Designer permite que sejam atribuídos em sua interface modelos tridimensionais personalizados para que possam ser utilizados durante a construção de arquivos de texturas. Para sua correta exibição, siga os passos seguintes.

01 – Inicie o Substance Designer e peça um pacote novo de substances pelo menu File, opção New Substance. Isto fará surgir a caixa de diálogo de criação de New Graph. Deixe as opções configuradas conforme a figura a seguir mostra.

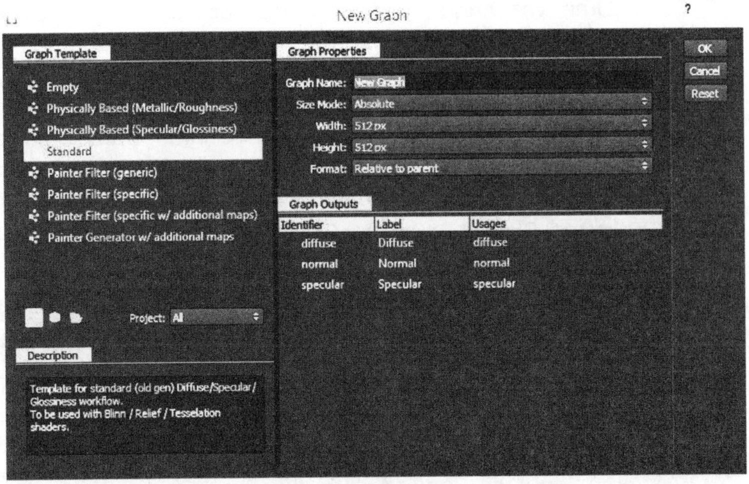

Relembrando, as opções disponíveis aqui são:

Graph Template – permite escolher um tipo de documento pronto para iniciar o trabalho. O tipo Standard fornece um modelo que disponibiliza três saídas (Outputs) definidas por diffuse, normal e specular prontas, ao passo que Empty fornece um modelo vazio.

Description – apresenta uma descrição do arquivo que está sendo criado.

Graph Properties – exibe as propriedades de criação dos gráficos, com opções para:

- Graph Name – define um nome para o gráfico;
- Size Mode – define um tamanho para o gráfico (Absolute ou Relative to Parent, já discutidos anteriormente);
- Width – define um tamanho de largura em pixels para os arquivos de Output;
- Height – define um tamanho de altura em pixels para os arquivos de Output;
- Format – define um formato de salvamento de arquivo (Relative to parent, 8 bits per channel ou 16 bits per channel)

Graph Outputs – identifica os Outputs que o arquivo gerará.

02 – Uma vez criado o pacote de substances, agora deve-se importar para o painel Explorer um arquivo de Resource ("*.FBX", por exemplo) de algum modelo que se intencione construir sua textura com Substance Designer. Lembrando que este modelo deve possuir já mapeamento pré-definido para uma melhor apresentação do modelo. A figura a seguir mostra a ação de adição (aviso de "Link" do programa durante esta ação) de um modelo ao pacote não salvo de substances pelo painel Explorer.

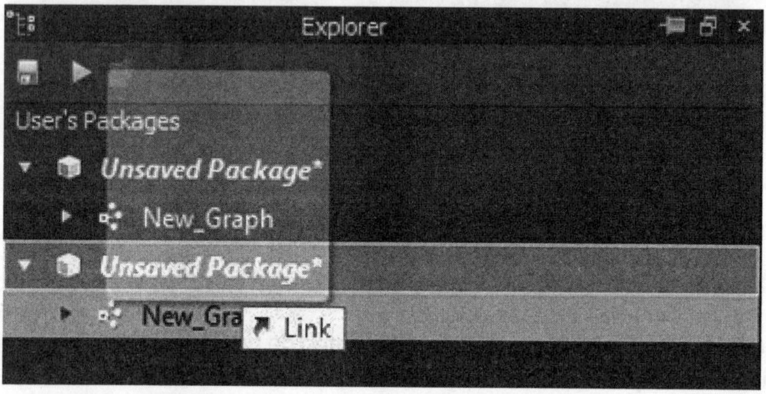

03 – Ao soltar o arquivo, o Substance Designer cria automaticamente uma pasta chamada de Resources, dentro da qual consta um ícone que representa o modelo importado para o mesmo.

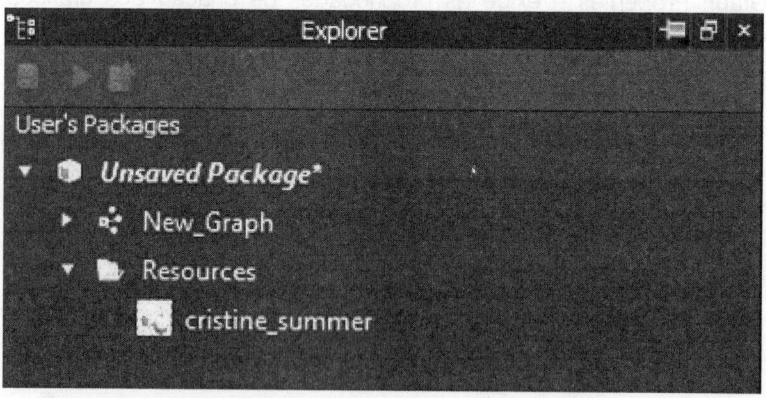

04 – Pode-se arrastar este ícone do modelo do painel Explorer para o painel 3D View. Automaticamente o modelo se apresenta neste painel conforme a figura a seguir mostra.

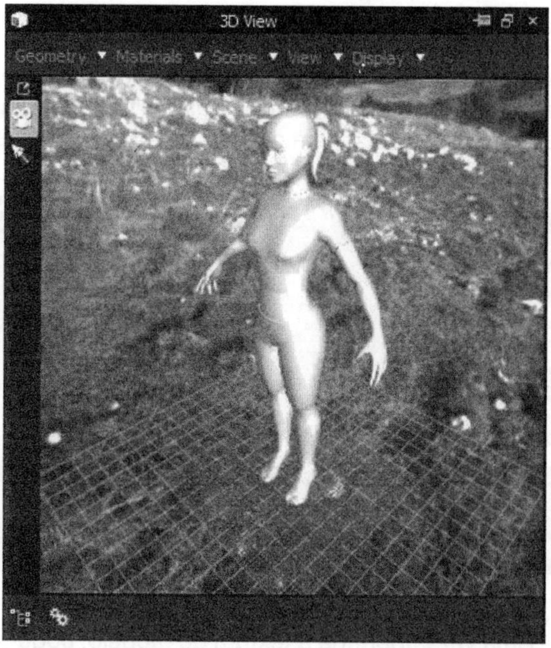

05 – Caso o modelo possua algum mapeamento e se for necessário visualizá-lo de modo planificado, basta ir ao item Geometry do painel 3D View, escolhendo Display UVs in 2D View para que seja exibido no painel 2D View seu Gabarito UV.

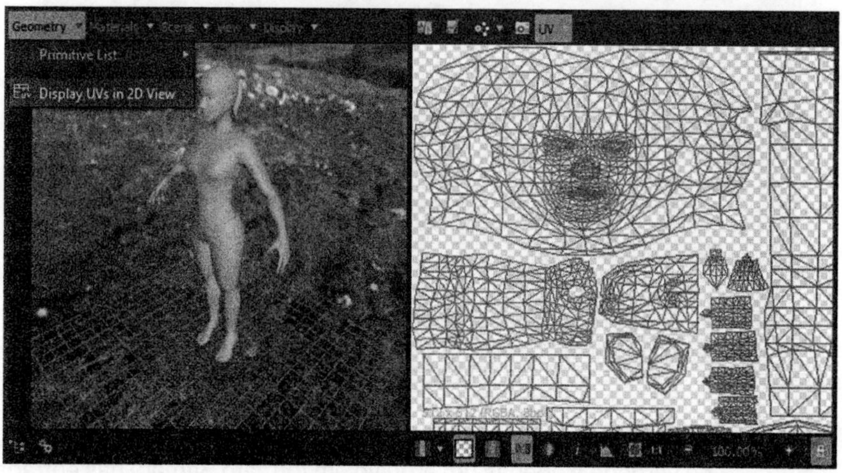

06 – Caso o modelo já tenha algum arquivo de textura produzido em outro software, como Adobe Photoshop, é possível visualizá-lo

com sua textura original em formato Bitmap dentro do Substance Designer. Importe sua textura do mesmo modo feito com sua malha tridimensional, ficando junto ao seu modelo tridimensional na pasta Resources, a textura importada, conforme a figura a seguir mostra. Escolha a opção Linked para este exemplo.

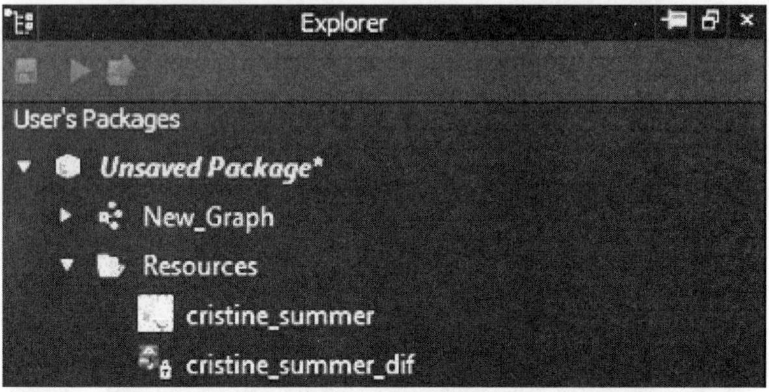

07 – Uma vez importada a textura do modelo, pode-se arrastá-la do painel Explorer para o painel Graph View. A figura a seguir apresenta o Nodo Bitmap criado para a textura do modelo em Graph View.

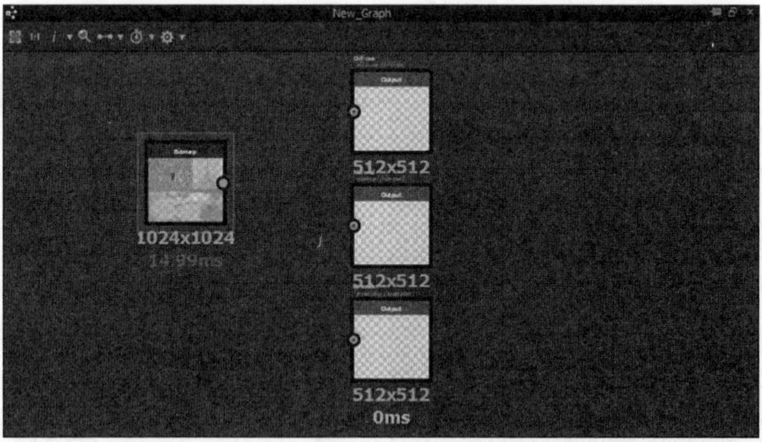

08 – Pode-se ligar a saída (Output) do Nodo Bitmap da textura (que na verdade é apenas um arquivo em formato Bitmap) nas entradas dos Nodos Output (saída) que de fato geram as imagens de exportação. O Nodo normal não será ligado, podendo ser apagado neste exemplo.

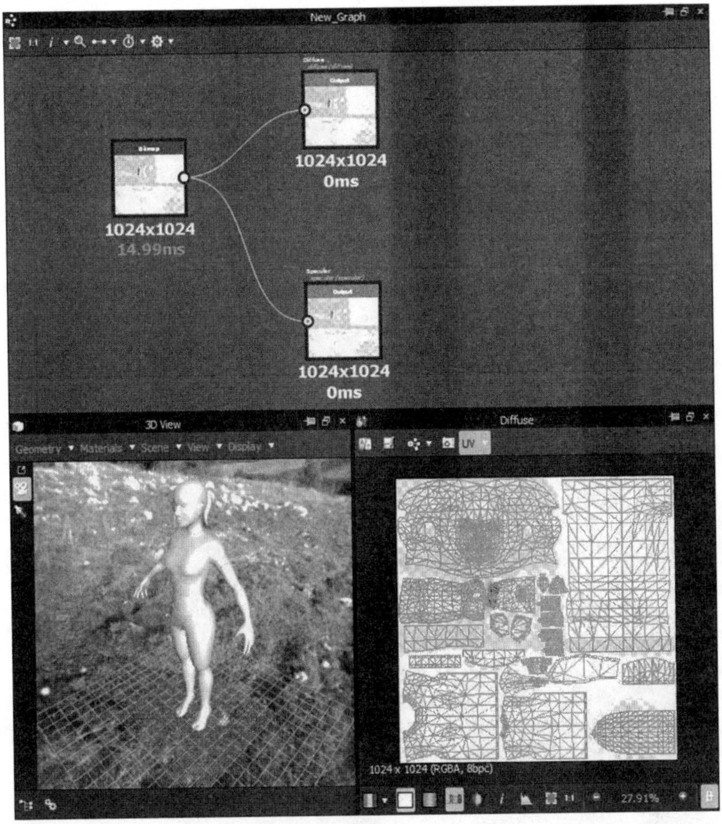

09 – Fazendo isto, em 2D View é possível ver a textura apresentada juntamente com o mapeamento do modelo. Para que a textura no painel 2D View seja melhor visualizada, desligue a opção "Enable Alpha of Image". Para visualizar no modelo 3D em 3D View e também a sua textura, clique com o botão direito na Graph View e escolha "View in 3D View".

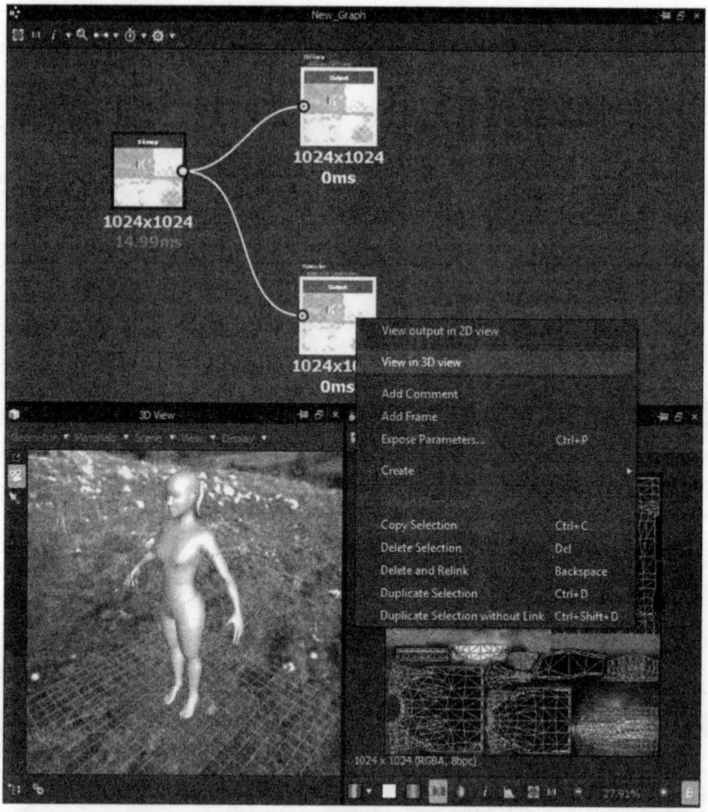

10 – A seguir, escolha em qual canal devem ser exibidos os Outputs escolhidos, sendo que, neste caso, opta-se por escolher Base Color/Diffuse para visualizar o modelo em cores.

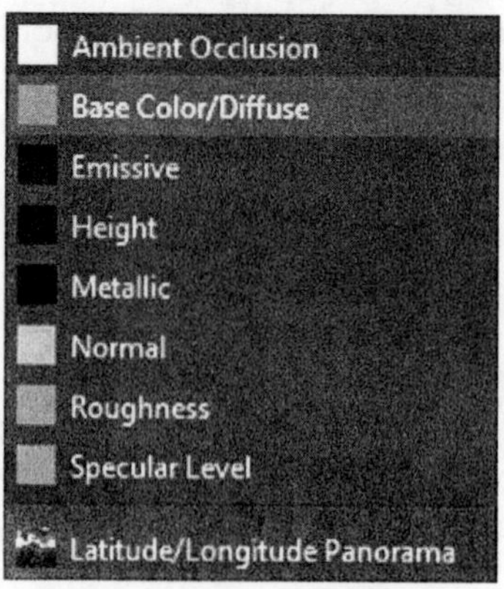

11 – Ao fim, têm-se o arquivo de textura disposto como um Nodo em Graph View, o arquivo de textura exibido no painel 2D View e o modelo com a textura aplicada em 3D View, conforme pode ser visto na figura a seguir.

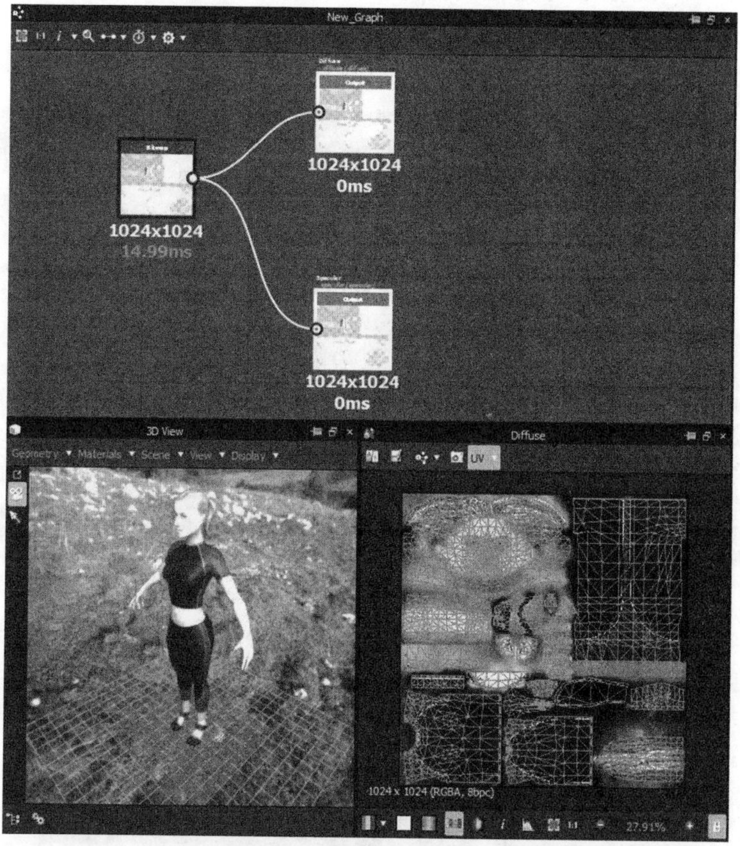

Em linhas gerais, este procedimento permite a correta exibição de modelos personalizados dentro do Substance Designer. Com o aprimoramento de versões do software, pode-se melhorar este processo.

10.4 Extração de Mapas para Objetos

Por fim, a extração de mapas pode ser feita com a utilização do Substance Designer tanto para finalizar arquivos de composição, quanto para iniciar composições. Neste ponto, são apresentados os procedimentos para extração de mapas a partir de uma geometria devidamente mapeada.

01 – A partir do Substance Designer, clique no menu File > opção New Substance, escolhendo como Graph Template o tipo Standard. Em Graph Properties, atribua em Graph Name o nome "baking", já Size Mode é definido por Absolute. Width e Height recebem 512 px respectivamente e Format recebe Relative to Parent.

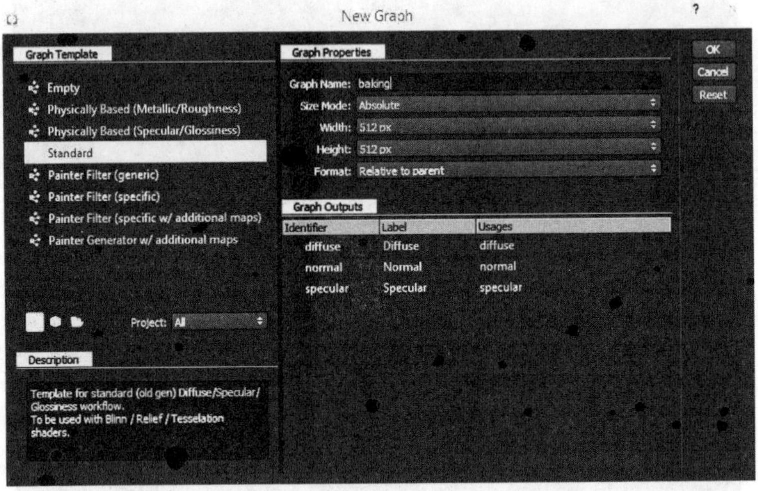

02 – Em seguida, salve o arquivo de substances com o mesmo nome do gráfico ("baking").

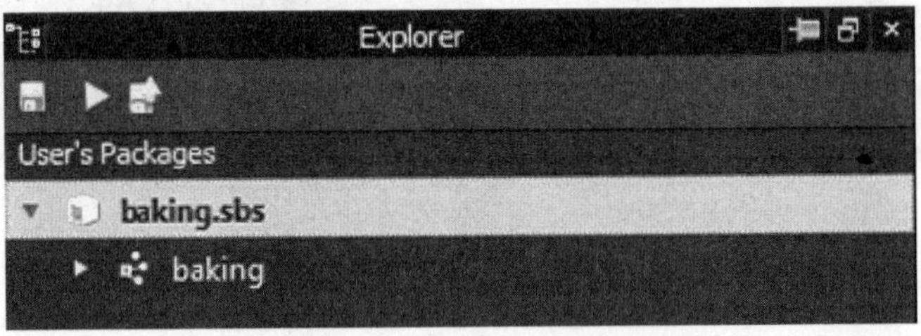

03 – Carregue na interface do programa, em Explorer View, um arquivo em 3D do tipo "*.OBJ" de um modelo devidamente mapeado. Como exemplo, está sendo utilizado um modelo de personagem tridimensional. Importante observar que, para que os mapas sejam criados com o maior detalhamento possível, na técnica de projeção "de si para si" (LIMA, 2011), o modelo deve possuir a maior quantidade de malha tridimensional quanto possível, sempre cuidando para não sobrecarregar o Substance Designer.

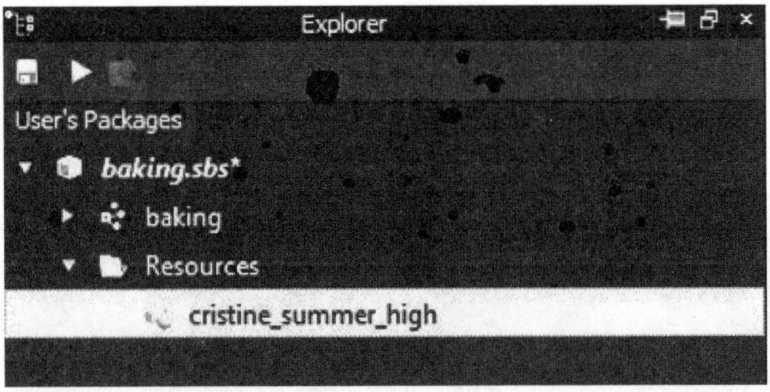

04 – Clique com o botão direito sobre o nome do arquivo 3D em Explorer View no Substance Designer, escolhendo a opção Bake Model Information. A caixa de diálogo Scene Information Baking se torna ativa e por ela é possível configurar os mais variados tipos de extração de mapas. Conforme Lima (2011), é possível extrair mapas a partir de altas geometrias do tipo Highpoly (técnica "de si para outro") ou ainda extrair do próprio modelo Lowpoly ("de si para si").

05 – Em Scene Information Baking, clique no ícone de "+" em Bakers, escolhendo um tipo de mapa a ser extraído. Neste exemplo, um simples mapa de Ambiente Occlusion é o suficiente. Configure seu aspecto de qualidade para mediano em Quality, disponível em Baker Parameters. A partir disto, clique em OK para o sistema iniciar a construção do arquivo de imagem extraído do modelo com base no seu mapeamento UV. Em Override Common Output File Parameters, deve-se definir no campo Folder um local para salvar o arquivo extraído, bem como em Format, deve-se definir o formato de arquivo (neste caso, "*.PNG").

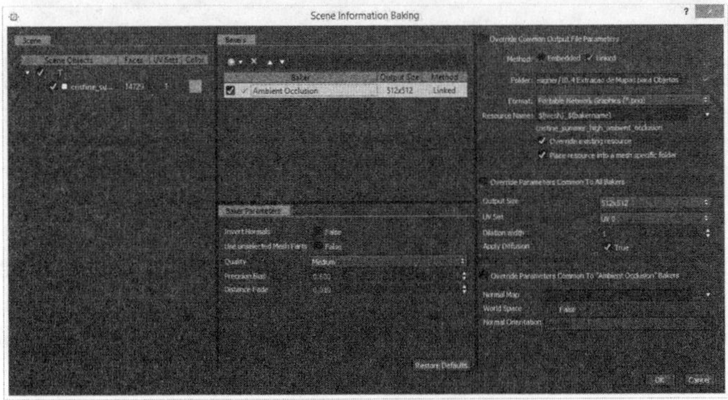

06 – A partir disto, ao término da extração, o Substance Designer cria uma pasta com o mesmo nome do modelo, atribuindo um sufixo "_Resources" para identificar que ali ele disponibilizará todo e qualquer arquivo extraído.

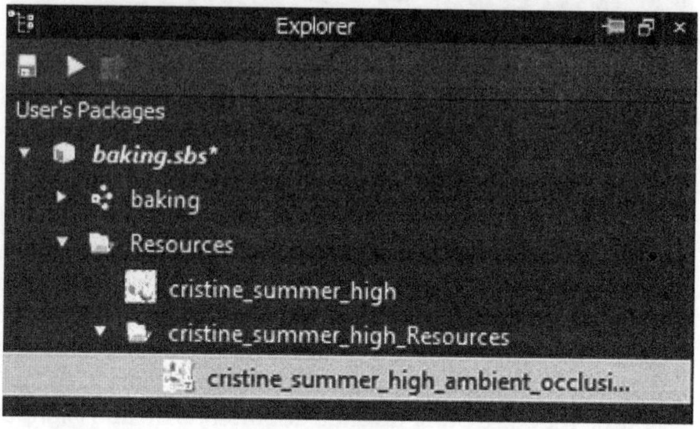

07 – Este arquivo gerado da extração é um arquivo do tipo "*.PNG" que pode ser incluído na Graph View, assumindo como entrada pelo Nodo Bitmap. Pode-se ligar este Nodo ao Nodo de Output Diffuse ou Base Color. Clicando com botão direito sobre a composição, pode-se pedir para o Substance Designer atualizar as saídas (View Outputs in 3D View), atualizando tanto a 2D quanto a 3D View.

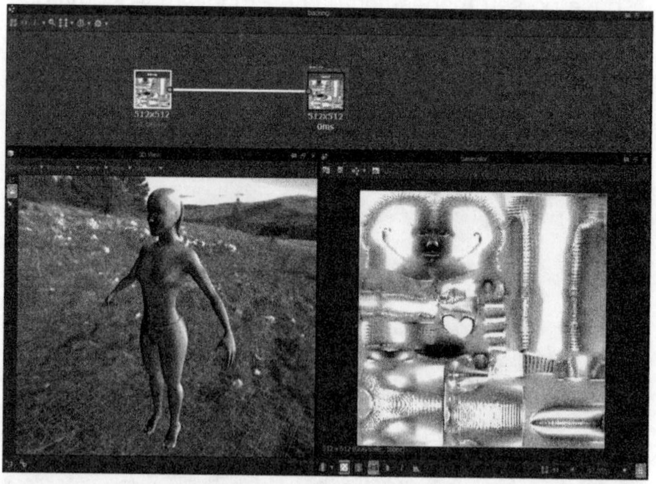

08 – Observe que o mapa extraído possui boa definição por conta do seu detalhamento de modelagem. Caso o modelo possua uma malha com menor detalhamento de modelagem, provavelmente a extração pode não se apresentar com seu máximo desempenho. Pode-se salvar o arquivo e a composição final ao terminar a extração de mapas.

10.5 O que vem agora

A partir de agora, o leitor está apto a desenvolver seus mapas procedurais com Substance Designer de modo independente. Com os conhecimentos e conceitos apresentados neste livro, permite-se ao leitor criar uma boa preparação para diversos experimentos.

O ato de construir arquivos de mapas com Substance Designer requer tempo e prática, e, muitas vezes, a manipulação de certos recursos permite que estes possam ser utilizados para construir diferentes mapas, cabendo ao leitor investigar e ser criativo em suas composições procedurais. Pontua-se aqui como importante o fato de procurar escolher adequadamente os Nodos e os recursos do Software para gerar as composições, sempre observando o tempo de processamento que cada um leva, até mesmo considerando o Hardware que o leitor possui para que dele possa extrair seu máximo de resultados.

CONCLUSÃO

Este livro nasceu com o intuito de contribuir com a disseminação do conhecimento sobre a produção de arquivos de mapas com a utilização de arquivos de substances por meio do software Substance Designer. Desde seu planejamento, a intenção sempre foi a de oferecer ao leitor um livro básico, organizando o conteúdo de maneira a se apresentar os conceitos e recursos da ferramenta de forma incremental.

Ao longo deste livro, foram abordadas várias seções do Software, bem como, explicada a teoria de funcionamento dos substances com foco no Substance Designer. Entender como a ferramenta funciona é primordial para o entendimento construtivo de mapas procedurais, além do aprimoramento técnico. O Substance Designer verdadeiramente revoluciona o mercado com relação à fabricação de texturas com todo o seu arsenal de recursos e aprimoramentos técnicos que este oferece. Tanto o modo como se criam os Nodos iniciais quanto recursos avançados, como a exposição de parâmetros, tornam o Substance Designer único em sua proposta.

Diferente de outros modos de trabalho em que a linearidade assegura a produção de artefatos, com o Substance Designer o artista precisa estar o tempo todo reinventando sua maneira de trabalhar, pois se faz necessário entender como as superfícies as quais se intenciona reproduzir são na vida real. Compreender como os elementos naturais se comportam constitui um dos grandes pilares que facilitarão o trabalho de construção de mapas com o Substance Designer. Aliado a isto, entender a dinâmica de funcionamento da ferramenta é importante para assegurar que o artista de fato seja capaz de conceber arquivos digitais que simulam a realidade.

Escrever um livro sobre Substance Designer é contribuir com a profissionalização de todo um grupo de desenvolvedores de Computação Gráfica, sejam da área de jogos digitais, cinema, televisão ou mesmo efeitos. Ter um material didático básico em língua portuguesa sobre esta ferramenta de vanguarda assegura que o conhecimento necessário para sua utilização em breve fará com que seja mais popular entre os profissionais. Desta forma, ela será tão bem utilizada tanto quanto qualquer outra ferramenta digital já conhecida. Sébastien Deguy, PhD, Fundador e CEO da Allegorithmic, estava absolutamente certo quando escreveu o prefácio deste livro, sobre o fato de que o Substance Designer ser uma ferramenta do futuro e tudo acerca dela, no entendimento que se tem após escrever este livro, remete ao fato de que ela é capaz de reproduzir o que se espera de um Software inovador.

Espera-se que este material possa, de fato, tornar a ferramenta de Substance Designer ainda mais popular no Brasil e utilizada entre os profissionais e iniciantes na indústria de Computação Gráfica. Caso o leitor precise contatar o autor para quaisquer eventuais dúvidas, pode localizar todas as formas de contato em www.alessandrolima.com ou ainda pelo e-mail alessandrolima@alessandrolima.com.

BIBLIOGRAFIA

3D.sk. Human Photo References for 3D Artists and Game Developers. Disponível em: <www.3d.sk>acessado em 10 de maio de 2017 as 14 horas.

3D Game Art. Let´s learn Substance Designer 5. Disponível em: <https://www.youtube.com/watch?v=hSA4p5yxCNA>. Acessado em 14 de abril de 2017 as 10 horas.

3D Total. Texel Density for game art. Disponível em: <Http://www.3dtotal.com/tutorial/1813-texel-density-for-game-art-3ds-max-unreal-dev-kit-by-tim-diaz-udk-bricks-tutorial-environment?page=1>. Acessado em 01 de março de 2017 as 9 horas.

3D Total. Texture & Reference Image Library. Disponível em: <http://freetextures.3dtotal.com/>. Acessado em 11 de fevereiro de 2017 as 14 horas.

Allegorithimc. Allegorithimc. Disponível em: <https://support.allegorithmic.com/documentation/display/B2M3/Reduce+Game+Size>. Acessado em 19 de abril de 2017 as 22 horas.

Allegorithmic. PBR – Base Material Node. Disponível em: <https://www.youtube.com/watch?v=R839-TP3ZXY>. Acessado em 28 de janeiro de 2017 as 17 horas.Alessandro Lima. Alessandro Lima Portfolio. Disponível em: <www.alessandrolima.com>. Acessado em 13 de maio de 2017 as 18 horas.

Aquiris Game Studio. Aquiris Game Studio. Disponível em: <www.aquiris.com.br>. Acessado em 22 de abril de 2017 as 16 horas.

BURLEY, Brent. Physically-Based Shading at Disney. SIGGRAPH, 2012. Disponível em: <https://disney-animation.s3.amazonaws.com/library/s2012_pbs_disney_brdf_notes_v2.pdf>. Acessado em 13 de maio as 15 horas.

DONTNOD. DONTONOD Entertainment. Disponível em: <http://www.dont-nod.com/>. Acessado em 11 de abril de 2017 as 15 horas.

Free Images. Free Images. Disponível em: <http://pt.freeimages.com/>. Acessado em 11 de fevereiro de 2017 as 14 horas.

FILHO, Oswaldo Melo Souza. A Física de Helmholtz e Suas Bases Filosóficas. Revista da SBHC: 1995.

Game Textures. Game Textures. Disponível em: <www.gametextures.com>. Acessado em 4 de dezembro de 2016 as 15 horas.

James Sky. Let's Make In Substance Designer. Disponível em: <https://www.youtube.com/watch?v=GbGPWj6CkFk>. Acessado em 18 de abril de 2017 as 11 horas.

Juliano Silveira. Juliano Silveira. Disponível em: <www.julianosilveira.com>. Acessado em 13 de maio e 2017 as 14 horas.

KWAST, Daniel Jimenez. An Introduction to BRDF Models. Twente: University of Twente, 2013. Disponível em: <http://hmi.ewi.utwente.nl/verslagen/capita-selecta/CS-Jimenez-Kwast-Daniel.pdf>. Acessado em 13 de maio de 2017 as 19 horas

LIMA, Alessandro. Desenvolvendo Personagens em 3D com 3Ds Max. Rio de Janeiro: Ciência Moderna, 2007.

LIMA, Alessandro; MEURER, Heli. Projeto de Personagens Tridimensionais e Virtuais: Validação e Adaptação de Metodologias. 1. ed. Porto Alegre: Uniritter, 2011. p. 180

MULLER, Márcia. SILVA, Jean, Carlos Cardozo da. FABRIS, José Luís. Um experiment simples usado na produção de placas de zonas de Fresnel. Revista Brasileira de Ensino de Física, 2005. Disponível em: <http://www.scielo.br/pdf/rbef/v27n4/a15v27n4.pdf>. Acessado em 13 de maio de 2017 as 17 horas.

MCDERMOTT, Wes. The Comprehensive PBR Guide: The Theory of Physically-Based rendering and Shading. Vol 1. Ferrand, France: Allegorithimic, 2015.

MCDERMOTT, Wes. The Comprehensive PBR Guide: Practical Guidelines for Creating PBR Textures. Vol 2. Ferrand, France: Allegorithimic, 2015.

MURDOCK, Kelly L.; ALLEN, Erci M. Edgeloop Character Modeling for 3D Professionals Only. Hoboken: Wiley Publishing Inc, 2006. p. 321.

Neil Blevins. GGX Shading Model For Metallic Reflections. Disponível em: <http://www.neilblevins.com/cg_education/ggx/ggx.htm>. Acessado em 20 de janeiro de 2017 as 15 horas.

Sébastien Lagarde. Feeding a Physically Based Shading Model. Disponível em:<https://seblagarde.wordpress.com/2011/08/17/feeding-a-physical-based-lighting-mode/> Acessado em 06 de maio de 2017 as 10 horas.

STRAHLER, A. H. MULHER, J. P. MODIS BRDF/Albedo Product: Algorithm Theoretical Basis Document Version 5.0, 1999.

WARD, Antony. Game Character Development. Boston: Cengage, 2008. p. 213.

WALTER, Bruce. MARSCHNER, Stephen R. LI, Hongsong. TORRANCE, Kenneth, E. Microfacet Models for Refraction Through Rough Surfaces. Beijin: Beijing Institute of Technology, 2007. Disponível em: <http://www.cs.cornell.edu/~srm/publications/EGSR07-btdf.pdf>. Acessado em 12 de maio de 2017 as 18 horas.

Unreal Engine. Documentação Online de Unreal Engine 4. Disponível em:<https://docs.unrealengine.com/latest/INT/Engine/Rendering/Materials/PhysicallyBased/index.html>. Acessado em 27 de março de 2017 as 11 horas.

Wikipedia. Albedo. Disponível em: <https://pt.wikipedia.org/wiki/Albedo>. Acessado em 21 de março de 2017 as 20 horas.

Wikipedia. Herman Von Helmoltz. Disponível em: <https://pt.wikipedia.org/wiki/Hermann_von_Helmholtz>. Acessado em 20 de janeiro de 2017 as 15 horas.

Wikipedia. Zona de Fresnel. Disponível em: <https://pt.wikipedia.org/wiki/Zona_de_Fresnel>. Acessado em 20 de janeiro de 2017 as 17 horas..

Impressão e acabamento
Gráfica da Editora Ciência Moderna Ltda.
Tel: (21) 2201-6662